北京昌平历史文化丛书

昌平考古发现

昌平区历史文脉梳理工程编委会　编
郭京宁　杨广文　编著

北京出版集团公司
北京出版社

图书在版编目（CIP）数据

昌平考古发现 / 昌平区历史文脉梳理工程编委会编；杨广文，郭京宁编著. — 北京：北京出版社，2015. 12 （2024.10重印）
（北京昌平历史文化丛书）
ISBN 978-7-200-11518-5

Ⅰ. ①昌… Ⅱ. ①昌… ②杨… ③郭… Ⅲ. ①考古发现—介绍—昌平区 Ⅳ. ①K872. 13

中国版本图书馆 CIP 数据核字（2015）第 192540 号

北京昌平历史文化丛书
昌平考古发现
CHANGPING KAOGU FAXIAN
昌平区历史文脉梳理工程编委会　编
郭京宁　杨广文　编著
*
北京出版集团公司
北　京　出　版　社　出版
（北京北三环中路 6 号）
邮政编码：100120
网　址：www. bph. com. cn
北京出版集团公司总发行
新　华　书　店　经　销
北京世纪双业印刷科技有限公司
*
787 毫米 × 1092 毫米　16 开本　15 印张　210 千字
2015 年 12 月第 1 版　2024年10月第4次印刷
ISBN 978-7-200-11518-5
定价：38. 00 元
如有印装质量问题，由本社负责调换
质量监督电话：010-58572393

昌平区历史文脉梳理工程中心专家组

组　　长： 齐　心

成　　员：（按姓氏笔画排序）

王　岗　毛佩琦　尹钧科　纪连海　肖东发　邢　军

吴　昊　胡汉生　夏连保　商　传　董耀会

昌平区历史文脉梳理工程协调小组

组　　　长： 侯君舒

常务副组长： 张燕友　朱光彤　陈秋生

副　组　长： 李　良　张晓兰　孙　启　余俊生

王燕庆　韩　义　孙　卫　苏贵光

杨国昌　奚增森　李春菊　杨洪达

郑国柱　刘淑华　贺　军　李志杰

李永生　靳增立　洪起国　陈　勉

李雪红　张强斌

成 员 单 位： 区委宣传部　区委研究室　区文化委

区委党史办　区 档 案 局　区　文　联

区广电中心　区新闻中心　各相关委办局及各镇（街）

昌平区历史文脉梳理工程编委会

主　　　编： 余俊生

常务副主编： 孙士军

副　主　编： 涂沙金　郑高智　周文健　喻明喜　朱华海

赵丽君　周振华　刘晓梅　杨广文

执 行 主 编： 杨广文

执 行 编 辑： 周　杨　李燕晶　李　华　殷宇晴　刘　汀

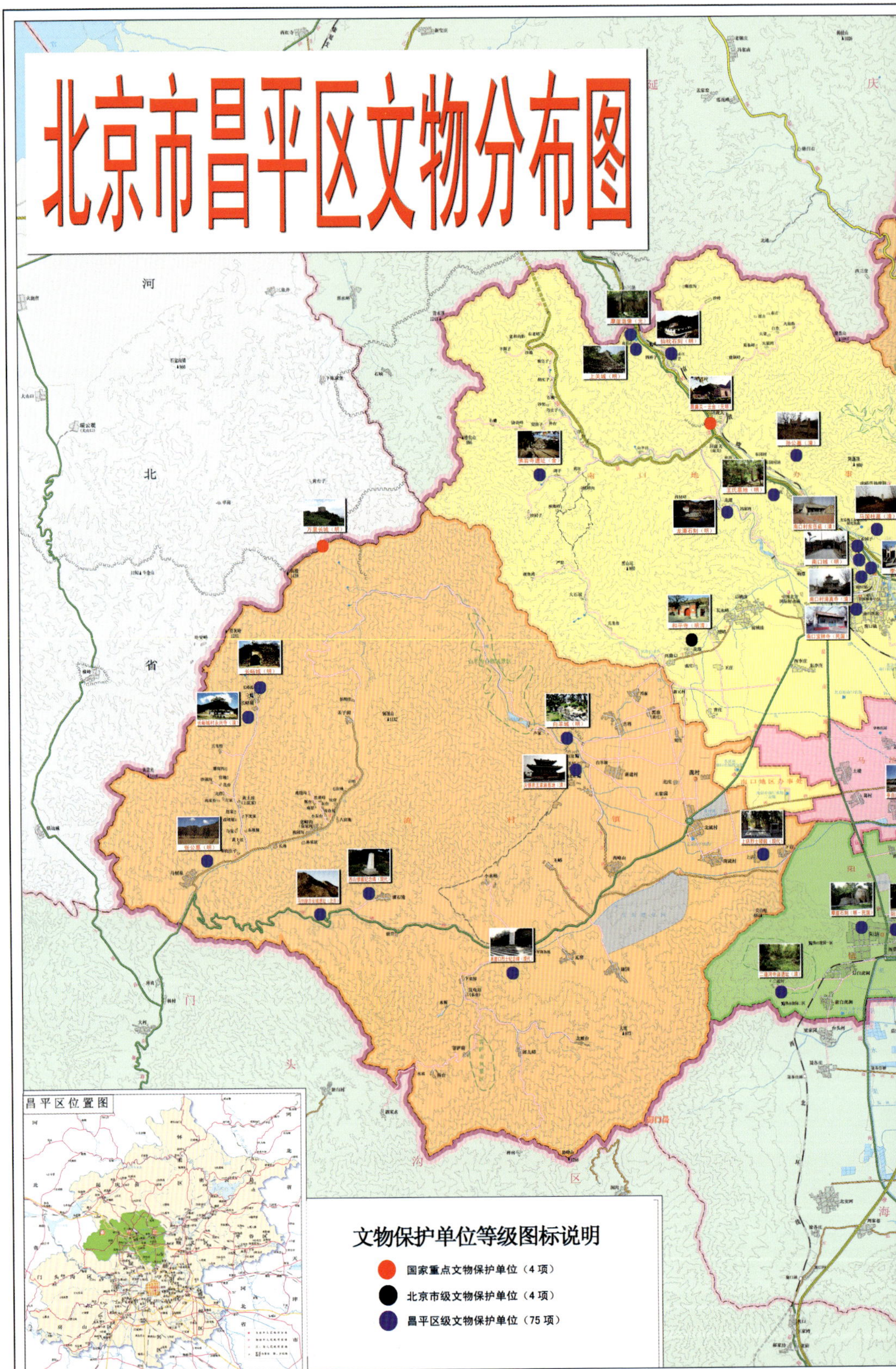
北京市昌平区文物分布图
昌平区位置图
文物保护单位等级图标说明
国家重点文物保护单位（4 项）
北京市级文物保护单位（4 项）
昌平区级文物保护单位（75 项）

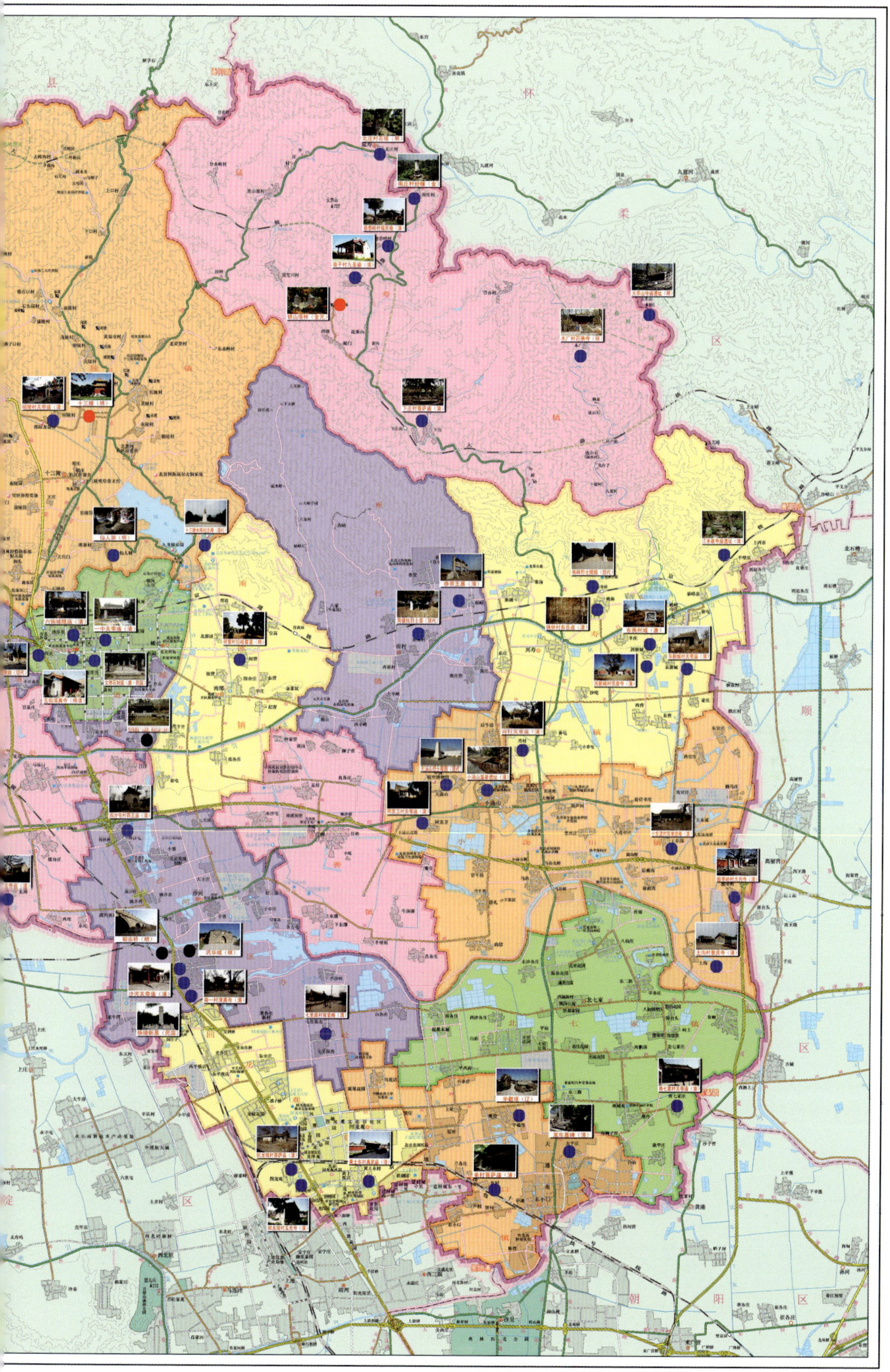

昌平区文物分布图

1961年雪山遗址发掘现场

雪山一期陶罐

雪山二期石锄

张营遗址发掘现场

张营考古发掘现场

张营出土文物

昌平邓庄辽墓M1的全景

昌平陈庄辽墓出土的男俑

昌平陈庄辽墓出土的女俑

昌平沙河元墓

昌平旧县村元墓出土的青白釉匜

昌平元墓出土的青釉释迦牟尼坐像

昌平元墓出土的青釉骑犼观音菩萨像

定陵地宫

定陵出土的六龙三凤冠

目 录

总　序

2014年2月25日，习近平总书记在北京考察工作时指出：北京是世界著名古都，丰富的历史文化遗产是一张金名片，传承保护好这份宝贵的历史文化遗产是首都的职责，要本着对历史负责、对人民负责的精神，传承历史文脉，处理好城市改造开发和历史文化遗产保护利用的关系，切实做到在保护中发展、在发展中保护。总书记的指示，使我们正在推进的"昌平历史文脉梳理工程"，方向更加明确，行动更加自觉，工作更有信心。

历史文脉是源远流长的历史文化精髓所形成的有一定文化价值和影响力的历史文化印记，传承着一个城市、一个地区、一个民族乃至一个国家的历史底蕴和精神风貌，并体现其特有的人文地理风格和品质。昌平有着悠久的历史，早在6000多年前，人类的祖先就在这里辛勤劳作，繁衍生息。20世纪60年代以来，先后在南口镇雪山村和南邵镇张营村进行的考古发掘活动，发现的大量原始氏族社会人类居住生活的遗址，为北京地区考古史增添了"雪山文化"与"张营文化"的精彩篇章。昌平置县于西汉，据史料记载，汉武帝元封元年（前110年）设昌平县，距今已有2000多年的历史。昌平不仅是北京地区置县历史最为悠久的区县之一，而且自汉代以后，历朝历代均保留了昌平这个治所名称。

北京地区位于华北平原的北部边缘，西部是太行山脉的北部延续，北部的燕山山脉是内蒙古高原的延续，这两大山脉的交会处就在昌平境内的南口镇居庸关关沟。昌平区位于北京的西北部，在地理位置上处于北京城的上风上水。发源于昌平的温榆河是北京地区唯一一条源头在境内的河流，它汇聚了太行山、燕山山脉的涓涓泉水，奔流而下，成为著名的京杭大运河的源头之水，被称为北京的母亲河。昌平的地质构造在世界地质学上占有十分重要的地位，地处南口北并与八达岭长城、明十三陵毗邻的南口剖面是我国北方著名的特殊剖面之一。十三陵地区的地质古迹——双脊波痕，是一种罕见的地质构造，它是14亿年前潮汐作用造成的地质现象，具有很高的科学考察和科研价值。

昌平自古素有“京师之枕”“股肱重地”之美誉，数千年的文明史和建城史孕育积淀了丰富的文化资源，其独特魅力由自然与历史、地上与地下、古代与现代等诸多文化元素相拥相育，既底蕴深厚、源远流长，又璀璨夺目、万千气象。辖区内现有列入世界文化遗产名录的居庸关长城和明十三陵古建筑群，有国家级文物保护单位6处，市级文物保护单位3处，市级文物埋藏区3处，区级文物保护单位75处，还有“王麻子”剪刀锻制技艺、后牛坊村“花钹大鼓”、漆园村“龙鼓古乐”等数十项非物质文化遗产。这些遗存，见证了区域从原始社会到宋、元、明、清、民国等不同时期的历史印记。

在历史车轮驶入20世纪后的100多年里，昌平的土地上发生了很多重大事件，涌现出了许多杰出的历史人物：从詹天佑在南口修建了第一条中国人自己勘测、设计、施工、投资的铁路，到中国共产党的早期工人运动；从五峰山下的抗日烽火到著名的“南口战役”；从毛主席率中央委员参与修建十三陵水库到邓小平带头在昌平参加全民义务植树，尤其是改革开放后的30多年里，昌平在政治、经济、文化、社会、生态文明建设方面均取得了引人瞩目的成果。

为了妥善保护、有序传承、大力弘扬优秀传统文化，昌平区在2011年12月召开的第四次党代会上，明确提出要“梳理昌平历史文脉，弘扬城市创新精神，打造特色文化品牌，增强区域发展软实力”。2012年出台的《关于进一步加强文化建设打造首都文化强区的意见》，确定了“科教兴区、文化强区”发展理念，“文化复兴、文化创新”两大战略任务，以及建设历史文化体验之区、创新文化发展之区、生态文化示范之区“三区融合”目标任务和“十项文化工程”，对梳理昌平历史文脉工程进行了全面部署。区委、区政府于2012年正式启动“昌平历史文脉梳理工程”，成立由区主要领导牵头的协调小组，聘请一大批专家学者担任顾问，整合协调了多方面的社会资源。整个工程计划利用5年左右的时间，梳理、编辑出版一套“北京昌平历史文化丛书”，多角度、全方位展现昌平区各个历史阶段的文化特征和丰富内涵。

自工程启动两年多来，协调小组带领一大批热爱和熟知昌平历史文化的专家、学者、作者，坚持恪守“只做信史、宁缺毋滥、避免重复、抓住关键”十六字方针，按照宏观历史地域、历史沿革、自然地理概况，文化遗址、考古发掘、重要文物，古籍文献、非物质文化遗产以及特殊地域、特殊历史事件、重要历史人物等四条脉络，广泛收集和系统梳理区域文化的每一个细节，努力还原历史、活化先贤、展现事件，对昌平区的文化历史和遗迹，精心梳理、认真推敲、慎重落笔，尽可能把昌平悠久的历史和灿烂的文化呈现给今人，传承给后人。

对历史文脉进行系统梳理是个庞杂而艰巨的工程，没有高水平的专家队伍精心策划、推敲研究、把关指导，昌平历史文化脉络就梳理不出来；没有负责任的编委会统筹协调、有序运作、全力保障，昌平历史文脉梳理工作就运转不起来；没有广大作者的热爱专注、辛勤耕耘、努力奉献，“北京昌平历史文化丛书”就撰写不出来。可以说，出版的每一册图书的字里行间，都凝聚了专家、学者、作者无限的心血汗水和无尽的责任担当。

编纂丛书不易，使其广泛传播并发挥作用更难。我们希望通过广泛传读这套丛书，能够进一步提高昌平文化自觉，增强昌平文化自信，广泛凝聚各方力量，为推动昌平区文化大发展大繁荣做出积极贡献；也希望这套丛书，能够成为社会各界朋友认识昌平的窗口，通过领略京北风光，了解昌平悠久灿烂的历史文化，感知昌平深厚的历史文化内涵，进一步关注昌平、认知昌平、热爱昌平，期待着更多的有识之士为昌平的发展建言献策、添砖加瓦；更希望这套丛书，能够成为昌平人民的精神家园，激励一代又一代昌平人薪火相传，为加快转型发展、提升区域实力、增进民生福祉、促进社会和谐提供强大的精神支撑，为加快建设国际一流的科教新区做出新贡献。

值此“北京昌平历史文化丛书”付梓之际，衷心感谢各位有识之士对此项工程的关注和参与。

昌平的明天更美好！

昌平区历史文脉梳理工程协调小组

2014 年 4 月

序

昌平是一个有着深厚历史文化底蕴的北京市所辖之区。

梳理昌平历史文脉是昌平区委、区政府做出的一个令人振奋的决定。这充分说明地方党委政府对做好本区域的历史文化发掘传承工作有了一个很高的认识，这对昌平历史文化的传承是一个发展，对北京历史文化的丰富是一个完善。

梳理昌平历史文脉是一个光荣而艰巨的工程，昌平区的党代会报告中把它确定为“工程”，是因为它是一项系统、繁杂、费时、艰巨的任务，更是因为这项工作对于人们认识昌平历史、传承地域文化有着重要的历史和现实意义。

梳理一个地区的历史文脉，除了参考古籍外，最重要的就是通过大量的地上勘察和地下发掘，以考古事实为依据，以充分的历史实物去证明曾经的历史，“北京猿人”“三星堆”“兵马俑”等重大发现无不说明考古工作的深远意义。

昌平位于北京西北部，西倚太行、北枕燕山，处于我国三大地理单元——华北平原、东北平原、内蒙古高原的结合部位，因而在社会的发展进程中孕育了原生的农耕文明、渔猎文明、草原文明。地理位置的特殊性，决定了昌平这个地域会成为多种文化交流、碰撞、融合的中心；地貌的复杂多样性又为昌平提升重要的战略地位平添了得天独厚的条件。

新中国成立前，也只是“营造学社”[①] 曾经在昌平的十三陵地区做过一些考察勘测。昌平真正意义上的考古应该从1956年定陵的发掘算起，60年来经过三次文物普查，在几代考古文物工作者的努力下，昌平区域的考古工作取得了丰硕成果：印证了昌平历史发展的文化脉络，见证了昌平与北京城盛衰与共的千年历史，体现了昌平地区有史以来开放包容的历史文化特征。

昌平区雪山遗址的发现，将昌平历史上移至6000年前，为北京奠定了新石器时代的文化谱系；张营遗址是北京乃至燕山南麓地区遗址面积最大、内涵最丰富的遗址，出土的器物见证了夏商时期昌平古文化与周边文化的密切交往，是研究北京地区早期青铜文化类型与谱系的珍贵资料；白浮村西周木椁墓的发现，引起了考古界、学术界的高度关注，首次在北京西周墓中出土的鹰首剑、马首剑、直刃式青铜短剑、甲骨文乃至族属等，充分体现了北方与中原地区的青铜文化在北京昌平的交流融合；在昌平白浮、史家桥、半截塔、北郝庄、沙河镇一带，曾清理汉墓约100余座，出土文物多为生产和生活用具，此时期在沙河地区辛力屯村还发现了汉昌平故城遗址，这些都为志书中昌平汉代建县的记载提供了极为重要的史实依据；安史之乱使地处幽燕地区的昌平的历史地位陡然提升，来自北方的契丹、女真先后占领了包括昌平在内的广大地区，昌平由中央政权的北方军事重镇变成北方少数民族政权南下的桥头堡，见证这一时期的考古发掘有城址、墓葬、窑址等，如张营遗址辽金墓葬、陈庄辽墓、小汤山兴寿镇辽金墓、白浮村元墓、旧县元墓、沙河镇元墓、南七家墓群，其中最重要的发现是陈庄辽墓出土的两件髡发人物俑，这是在北京首次发现带有髡发的契丹族头发的样式，引起了考古界重视；辽金以后，特别是明代朱棣迁都北平（北京）并在昌平设关、建陵，使昌平成为“京师之枕”“畿辅重镇”之后，与外界交往更加广

---

① 中国私人兴办的、研究中国传统营造学的学术团体。学社于1930年2月在北平正式创立，朱启钤任社长，梁思成、刘敦桢分别担任法式、文献组的主任。学社从事古代建筑实例的调查、研究和测绘，以及文献资料的搜集、整理和研究，编辑出版的《中国营造学社汇刊》，1946年停止活动。中国营造学社为中国古代建筑史研究作出了重大贡献。

泛，考古出土的这一时代的器物都对昌平特殊的政治、经济、军事、文化地位做出了最真实的诠释。

《昌平考古发现》这本书，起草于2013年初，源于昌平区历史文脉梳理工程编委会聘请我担任专家组组长。这对于年事已高、早已退休但仍心系文物考古工作的我来说，既感到兴奋又有一些忧虑：兴奋的是我熟悉昌平的考古工作，家也住在昌平，能为昌平尽绵薄之力；忧虑的是我眼疾多年、力不从心，怕做不好这项工作。好在我还有一大批年轻有为的同事，为了写好这部《昌平考古发现》，我力邀北京市文物研究所郭京宁、胡传耸、李永强、孙勐和昌平区历史文脉梳理工程编委会的同人用了一年多的时间三易其稿。

特别值得提出的是在三次充实完善该书稿的过程中，杨广文同志结合昌平实际情况为本书提出了很多合理化的建议：一是这本书的定位重在从考古的发现上体现昌平与北京的关系；二是这本书不是“考古报告式”的工具书，而是能让广大读者读通看懂的“大众读物”。也正是在他最后的统筹下，本书稿最终成型。

昌平考古承载着昌平历史文化重要的文化内涵。一处处遗址，一件件文物，就像一部部史书，记录着昌平的繁华与沧桑。这些遗存，不仅是有形的遗产，还是无形的精神宝库。

昌平考古拥有着极为特殊的魅力，发现它、研究它、读懂它，让它焕发出历史的底蕴和时代的风采并为我们建设昌平、服务首都永续利用，这就是考古的责任和意义。

是为序。

齐心

2015年7月20日

齐心：北京市考古学会会长，中国契丹女真辽金史学会名誉会长。曾任首都博物馆业务副馆长、北京市文物研究所所长。自1993年起享受国务院特殊津贴。

概　述

一、昌平地区考古概况

昌平地区的考古工作始于民国及中华人民共和国成立初期，那时营造学社就开始对昌平境内的十三陵进行勘考活动。1956 年经国务院批准，中国科学院考古研究所、北京市文物工作队对明十三陵中的定陵进行了正式发掘，揭开了新中国成立后昌平地区考古工作的序幕。这次发掘工作历时两年零两个月，出土了大量珍贵文物。

1956 年 10 月和 1957 年 8 月，北京市文物工作队在昌平松园村发掘出两座春秋时代的墓葬，出土了大量彩陶礼器。

同时期还在昌平城西雪山发现了一座大型战国墓。

1958 年至 1959 年昌平区进行了第一次文物普查工作，初步摸清了境内地下文物的遗存情况。

1961 年，北京市文物工作队联合北大考古专业实习生对雪山遗址进行发掘，首次在北京地区揭示出新石器时代仰韶和龙山文化时期的堆积层，雪山一期文化的命名即因此次考古发掘而来。1982 年，对雪山遗址进行了补充发掘，发掘面积 700 平方米，发现雪山遗址存在新石器时代、夏家店下层文化、西周和战国四个时期的文化堆积，并将雪山遗址新石器时代文化分为两期。

1975 年，在昌平白浮发掘出三座西周木椁墓，出土了大批青铜兵器、车马器和卜甲。

1985年，北京市文物工作队对辛力屯村砖厂汉墓群进行考古发掘，发掘出汉墓9座，并探出古河道和汉代城址。

1986年，在南口陈庄村发掘出一座辽代中期墓葬，出土器物完好，出土的陶人俑为北京地区唯一一对。

1989年，北京市文物研究所对南邵张营遗址进行了考古发掘工作，2004年，北京市文物研究所对张营遗址再次进行了抢救性发掘，2006年年底，根据在2004年勘探的基础上，北京市文物研究所又对张营村墓葬进行了发掘，使张营遗址成为北京乃至燕山南麓地区遗址面积最大、内涵最为丰富的一处重要遗址。

2005年，对桃峪口水库地下文物埋藏区的民福置业集团旅游度假休闲居住工程占地范围进行了考古勘探发掘，发掘了唐及辽金时期的墓葬。

2007年年底，对回龙观流星花园静雅轩小区工程占地范围进行了考古勘探发掘工作，出土了一些清代的随葬器物。同年还对京包高速昌平段进行了考古勘探发掘，发现了汉代和清代墓葬。

2008年年底对昌平区小汤山常兴庄B地块工程占地范围进行考古勘探发掘工作，清理金代及明代墓葬，出土器物有陶罐、陶碗、银饰、铜簪、铜镜等。

2010年年初，对沙河镇规划北区6—2#地块范围进行了抢救性考古发掘，其中有汉墓和明清墓葬出土了玉璧、青花瓷罐、紫砂壶、银耳环、铜簪、铜耳勺等随葬品。

二、昌平的考古发现

（一）发现了史前时期遗址、墓葬和其他遗存

在昌平发现的史前遗址有雪山遗址、宝山遗址和北郝庄遗址。此外，在张营遗址中，也发现有属于雪山遗址中雪山一期文化的残陶片。

雪山遗址新石器时代文化分为两期。雪山一期遗存相当于铜石并用

时代早期，绝对年代在公元前3300年至前2900年。陶器中夹砂陶多于泥质陶，陶色以褐色为主，灰黑陶少，多素面，亦有一定数量的彩陶，少见绳纹等拍印纹饰。彩陶图案有垂带纹等。陶容器绝大部分为平底器，少数带圈足，不见三足器，种类主要有素面侈口罐、素面高领罐、高领壶、筒形罐、弧腹盆、敛口钵、豆等。装饰品有石环。关于雪山一期文化的年代问题，学者大致持一致的意见，即晚于红山文化和仰韶文化庙底沟类型，早于龙山文化。

雪山一期文化本身是多元文化融合的产物，以北京为基点向西辽河流域的扩展，是其颇为强盛的证明。正是在雪山一期文化的强势作用下，燕山南北文化融为一体，东北地区文化最发达的西辽河流域与中原文化成为不可分割的统一体。对“早期中国”的巩固和发展有着重大的历史意义。

雪山二期遗存相当于铜石并用时代晚期晚段，也就是龙山后期，绝对年代在公元前2200年至前1800年。同类遗存还见于房山镇江营新石器第四期、平谷刘家河H1等。陶器以夹砂褐陶和泥质灰、黑陶为主，泥质黑陶多为黑皮褐陶或灰陶，只有极少量是纯正黑陶，还有少量白陶。器表以素面为多，另见绳纹，也有篮纹、方格纹、旋纹、划纹、附加堆纹等。大型器物为泥条筑成法制作，中小型器物为快轮拉坯制作。器类有平底、三足、圈足，还新见贯耳器。典型陶器有双鋬绳纹鬲、素面鬲、翻缘甗、斝、鸟首形足鼎、贯耳大口瓮、双鋬深腹罐、大口罐、素面罐、高领壶、豆、高柄杯、平底盆、三足盘、平底碗等。还有斧、锛、凿、刀、镰、纺轮等磨制石器，磨盘、磨棒、砺石等磨蚀石器，三角形镞、刮削器、石片、石核等细石器以及石环、陶环等装饰品。此类遗存早年被雪山遗址的发掘者命名为雪山二期文化。同类遗存广泛分布在冀中和冀东北地区。

（二）发现了夏商周时期遗址、墓葬和其他遗存

夏商周文化指从夏代晚期到战国时期的文化，绝对年代大约为公元前1800年到前221年。

在昌平发现的遗存以雪山三期、张营二期遗存为代表，还见于昌平下苑，绝对年代在公元前 1800 年至前 1300 年，相当于二里头文化、二里岗下层文化和二里岗上层文化阶段。同类遗存在北京地区包括房山塔照一期、房山镇江营商周一期、琉璃河一期、平谷刘家河和杜辛庄等。陶器以夹砂褐陶占绝对优势，夹砂灰陶其次，泥质灰陶很少，夹砂陶中又以夹粗砂者居多，夹细砂者较少。褐陶多色泽不均，常泛黑斑或外有浅淡黑皮。器表以拍印绳纹为主，素面或压光其次，还有划纹、附加堆纹、圆圈纹、蛇纹、镂孔等。常见多种纹饰集于一器之上。三足、平底和圈足仍都存在，贯耳消失，环耳和器鋬大为减少。器类有鼓腹或弧腹鬲、筒腹鬲、折肩鬲、翻缘甗、大口折肩罐、大口瓮、罍、高领罐、假腹豆、钵等。生产工具和武器以斧、锛、凿、铲、钺、刀、镰等磨制石器为主，另有磨盘、磨棒、砺石等磨制石器，三角形镞、刮削器、砍砸器、石叶等细石器或打制石器，环首刀、带翼镞、刻刀、锥、凿等铜器，纺轮、陶垫、陶拍子、网坠等陶器以及镞、锥、针、匕等骨器。

北京地区这类遗存被发掘者命名为“雪山三期文化”和“大陀头文化”，这一名称得到较多学者认可。其总体与西辽河流域同期遗存大同小异，属于夏家店下层文化范畴。

晚商时期遗存以雪山四期为代表，绝对年代约在公元前 1300 年至前 1050 年，相当于殷墟文化阶段。北京地区同类遗存还见有房山镇江营商周二期、平谷龙坡早期、刘家河商墓等。陶器仍以夹砂陶占多数，泥质陶较少。色泽暗淡但较前纯正，仍以红褐陶居多，灰陶明显增加，还有较多灰皮或灰黑皮褐胎器物。器表以交错绳纹最为常见，其次为旋纹、附加堆纹等，素面者少。流行三足器和平底器，也有圈足器，带耳器少。器类有高领鬲、袋足鬲、柱足鬲、侈口甗、小口瓮、大口折肩罐、豆、甑、钵、盆等。还见有石斧、单孔或双孔石钺、石镰、石杵、筒状或蘑菇状陶垫、陶纺轮、角镞、铜刀、铜镞等生产工具或武器。

西周早中期遗存以昌平白浮墓葬遗存为代表，绝对年代约为公元前 1050 年至前 850 年。北京地区同类遗存还有房山琉璃河二期早、中段和镇江营商周三期、平谷龙坡晚期、顺义牛栏山等。昌平白浮墓葬文化内涵较为特殊。墓葬为南北向长方形土坑竖穴墓，椁室和墓坑间填以白膏泥，墓底有椭圆形腰坑，有殉狗习俗，3 座墓共出土青铜器、陶器、玉器、石器、骨器、牙器及卜骨、贝饰等约600余件。随葬陶器有陶联裆鬲、鼎；玉器有戈、鱼、觿、蝉、柄形饰、器件、小系璧、玛瑙环；青铜器有礼器、工具、车马器以及鹰首青铜短剑、马首青铜短剑、甲胄、戟戈等兵器；石器有砺石、石锤，角器有梳子、觿。此外还有贝饰和有字甲骨，这是北京地区首次在墓葬中发现的有字甲骨。从墓葬形制到随葬的陶联裆鬲、玉器、有字甲骨、鼎、簋、壶、戈、戟、锛、凿等青铜礼器、兵器和工具，都与琉璃河大墓相似。从铜戈上的铭文，以及甲骨文中的“其示”“其上下韦驭”来看，或许与古燕部族联合体中的古其国有些关系，但主体为商遗民性质墓葬，属燕文化范畴。随葬的蘑菇首剑、鹰首剑、马首剑、羚首削刀、鹰首削刀、管銎戈、盔等北方系的青铜武器和工具，基本不见于琉璃河，多为北方文化因素进入与这里产生碰撞的产物。

西周晚期至春秋早期遗存以雪山四期遗存为代表，绝对年代约在公元前 850 年至前 650 年。北京地区同类遗存包括房山琉璃河二期晚段和镇江营商周四期遗存。陶器灰陶比例猛增，绝大多数为夹细砂灰陶，其次为泥质灰陶和夹细砂褐陶，均含滑石粉末。夹砂陶仍盛行竖绳纹，有旋纹、附加堆纹等。泥质陶则多素面压光或饰旋纹，有的器表仍留有模糊的绳纹痕迹。常见器类有袋足鬲、联裆带足跟鬲、高圈足簋、小口罐、小口瓮、深腹盆、浅腹盆、甗、钵、豆等，袋足鬲比例很大。还有陶垫、纺轮、印模等陶质工具，戈、镞、刀、锥等铜器。这一时期的燕文化是在前期燕文化基础上发展而来，陶器基本都有先后继承关系，但土著文化因素在这一时期大量消失。

战国时期遗存以松园战国墓葬和半截塔东周墓葬遗存为代表，绝对年代约为公元前 475 年至前 221 年。出土陶器分生活实用器和仿铜礼器。实用器以夹砂灰陶和褐陶为主，有少量泥质灰陶。纹饰以绳纹为大宗。器类有燕式鬲、釜、尊、绳纹罐、盆等。仿铜礼器基本为泥质灰陶，器表多有黑褐色或银灰色陶衣，常见旋纹、螺旋纹、云纹、“S”

形勾连纹、菱格纹、三角形纹、波纹、兽面纹、动物纹等。器类包括鼎、豆、壶、盘、匜、簋等。其中鼎、豆、壶均带覆钵形盖，以子母口吻合。鼎盖带三环钮或兽钮，鼎足多见兽足。战国时期燕文化是春秋燕文化的延续，生活实用器都一脉相承，只是形态上略有变化，仿铜礼器也都继承了春秋时期的基本组合，纹饰上可见演变关系。

（三）发现了汉代遗址、墓葬和其他遗存

汉代遗存分为城址、遗址和墓葬。城址发现有汉昌平故城遗址，位于沙河地区辛力屯村，面积2平方公里。1985年在遗址北部发掘了9座汉墓，探出古河道一条。

遗址有上口遗址，位于长陵镇上口村西沟，面积约1平方千米，1958年文物普查时发现。文化堆积厚0.2米，出土有汉代古钱币、兵器等文物。传说这一带是东汉名将马武屯兵的地方。

墓葬发现较多，多为汉墓。较为重要的考古发掘有白浮汉墓、史家桥汉墓、半截塔汉墓、张营汉墓、北郝庄汉墓、沙河镇汉墓。1959年至1960年2月底，北京市文物工作队在昌平白浮村清理汉墓46座，多为中小型墓，分为土坑竖穴墓、砖室墓、瓮棺墓三种，随葬品以陶器为主，有少量铜器、钱币及带钩、封泥等。1960年，北京市文物工作队在史家桥村发掘一批小型土坑汉墓，近50座，出土器物有陶器、铜器、铁器。其中陶器151件，有鼎、豆、盒、壶、罐、瓮、盆等，漆器、铜器、铁器各出土1件。这批墓葬年代为西汉初期至东汉早期。1960年在半截塔村发掘东周两汉墓约20座，其中西汉墓16座，皆为长方形土坑竖穴墓，分单人葬与双人葬两种。随葬器物以陶器为主，有鼎、壶、盒、瓮各1件及铜带钩、铜钱等；东汉墓共5座，皆为长方形砖室墓，随葬器物有鼎、罐、壶、仓、奁、钵、盘、灶、羽殇、勺、盒、铜镜、五铢钱和王莽钱等。2004年在张营遗址发掘出一座东汉时期墓葬，为绳纹砖砌成的长方形刀形单室墓，随葬器物不多，陶器分实用器和模型类冥器两大类，有甑、器座、盘、盆、碗、支架、豆、钵、器盖、平底罐、仓、圈、灶，以及陶鸡、陶猪。2007年在北郝庄村发掘汉墓2座，

墓葬形制为刀把形和甲字形，由于破坏严重，随葬品基本没有。2010年，在沙河镇发掘汉墓3座，均为甲字形砖室墓，仅1座墓葬出土随葬品7件，包括铜勺、铜镜、铜簪、红陶罐和铜钱等。

此外在历次文物普查中，昌平区还发现多处汉代墓群，有于辛庄墓群、半壁店墓群、小沙河墓群、半壁街墓群、九兰墓群。另外在半截塔墓群、南邵墓群、旧县墓群、邓庄墓群中也都有汉墓发现。

（四）发现了晋唐时期遗址、墓葬和其他遗存

晋唐时期遗存可分为城址、遗址、墓葬等。城址发现有燕州故城、昌平故城。燕州故城建于唐开元二十五年（737年），1958年开挖京密运河时北城墙被毁，现仅存东、西、南三面夯土墙垣。唐昌平故城为唐至明代的昌平县城，仅存遗址和部分夯土。

遗址发现有老峪沟长城遗址、沙河规划区遗址唐代遗迹。老峪沟长城遗址位于流村镇老峪沟东山，在昌平境内北起高楼（原皇龙院），南经禾子涧的锅顶山，老峪沟南山鳌鱼岭折转南至马刨泉的北祁岭，在昌平境内约20余公里，风化较重，但遗迹可见。沙河规划区遗址唐代遗迹发现于2010年4月1日至4月30日。在沙河镇规划北区5—1#地块北区的发掘中，共发现唐代墓葬9座、唐代窑址1座。

晋唐时期墓葬有共计10余处：1959年至1960年，北京市文物工作队在龙山墓群发掘唐墓3座；20世纪60年代在兴寿镇上苑村上苑墓群发现25万平方米的墓群，并清理了10余座唐墓；1980年，在南邵镇南邵墓群发现唐朱愿墓，出土墓志一合；1989年在该墓群又发掘唐代砖室墓1座；1985年在城南街道旧县村西旧县墓群发掘1座唐代圆形穹隆顶壁画砖室墓；在城南街道邓庄村发现有面积30万平方米的邓庄墓群，出土过唐墓砖；在阳坊镇阳坊村发现面积1平方公里的阳坊墓群，曾发现过多座唐代砖室墓；2004年，在张营遗址的发掘中，清理了3座唐代墓葬；2005年6月至8月，在桃峪口水库南侧桃峪口水库地下文物埋藏区内的昌平民福置业集团旅游度假休闲居住工程占地范围内进行考古勘探和发掘，共清理墓葬4座，其中1座为唐代椭圆形砖室墓；2010年1

月，在沙河镇规划北区内进行的第一阶段考古发掘，清理出西晋墓葬3座；2010年4月，在沙河镇规划北区5—1#地块范围内进行的抢救性考古发掘，共发掘清理古代墓葬18座、窑址1座，其中唐代墓葬9座。墓葬形制有圆形、圆角方形、长方形、正方形、椭圆形、凸字形等，多为竖穴土圹单室砖墓，也有多室墓，出土陶器、三彩器、白瓷器、铜器、铜镜、铜钱等。

（五）发现了辽金元时期遗址、墓葬和其他遗存

辽金元时期的考古遗迹主要包括城址、墓葬、窖藏等。

城址有昌平县故城遗址。昌平故城在北京市昌平区城南街道旧县村，城为唐代至明代初期的昌平县治所在，城址平面呈长方形，南北400米，东西300米，设4门。遗址处地面上堆积有很厚的辽金时期断砖残瓦。

昌平区发现并发掘的辽金元时期墓葬主要有张营遗址辽金墓葬、民福置业集团旅游度假休闲居住工程辽金墓、陈庄辽墓、邓庄辽墓、小汤山常兴庄B地块辽金墓、白浮村元墓、旧县元墓、南七家元墓群、沙河镇元墓。

1986年在陈庄发现2座辽墓。其中1座保存完好，该墓为圆形砖室墓，根据墓室填土中出土的一些白灰碎片上的绘画痕迹推测，墓室上原来绘有壁画。随葬品有陶、瓷器近50件，墓葬中出土的铜钱，时代最晚的是始铸于北宋徽宗宣和元年的“宣和通宝”，相当于辽天祚帝九年。墓葬形制与张家口宣化市八里村发现的张世本夫妇墓大致相同，出土器物也相同，进而推断该墓的年代当在辽末金初；该墓出土的契丹男俑，真实形象地体现了契丹族“髡发左衽”的传统习尚；出土的女俑形象，证明了契丹女性也髡发的事实，弥补了史料记载的缺失。

2009年3月在邓庄村西发掘2座辽墓，其中一座有彩画和20余件随葬器物。

元代墓葬主要有1960年在白浮村发掘4座元墓，均为竖穴土坑墓，其中墓室呈长方形的为南北向，呈正方形的为东西向，出土的随葬品较

多。1974 年在旧县清理一座元墓，为砖砌双室墓，出土随葬品均为瓷器，数量虽少，但非常精致，有助于我们对元代制瓷工艺的认识。

在昌平兴寿遗址中发掘了辽金时期窑址 18 座，数量大，分布密集，几个窑址以一片较大空地为中心，呈花瓣形窑床向外放射分布。发掘者据此推测，此处原为一较大型窑场，3～5 个窑址为一组共用一处较大的中心工作面。这些窑址的发掘，为我们研究辽金时期的烧窑提供了珍贵的实物材料。

（六）发现了明清时期遗址、墓葬和其他遗存

昌平区已发现的明清时期遗存主要包括城址、陵寝、园寝、其他墓葬、水利设施遗址和瓷器窖藏等。

昌平区发现的城址多是在文物普查过程中发现的，有明昌平城遗址、上关城、南口城址、长峪城遗址、白羊城遗址和巩华城。

明昌平城遗址据《昌平州志》载，始建于明景泰元年（1450 年），平面呈长方形，南北 1.8 公里，东西 1.2 公里。城墙原有东、南、西 3 座城门。

上关城始建于明洪武年间，属居庸关防卫系统，现残存一段城墙，总长 280 米。

南口城始建于元代，明时重修。位于关沟南山口。城跨东西两山，扼关沟南口。城为不规则长方形，南、北各开一门。现南门及南墙一段保存尚好。

长峪城遗址位于流村镇长峪城村，城始建于明中期，是当时保卫北京的重要关隘。由新、旧两座城南北相连，占地面积约 4000 平方米。现仅存旧城北门、新城南门及局部墙体。

白羊城建于明代正统年间，是为扼控白羊沟口而筑。现存城墙 630 米，最高处近 2 米，城门及瓮城无存。

巩华城前身为永乐十九年（1422 年）建造的皇帝行宫，其建于明嘉靖年间，是明代皇帝谒陵、北巡的驻跸之所。城平面呈方形，设四门，均有瓮城。现四券门及瓮城可见，城墙大部已无存。

昌平区陵寝的考古工作主要是13陵的调查及定陵的发掘、十三陵边墙山口的勘查以及陵区内妃嫔墓的勘查。

十三陵位于昌平区内燕山山麓的天寿山，是明朝迁都北京后13位皇帝陵墓的总称。各陵建筑布局大体相同。1989年12月，为配合十三陵主神道复原工程，北京市文物研究所、古建研究所联合对十三陵主神道进行了考古试掘。试掘范围南起大碑楼，北至棂恩门（龙凤门），全长1060米。共发现三段原主神道，均为卵石路面，宽3.84米。据文献记载，这条神道形成于明代宣德年间，嘉靖年间大修过。《明实录》记载长陵神道确曾以石铺道，但这段主神道是否就是长陵神道，尚不确定。

定陵的发掘始于1956年，北京市文物调查研究组和中国科学院考古研究所组成了考古队，发掘时间前后历时两年零两个月，出土各类文物2648件。定陵是明神宗万历皇帝朱翊钧的陵墓，同葬孝端皇后王氏和孝靖皇后王氏，是迄今唯一一座经过发掘的帝王陵。陵墓建筑分为地面建筑和地下建筑两部分，其中地面建筑包括神道、无字碑和陵园三部分，地下建筑由隧道、金刚墙和玄宫组成，出土器物分丝织品、冠服、首饰、宝玉石、木质品等。1990年出版的定陵考古报告《定陵》，记录了定陵发掘的全部资料，为明代帝陵考古专题研究和明史研究提供了极其丰富的基础材料。

昌平区发现的园寝有理亲王弘皙园寝、弘晋园寝、履端郡王永城园寝、仪慎亲王永璇园寝、成哲亲王永瑆园寝、成恭郡王载锐园寝、庆僖亲王永璘园寝、郑亲王经纳亨园寝、郑亲王伊丰额园寝、郑亲王西朗阿园寝、定端亲王奕绍园寝、定敏亲王载铨园寝、惇恪亲王绵恺园寝、钟端郡王奕詥园寝、恭忠亲王奕䜣及家族园寝、贝勒载澂园寝。清代园寝的修建由工部统一掌管，建造费用由朝廷划拨，朝廷对园寝碑制、园寝坟茔等地面建筑规制及守坟户数量等都有严格规定（另见《昌平清代园寝》）。

昌平区近年考古发掘的明清墓葬主要有南邵镇张营村明清墓葬、京包高速公路昌平北郝庄段清代墓葬、昌平区沙河镇规划北区工程明清墓葬。零星发现的明清墓葬有伯哈智墓、李景建墓、孙公墓、张公墓、李公墓、麻道沟僧人塔墓、马国柱墓、太平庄墓群、嵩年家族墓、刘氏家族墓、北七家墓群和燕丹清墓等。墓葬形制而言，有竖穴土坑墓、砖室墓等两种形制，以竖穴土坑墓所占比例最高。竖穴土坑墓中一般都有木质葬具，有棺无椁。根据葬具数量又可分为单棺葬、双棺葬和多棺葬，一般以前两种形式为常见，多棺葬少见，葬式多仰身直肢。竖穴土坑墓的随葬品在种类和数量上都较少，以陶罐、瓷罐和铜钱较为多见，部分墓葬随葬铜簪、银簪、耳环、手镯等小饰品。总之，无论从墓葬形制还是从随葬品情况看，竖穴土坑墓都是较低规格的墓葬，本书中不再赘述。

三、昌平考古发现的重要意义

（一）与北京城盛衰与共

昌平地理位置优越，能够尽享山川渔泽之利，这使得昌平在新石器时代至夏商时期形成了一定的繁荣。但地理空间的狭小、自然资源有限，又使得昌平难以成为区域的中心。在其南面、北京平原的中心，拥有更优越的条件。如果说夏商之前，北京平原还未出现真正意义上的中心聚落或城址，那么随着西周燕国在琉璃河建都，结束了这种分散的局面，昌平也从此附属于这个新出现的中心城址。战国时燕国建蓟城于现北京城区，经汉唐时期的经营，蓟城在北京平原的中心城址的地位更加稳固，相应的，其对昌平的辐射或昌平对北京的附属也更趋稳固。辽金以后，北京政治经济地位急剧上升，一跃而成为首都，昌平也随之成为畿辅重镇。入明以后，昌平作为军事重要防区和皇陵所在地，其地位发展到了巅峰。到了清代，北京北部军事威胁消减，清代皇陵另选他处，昌平则逐渐淡出皇家视野。

（二）印证了昌平历史的发展趋向

昌平在漫长的新石器时代及夏商时期，其文化虽较易受到周边文化影响，但也有明显的自身发展轨迹可寻，或可自成体系。自西周始，随着中原王朝对边境地区控制的加强，昌平古文化发展逐渐纳入中原腹心地带文化发展轨道，其进程明显受到强大文明中心的影响，成为阻挡草原文明及渔猎文明入侵中原的军事重镇。白浮西周墓可视作昌平这一发展进程的见证。汉唐时期，中原王朝力量空前强大，昌平与中原进程同步呈现出强化的趋势。当中原王朝控制力下降，北方少数民族势力南下，昌平又呈现出错综复杂的乱象，魏晋南北朝时期零星的考古发现，诠释了这段史实。

安史之乱是昌平历史的一个重要转折点。安史之乱后，中原农耕政权逐渐失去了对昌平的控制，来自北方的契丹、女真先后占领了包括昌平在内的广大地区，昌平由中原政权的北方军事重镇，变为北方少数民族政权南下的桥头堡。

于是在昌平历史中还存在一种特别的现象：当两个政权以昌平为界相对峙时，昌平地位上升，而当昌平及其周边统一于一个政权时，昌平步入和平发展时期，地位则下降。辽、金、元、明、清的考古发现，特别印证了这一现象。

（三）建立了开放包容的体系

昌平考古发现的大量遗存，印证了昌平早已形成了开放包容的文化体系。这在很大程度上得益于昌平独特的地理位置。昌平古文化与周边文化的交往，至迟发生于距今6000年的雪山一期，有证据表明，雪山一期文化接纳吸收了部分辽西地区的小河沿文化因素，至雪山二期，与周边文化的交往更趋频繁，内蒙古老虎山文化、豫南后岗二期文化、豫西王湾三期文化、山东半岛的海岱文化均对雪山二期施加过不同程度的影响，与外来文化的交流，至夏商时期达到了一个高峰。雪山遗址尤其是张营遗址的发掘表明，内蒙古中南部、辽西地区、晋中地区、豫南地区、冀中平原、海岱地区的古文化都曾影响过此地。

自西周以后，随着中原王朝势力的加强，其对昌平这样的边境地区的辐射和影响也进一步增强，汉唐时期昌平文化面貌与中原趋同，清楚地反映了这一趋势。自辽金以后，昌平政治、经济地位随北京的上升而上升，成为畿辅重镇，同时国家经济重心南移，昌平与长江以南甚至更广阔的地域开始了文化经贸往来，其范围与广度远超以前，这与唐以前仅与北方地区往来密切有了不同。旧县元墓出土的江南的瓷器、定陵出土的南方的器物，以及来自阿拉伯的伊斯兰教徒伯哈智墓，很容易让人感受到这种不同。

总体来说，昌平古文化的交流，以对外来文化的接受吸纳为主，向外输出较少。但毫无疑问，开放包容的体系，对昌平自身的发展有着明显的促进作用。

第一章　雪山文化——北京新石器文化谱系的标尺

一、北京新石器文化谱系的开端

在昌平雪山文化遗址没有被发现发掘之前，北京新石器时代的文化谱系基本上以“中国新石器考古文化谱系”为参照，专家著述的一些考古发掘报告和论文经常引用的也是“出土器物类同于……河姆渡文化、仰韶文化（某期）、庙地沟文化、马家窑文化、大坨头文化、龙山文化、老虎山文化、后岗文化（某期）、红山文化……”等，也就是说那个时期北京地区还没有一处考古发掘发现可以提供这种新石器文化标尺性的文化谱系。直到20世纪60年代初，北京昌平地区雪山遗址的发现和发掘，才使这种状态得以终结即北京地区终于有了她自己的新石器时代的文化谱系——雪山文化。

昌平地区史前的考古发现较为少见，只是在其境内发现过一些古动物化石，在地质时代上都属于更新世晚期。发现的地点一般为冲积层或半山区，用下表示意说明（见表1）：

表1　昌平古动物化石地点

编号	出土地点	古动物化石	地貌（地点类型）	出土时间	采样（鉴定）人（单位）或资料来源
1	小汤山东北肖家村	象臼齿	沙河洪冲积层	1974年	北京自然博物馆

续表

2	崔家乡八家村	羊、鹿	山坡砂层	1976 年	阎德发
3	昌平县采石场	鼠、鹿	山前丘陵石灰岩裂隙	1976 年 11 月	黄万波
4	高崖口乡韩家台村	鹿	洞穴		《北京西山哺乳动物化石点的新发现》，《中国区域地质》1993 年 4 期。
5	小汤山镇马坊村	披毛犀	半山区	2009 年	昌平博物馆资料

例如小汤山镇马坊村东施工时发现的披毛犀牙齿化石，残长 37 厘米、宽 15 厘米，距今约 1 万年，为头骨右侧下颌骨残件（见图 1）。

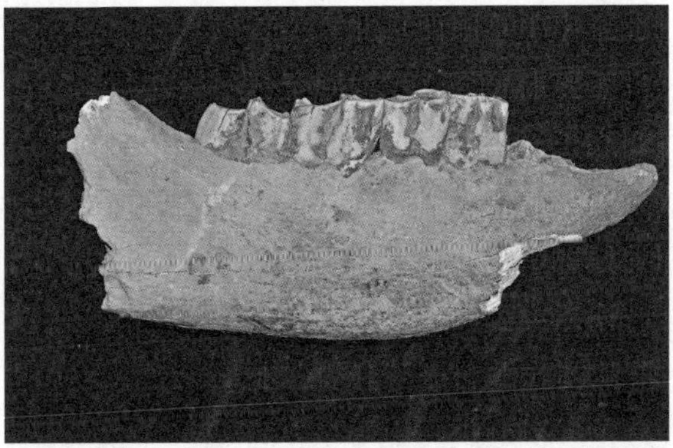

图 1　马坊村出土的披毛犀牙齿化石

披毛犀是一种已灭绝的犀牛，体表披有御寒的长毛和浓密的绒毛。它头骨长且大，头部和颈部向下低垂，额上和鼻上各长有一支犀角，鼻角尤其长大，向前倾斜伸出。它一般被认为是在更新世冰期气候条件下发展起来的，但在气候温和的草原环境的沉积里也发现过它的化石。生活时代大约距今 12000 年至 4000 年之间。它的存在，说明当时昌平的气候要冷于现在。

20 世纪 60 年代初，雪山遗址的发现与发掘，揭开了昌平新石器时代人类生存的序幕，同时也为北京新石器文化谱系提供了标尺性的参照。

二、雪山遗址的发现与发掘

雪山遗址位于昌平城区西侧南口镇的雪山村。

村东南为冲积平原，村北、东面各有一条时令河，与虎峪沟水汇合后注入北沙河。村西北有座马鞍形的小山丘，当地人传有“二郎担山”的故事，故事中说二郎担山到此，走得累了，便在此歇息，同时觉得靴中有土，便把靴里的土倒了出来，于是便形成此山。它原名“靴山”，“雪山”一名由此转音而来。遗址的位置在山丘以南，古河道以西的一片缓坡之上（见图2）。

图2　雪山遗址

2013年4月，昌平区南口镇雪山村68岁的村民王淑银在地里劳动时意外发现5个“古代的罐子”。经过昌平区文化委员会文物管理所鉴定，这5个陶罐都属于汉代文物。

据王老太太讲，当时她正在自家地里翻土，突然感觉工具碰到了“硬物”，扒拉开土块后竟发现一个圆形器物扣在地里，于是便一溜小跑到村委会报告，然后又回到地里看护，直到文物部门来人。

一位文化程度不高的农村老太太为何有如此之高的文物保护意识呢？缘由要从50多年前说起。

1960年，雪山村东修路时发现了这里有古遗址。第二年开春以后，北京大学历史系考古专业1958级本科生会同北京市文物工作队，在此作实习发掘，首次在北京地区揭示出新石器时代仰韶和龙山文化时期的堆积层（见图3）[①]。当时带队的是邹衡、俞伟超、高明等著名学者。

图3　1961年雪山遗址发掘现场

王淑银那时20来岁，心灵手巧有力气，考古队需要人手，就把她和同村的一些年轻人“招”到队里当了一阵了“考古发掘助手”。从那时起，她就知道，地下文物属于国家，谁发现了，就要马上报告不能让它受到损失。

这次考古发掘后，“雪山遗址”久闻于学术界。令人痛心的是，当发掘资料运到学校整理时，遭到了所谓“破四旧”浩劫，许多发掘品被毁，报告编写被迫辍止。后来，又经历了“文化大革命”的冲击，几位主要发掘者相继离世，以致那次考古发掘的报告迟迟没有面世。现在对遗存的了解，更多的来自于20世纪80年代的发掘。

继20世纪60年代的发掘后，1981年，北京市文物工作队对雪山遗址重新进行了调查与钻探。调查后发现，遗址东西长约1200米，南北宽约800米，新石器时代文化堆积主要分布于村东和村西。

① 详细资料尚未发表，实习报告见北京大学考古文博学院资料室。信息来源见《北京大学历史系考古专业四年级在京郊实习发掘到新石器时代至辽代文化遗址》，见《光明日报》1964年4月2日。

1982年至1983年，北京市文物工作队的郁金城、王武钰带队在村西和村东选择了三处地点进行发掘，总面积达700平方米[①]。清理出灰坑9座，分圆形和椭圆形两种。圆形灰坑坑壁较直，平底，作筒状。椭圆形灰坑多数是锅底形的，形状不规则。例如H17坑壁下有红烧土痕，内有烧石和完整陶罐，坑内未发现柱洞，似为临时性的活动场所。

三、对发现器物的研究

（一）仰韶文化时期的雪山一期文化

雪山一期文化的遗物主要为陶器和石器。

陶器以夹砂褐陶为主，其次为夹云母红陶，泥质陶很少。陶质较为疏松。陶色不均。除少数的划纹外，全部为素面陶，陶罐的表面经过磨光。大型器物均采用泥条盘筑法成型，小件器物则直接捏制而成。主要器型有夹云母红陶双耳罐（见图4）、夹砂褐陶高领罐、敛口钵、壶等。

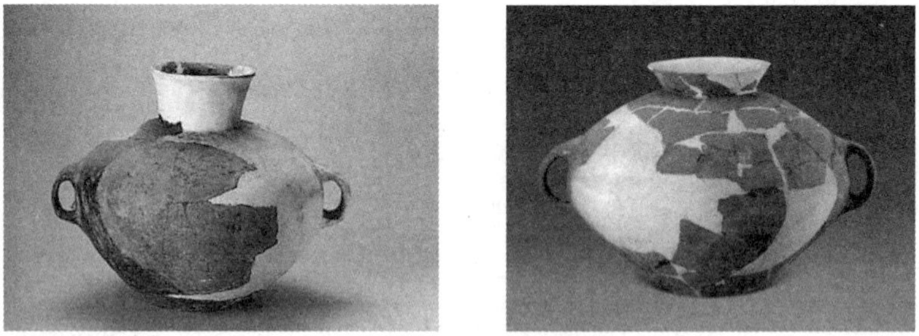

图4　雪山一期双耳陶罐

石器主要以砂岩制成，磨制为主，有斧、棒、凿等（见图5）。

---

① 王武钰：《雪山遗址第二次考古调查与发掘收获简述》，《北京考古信息》1989年2期；北京市文物研究所：《北京考古四十年》，北京燕山出版社，1990年1月。

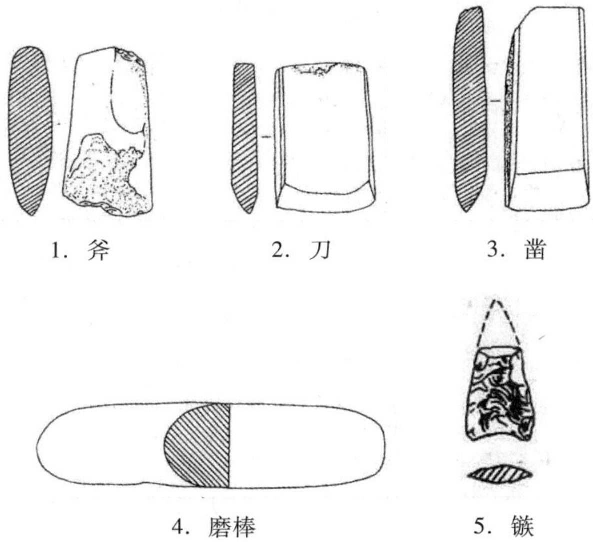

图5　雪山一期石器

从出土的红陶钵和红胎黑彩陶片看，雪山一期文化的年代大约相当于仰韶文化庙底沟类型，晚于红山文化①。

雪山一期文化的夹云母红陶小口双耳高领罐、夹砂褐陶敞口罐、折腹钵、敛口钵等文化因素与辽西地区的小河沿文化②十分接近。因而多数研究者将两者视为同一种文化③，少数研究者把它们划分为各自独立的文化：雪山一期文化和小河沿文化，但也充分表述了两者间具有的密切联系④。

---

① 韩建业：《论雪山一期文化》，《华夏考古》2003年4期。

② 辽宁省博物馆等：《辽宁敖汉旗小河沿三种原始文化的发现》，《文物》1977年12期；内蒙古自治区文物考古研究所：《内蒙古林西县白音长汗新石器时代遗址发掘简报》，《考古》1993年7期；辽宁省文物考古研究所等：《大南沟——后红山文化墓地发掘报告》，科学出版社，1998年7月。

③ 称之为雪山一期文化的如韩建业：《论雪山一期文化》，《华夏考古》2003年4期；王策、王清林：《雪山一期文化研究》，《北京文博》2004年2期；许永杰：《距今五千年后文化迁徙现象初探》，《考古学报》2010年2期。称之为小河沿文化的如索秀芬、李少兵：《小河沿文化年代和源流》；吉林大学边疆考古研究中心：《边疆考古研究（第7辑）》，科学出版社，2008年12月。

④ 中国社会科学院考古研究所：《中国考古学·新石器时代卷》，中国社会科学出版社，2010年7月。

雪山一期文化陶器中加砂陶多于泥质陶，陶色以褐色为主，灰黑陶少，崇尚素面，有一定数量的彩陶。少见绳纹等拍印纹饰。彩陶图案有垂带纹等。陶容器绝大部分为平底器，少数带圈足，不见三足器，种类主要有素面侈口罐、素面高领罐、高领壶、筒形罐、弧腹盆、敛口钵、豆等。装饰品有石环。

雪山一期文化本身是多元文化融合的产物，以北京为基点向西辽河流域的扩展，是其颇为强盛的证明。正是在雪山一期文化的强势作用下，燕山南北文化融为一体，东北地区文化最发达的西辽河流域与中原文化成为不可分割的统一体。对“早期中国”的巩固和发展有着重大历史意义。

关于雪山一期文化的年代问题，学者大致持一致的意见，如韩建业通过从地层的叠压关系得出结论，认为雪山一期文化晚于红山文化和仰韶文化庙底沟类型，早于龙山文化①。王策、王清林认为，“晚于红山文化而早于夏家店下层文化”②。郭京宁亦同意韩建业先生关于雪山一期文化的年代定位③。

关于对昌平雪山一期文化来源及传播路径的认识，韩建业指出雪山一期文化分布在海河流域和西辽河流域，早期以冀中的中贾壁遗存为代表，晚期以雪山一期、午方早中期遗存为代表，西辽河流域的雪山一期文化均属晚期，以大南沟和小河沿遗存为代表。北京地区的雪山一期文化属于晚期的午方类型。从来源看，雪山一期文化早期的中贾壁类型，是在冀中地区正定南杨庄一类遗存的基础上，受庙底沟类型的影响变异发展而来的。到了后期，进至北京地区，并进一步扩张到西辽河流域，融合并代替了原红山文化，使西辽河流域的文化发展方向出现逆转。雪山一期文化在海河流域形成后，在北向传播的过程中，以北京为基点扩

---

① 韩建业：《论雪山一期文化》，《华夏考古》2003 年第 4 期。
② 王策、王清林：《雪山一期文化研究》，《文物春秋》2004 年第 2 期。
③ 宋大川主编：《北京考古发现与研究》，科学出版社，2009 年，第 46 页。

展到西辽河流域[①]。王策、王清林则认为雪山一期文化很可能是继承了红山文化的某些因素而发展起来的，是夏家店下层文化的源头。辽西地区是雪山一期文化的发源地和终结地。河北中北部地区是由于文化扩张的原因而一度处于雪山一期文化的范围内，但还受到中原同时期文化（大司空文化）的影响而与辽西的雪山一期文化稍有区别[②]。王丹认为，雪山一期文化在海河流域和西辽河流域的渊源各不相同，就北京地区而言，其遗存中发现有红陶钵和红胎黑彩陶片，表现出中原仰韶文化和北方红山文化的某些因素[③]。

（二）龙山文化时期的雪山二期文化

属雪山二期文化的有在1982年至1983年清理的房址3座，灰沟1条和灰坑[④]；1961年清理的H66。

房址为椭圆形半地穴式，内有烧土灶坑及斜坡门道。例如F3门道中部和地面上，发现有柱洞痕。室内地面中部有平石一块，与门道柱洞相对，可能为柱础石。室内面上有灶址，周围有木炭屑及陶、石遗物。

灰坑皆为椭圆形锅底状，以H16为代表。

遗物主要为陶器、石器。陶器以夹砂褐陶为主，也有相当数量的泥质灰陶，其次有泥质黑陶、泥质红陶及少数泥质白陶。泥质黑陶的内外面是黑色的，其陶胎为红色或灰色，只有极少数薄胎陶是纯正黑陶。泥质白陶的原料实际是白垩土，因出土的都是碎片所以无法说明器形。

成形技术上，大型器物为泥条盘筑、快轮修整。小件陶器则为快轮制陶，一些陶罐的底部留有偏心涡纹可反映这一情况。例如T201③：3，

---

① 韩建业：《论雪山一期文化》，《华夏考古》，2003年第4期；韩建业：《试论北京地区的新石器时代文化》，《文物春秋》2007年第5期。

② 王策、王清林：《雪山一期文化研究》，《文物春秋》2004年第2期。

③ 王丹：《北京地区新石器时代考古学文化源流研究》，《首都师范大学学报》（社会科学版）2007年增刊。

④ 北京市文物研究所：《北京考古四十年》，北京燕山出版社，1990年1月。由于正式报告尚未发表，灰坑的数量不详。

罐底外部内凹，有快轮切割后的偏心涡纹（见图6）[①]。

图6 T201③：3 罐底内部与外部

罐底 T210③：13（见图7），底外部内凹，内部圆心部位有拉坯时形成的乳突。

图7 T210③：13 罐底外部与内部

豆盘 T207③：19（见图8），泥质黑皮陶，器表有明显的快轮拉坯指印，从细密的轮纹推测是在轮盘上修整的。

整形技术上，器表纹饰以绳纹和素面为主，其次是篮纹、弦纹、方格纹等。

例如陶罐 T207③：16，泥质灰陶，饰交错篮纹，外壁有涮抹痕，

① 成型和整形工艺记述来源于我们2010年10月14日、2014年6月6日观察雪山陶片的记录。

图 8　T207③：19 外壁

内壁有顶压痕（见图 9）。

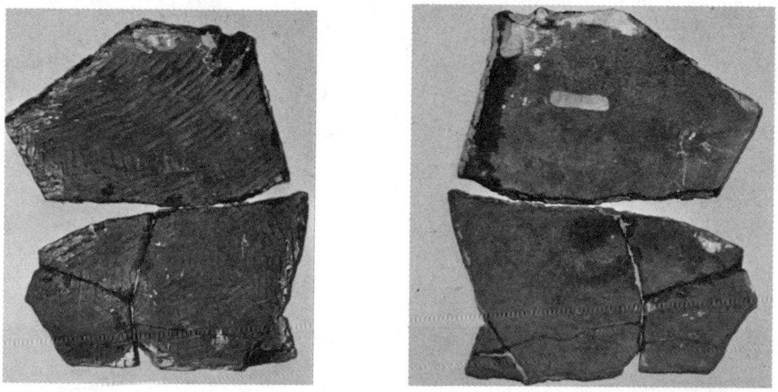

图 9　T207③：16 陶罐外壁与内壁

T225F2：3，夹砂灰陶罐，自肩部以下饰滚压绳纹。绳纹自右而左滚压，在弧度较大的地方，前后两次形成绳纹相交呈锐角的情况。所用工具应是缠有线绳的木棍之类。绳纹间距在 0.2 ~ 0.3 厘米左右。这也应是绳的直径数值。绳纹施完后自右而左划断开，局部修抹（见图 10）。

附加堆纹、圆圈纹、凹弦纹等也有少量。例如泥质灰陶罐 T207③：30，颈部有两道不规整的凹弦纹（见图 11）。还有一些是磨光陶，磨光实际也是一种整形方式。

器形种类比较丰富，以罐类（见图 12）最多，如双耳罐、深腹罐、泥制小罐等；其他有鬲、甗、曲腹盆（见图 13）、折腹盆、大口平底盆（见图 14）、曲腹碗、钵、豆、瓮、盘、器盖（见图 15）、鼎（见图

16)、斝（见图17)、杯、纺轮（见图18)、环等。

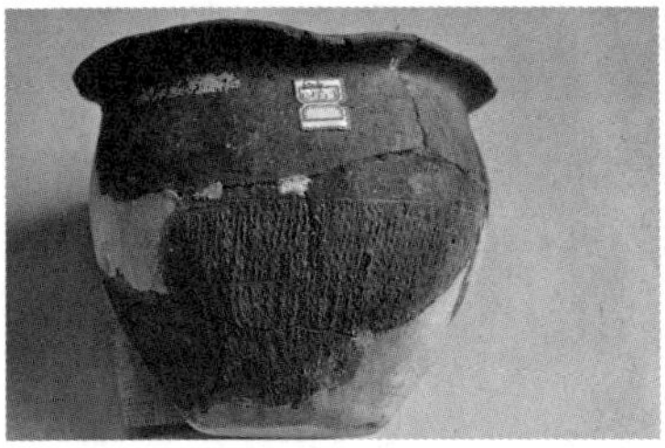

图10　T225F2：3 陶罐

图11　T207③：30 泥质灰陶罐

1．灰陶罐

2．高领褐陶罐

3．侈口鼓腹陶罐

图12　雪山二期陶罐

图13　雪山二期曲腹盆

图14　雪山二期平底盆

图15　雪山二期陶器盖

图16　雪山二期陶鼎

图17　雪山二期陶斝

图18　雪山二期陶纺轮

石器制作精良，以通体磨光的斧为多（见图19)。还有一定数量的锄（见图20)、铲（见图21)、镰（见图22)、凿、镞、刮削器、石片等。

图 19　雪山二期石斧

图 20　雪山二期石锄

图 21　雪山二期石铲

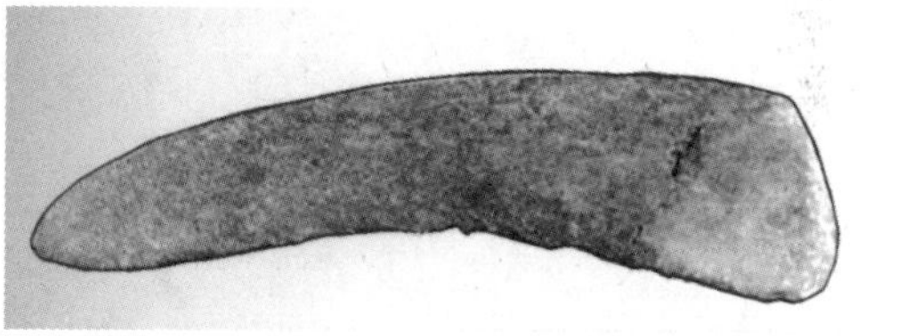

图 22　雪山二期石镰

雪山二期的 H16 打破了雪山一期的 H17，而在雪山三期的地层中，发现有大坨头文化因素的陶器。因此，雪山二期的年代上限晚于雪山一期，下限早于大坨头文化（见图 23）。

H66 比 H16 年代略晚，含有中原龙山文化、晋陕龙山文化、山东西部地区龙山文化和自身特有的地方因素[①]（见图 24 至图 28）。

相比雪山一期文化，雪山二期的文化因素构成要复杂得多，表现出受到周边原始文化的影响。

雪山二期中的双鋬鬲[②]等来源于北方内蒙古中南部地区的老虎山文化[③]（见图 24）。

---

① 韩嘉谷：《昌平雪山 H66 的年代、文化性质及相关问题——纪念昌平雪山遗址发掘 50 周年》，《北京文博文丛》2001 年，第三辑。

② 韩嘉谷：《大坨头文化陶器群浅析》，《北方考古研究（四）》，中州古籍出版社，1994 年 12 月。

③ 内蒙古文物考古研究所：《准格尔旗永兴店遗址》，《内蒙古文物考古文集》，中国大百科全书出版社，1994 年 8 月。

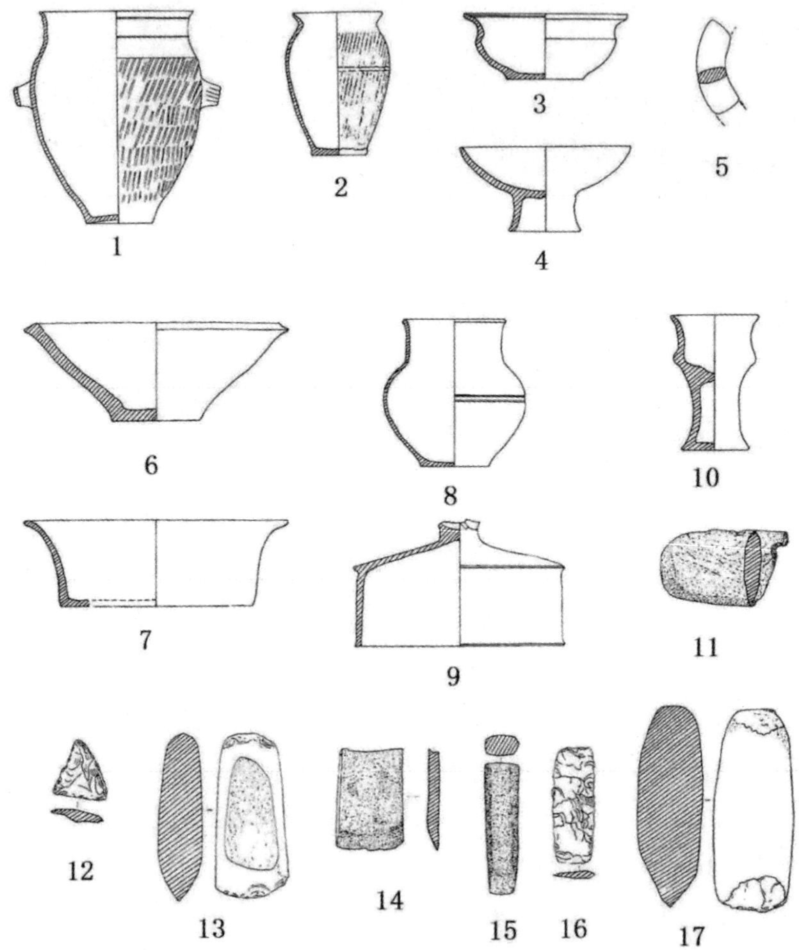

图 23　雪山二期器物合成图

1. 双耳陶罐　2. 深腹陶罐　3. 曲腹陶碗　4. 陶豆　5. 陶环　6. 陶碗　7. 平底陶盆　8. 小口高领罐　9. 陶器盖　10. 陶杯　11. 穿孔石刀　12. 石镞　13、17. 石斧　14. 石刀　15. 石凿　16. 刮削器

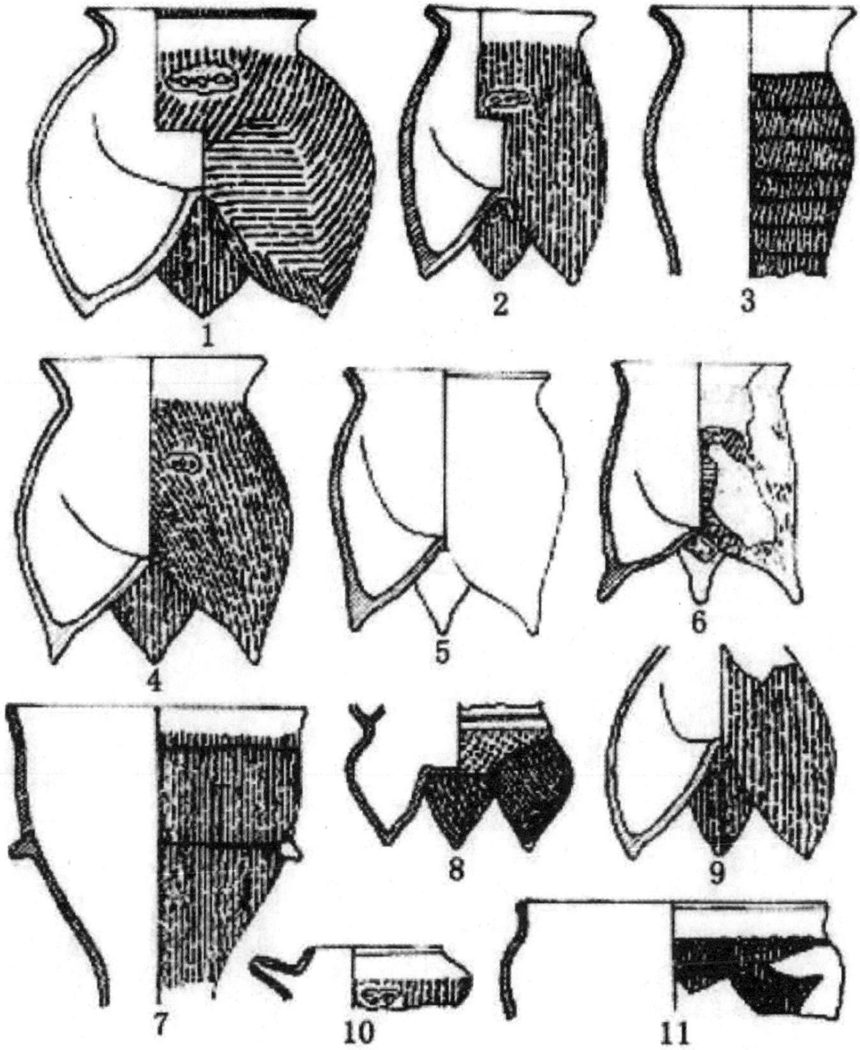

图24　雪山H66出土器物1

1、2、4. 双錾耳鬲（H66：7、H66：218、H66：11）5. 素面鬲（H66：232）6. 高实足跟鬲（H66：231）3、7. 甗（H66：233、H66：10）9. 陶甗残片（H66：1 5）8、11. 斝（H66：9、H66：19）10. 盉（H66：8）

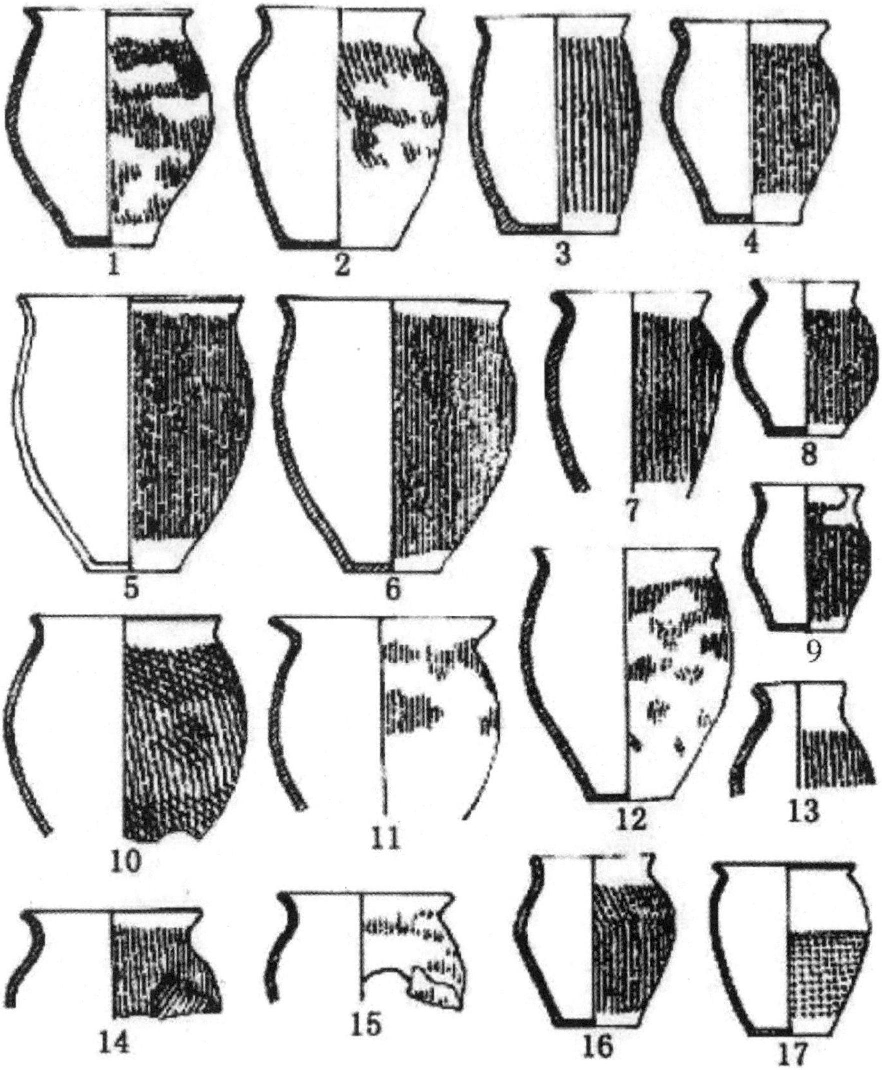

图 27　雪山 H66 出土器物 2

1—16. 绳纹罐（H66：33、H66：36、H66：47、H66：59、H66：39、H66：32、H66：46、H66：45、H66：49、H66：38、H66：44、H66：37、H66：41、H66：35、H66：34、H66：40）17. 方格纹罐（H66：73）

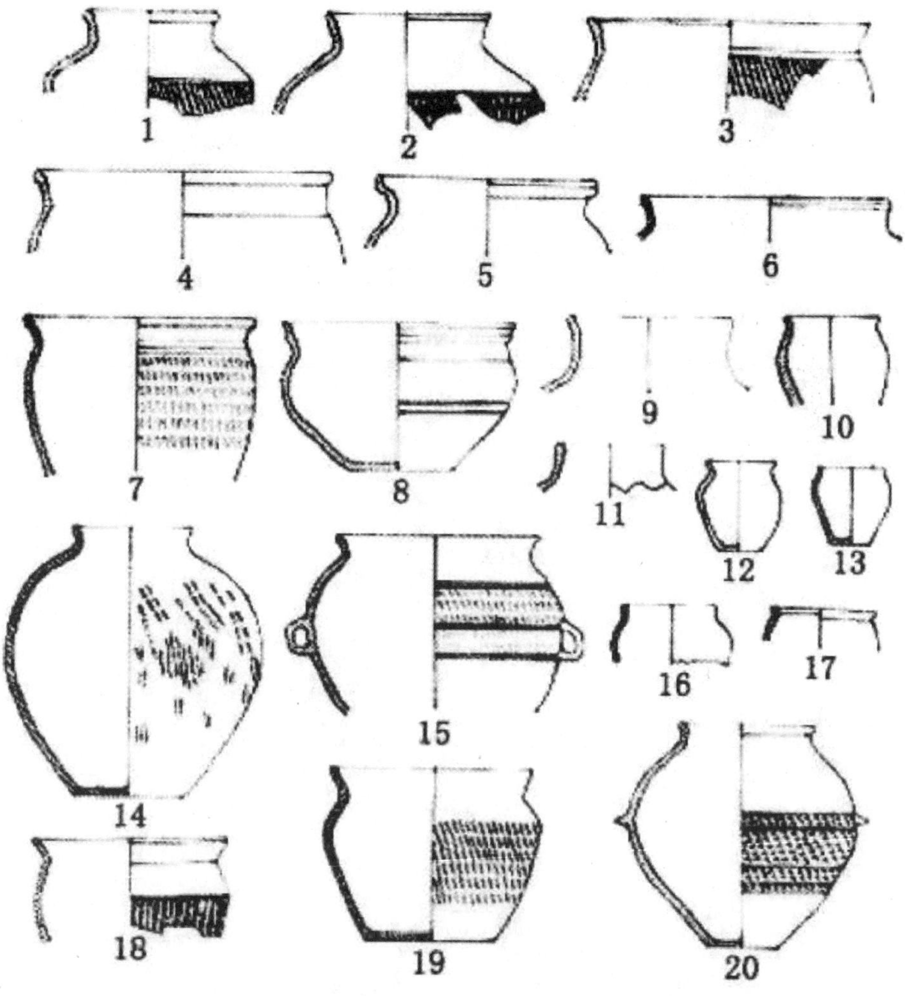

图 26　雪山 H66 出土器物 3

1、2. 圆唇矮领罐（H66：77、H66：75）3—5、7、8. 凹沿矮领罐（H66：43、H66：85、H66：83、H66：79、H66：82）6、9、11. 卷沿矮领罐（H66：81、H66：66、H66：63）14、20. 小口圆腹罐（H66：65、H66：64）10、12、13、16、17. 小罐（H66：62、H66：78、H66：72、H66：55、H66：60）15、18、19. 大口罐（H66：42、H66：87、H66：74）

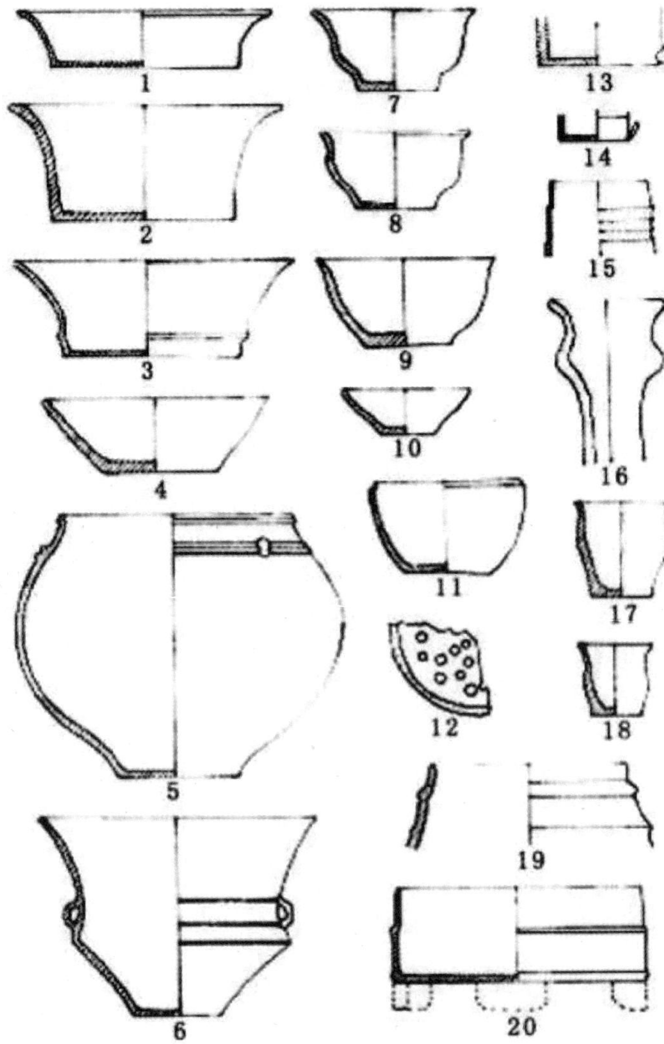

图 27　雪山 H66 出土器物 4

1—4. 浅腹盆（H66：94、H66：91、H66：88、H66：99）5、1 9 瓮（H66：67、H66：80）6. 折腹盆（H66：95）7—10. 碗（H66：97、R66：96、H66：101、H66：100）11. 钵（H66：14）12. 甑（H66：102）13—15. 筒腹杯（H66：103、H66：105、H66：115）16. 曲腹杯（H66：107）17、18. 盅（H66：106、H166：68）20. 奁（H66：31）

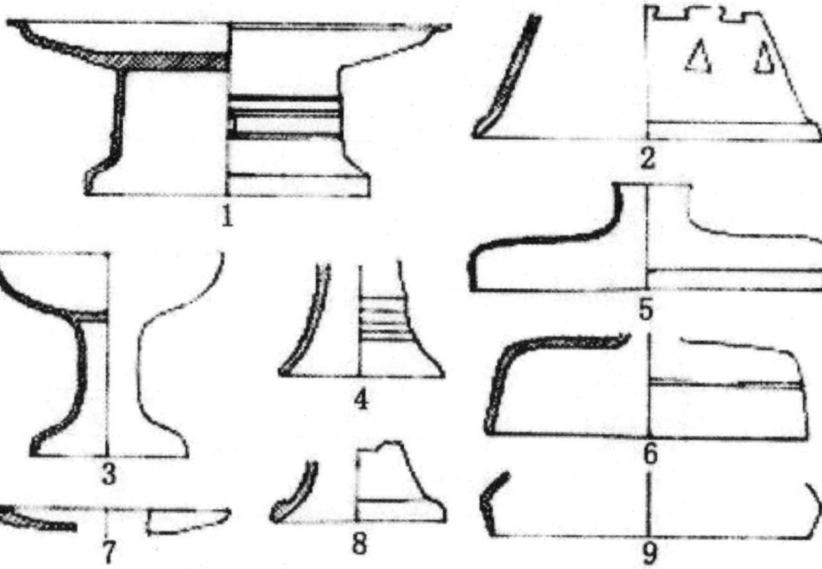

图 28　雪山 H66 出土器物 5

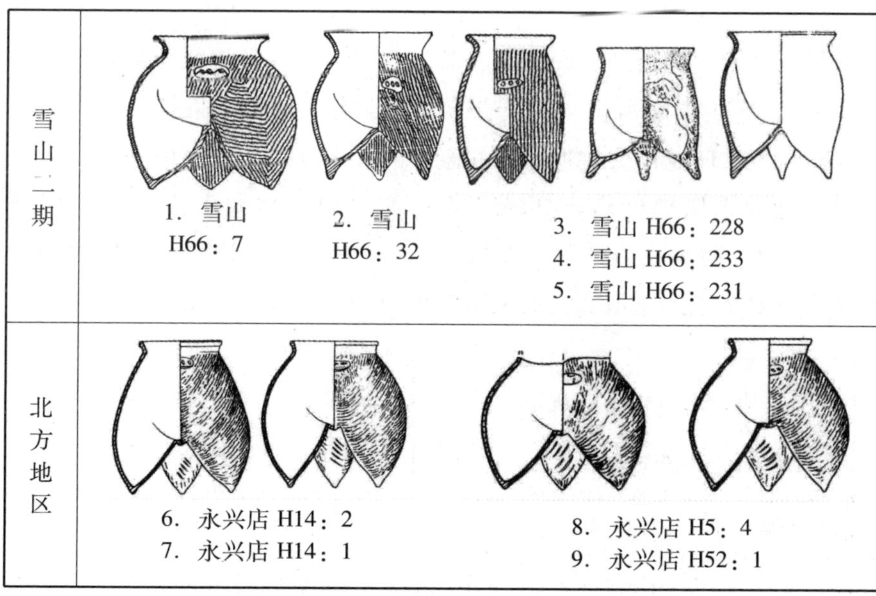

图 29　雪山二期与北方地区陶鬲比较图

雪山二期中的深腹绳纹罐、袋足甗、袋足斝、大敞口平底盆、斜壁碗、陶纺轮等都同中原地区的豫北后冈二期文化[1]有着很多的相似（见图29、图30）。

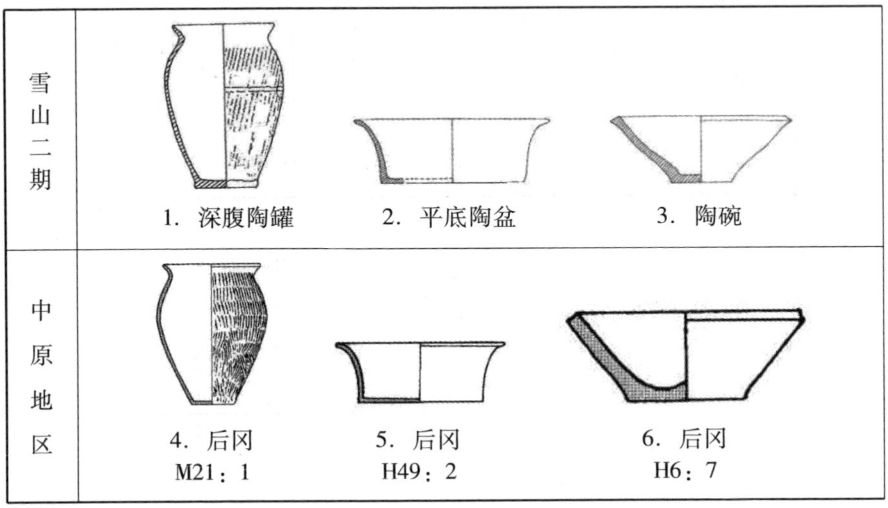

图30 雪山二期与中原地区陶器比较图

雪山二期中的白陶、高领壶、鼎、器盖、豆、假腹杯等都是海岱地区龙山文化[2]的典型器物（见图31）。有学者认为与北京地区相邻的冀中以任丘哑叭庄龙山文化遗存为代表的河北平原及周围龙山文化与山东龙山文化城子崖类型有密切的关系，称之为海岱龙山文化哑叭庄类型[3]。雪山二期也被纳入这一类型[4]。这一看法也从侧面反映出雪山二期文化与海岱地区龙山文化的关系极为密切。

---

① 中国社会科学院考古研究所安阳工作队：《1979年安阳后冈遗址发掘报告》，《考古学报》1985年1期。

② 昌潍地区文物管理组等：《山东诸城呈子遗址发掘报告》，《考古学报》1980年3期；山东大学历史系考古教研室：《泗水尹家城》，文物出版社，1990年11月；济青公路文物考古队宁家埠分队：《章丘宁家埠遗址发掘报告》，《济青高级公路章丘工段考古发掘报告集》，齐鲁书社，1993年11月。

③ 王青：《试论任丘哑叭庄遗址的龙山文化遗存》，《中原文物》1995年4期。

④ 韩嘉谷：《大坨头文化陶器群浅析》，《东北亚研究——北方考古研究（四）》，中州古籍出版社，1994年12月。

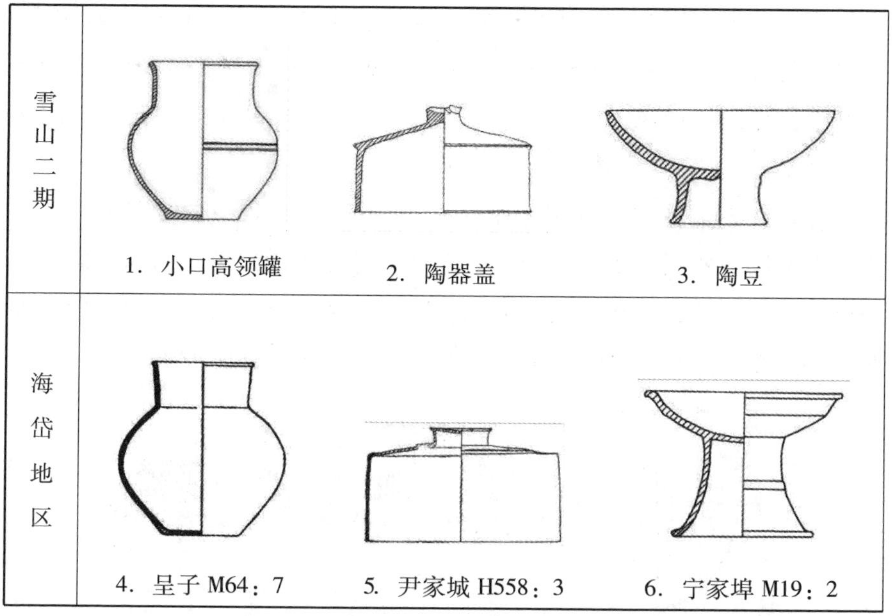

图 31　雪山二期与海岱地区陶器比较图

雪山二期文化与周邻地区原始文化的交流如图（见图 32）。

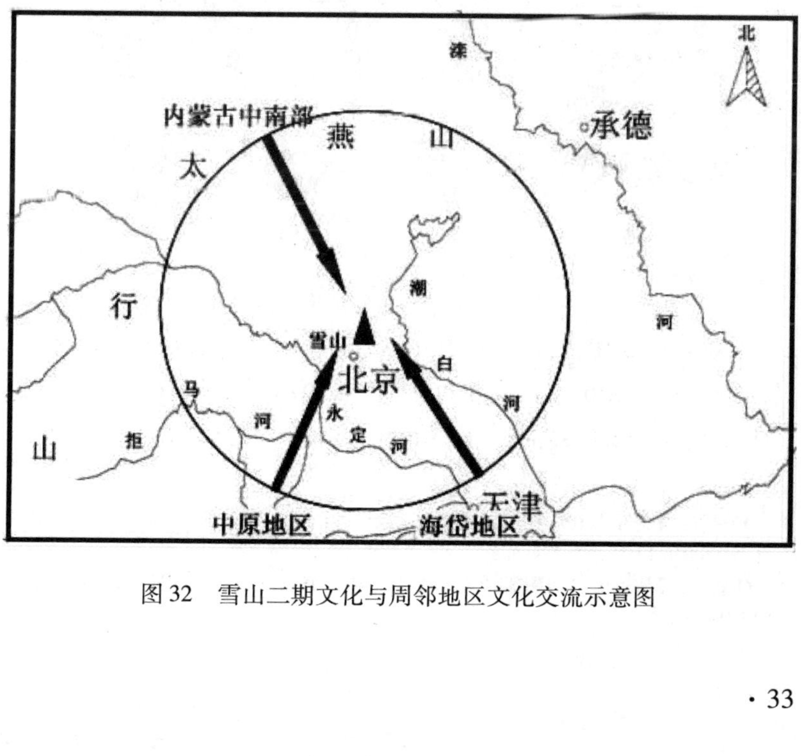

图 32　雪山二期文化与周邻地区文化交流示意图

由于雪山二期文化与雪山一期文化内涵相差较大，有研究者认为，两支文化背后的族属不同：来自豫北一带的中原龙山文化北上，并融合了其他文化最终形成了雪山二期文化。这一过程反映了共工氏北迁的历史传说①。

韩嘉谷先生在雪山遗址发掘50年后所作的文章中，披露了一些雪山三期器物的资料（见图33至图36）②。并以雪山二期和雪山三期出土陶器为起点，追索大坨头文化形成发展的谱系源流。雪山二期替代一期是不同谱系的文化更迭，三期替代二期则是相同文化的发展变异。

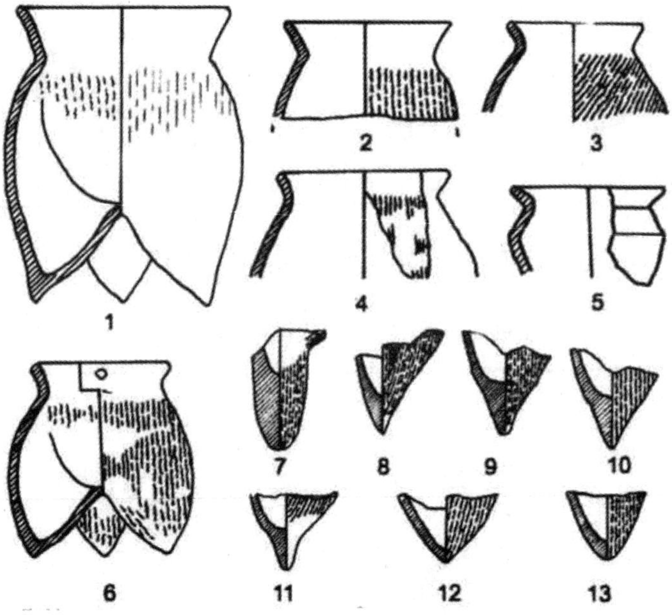

图33　雪山三期居住址出土陶鬲

1. H109：7　2. H192：25　3. H191：9　4. T71③：7　5. H155：5　6. H80：1　7. H109：16　8. H186：24　9. H186：10　10. H57：20　11. H10：9　12. H186：15　13. H192：6

---

① 韩嘉谷：《北方历史的考古学探索》，《东北亚研究——北方考古研究（四）》，中州古籍出版社，1994年12月，第174页。

② 韩嘉谷：《从雪山三期陶器看大坨头文化和夏家店下层文化的异同》，《北京文博文丛》，2013年第四辑。

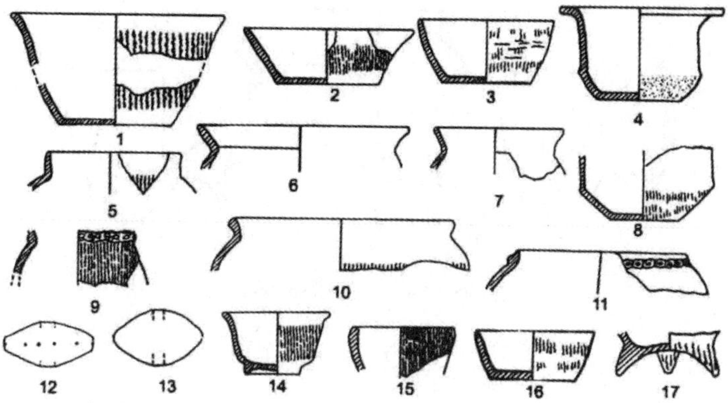

图 34　雪山三期居住址出土陶器

1.11191：10　2.1180：2　3.T71③：2　4.H32：1　5.H186：14　6.H57：4　7.H155：4　8.T71③：4　9.H192：7　10.H186：11　11.H186：38　12.H186：4　13.H57：1　14.H186：7　15.H57：9　16.T71③：1　17.H186：12

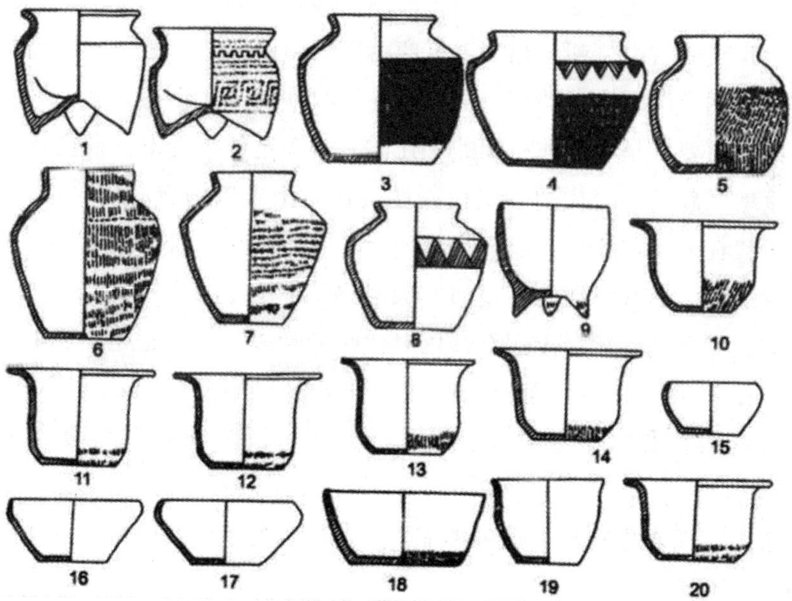

图 35　雪山三期墓葬出土陶器

1.M1 1：5　2.M11：6　3.M11：4　4.M42：3　5.M31：1　6.M16：1　7.M39：1　8.M34：1　9.M16：2　10.M11：7　11.M42：1　12.M42：2　13.M39：2　14.M39：3　15.M34：3　16.M24：2　17.M34：2　18.M24：1　19.M11：3　20.M16：3

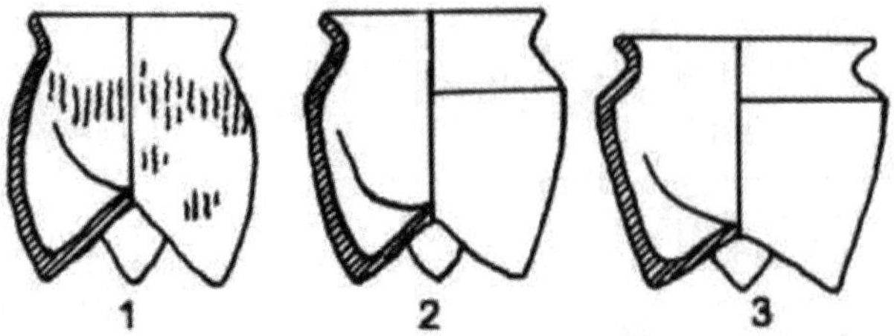

图 36　雪山三期采集陶器

1. 雪采：1　2. 雪采：2　3. 雪采：3

四、相关结论和意义

纵观雪山历次发掘，其遗址地层叠压关系清楚，仅先秦时期就有六种不同时代的文化遗存。即相当于仰韶时代晚期的雪山一期，相当于龙山文化晚期的雪山二期，相当于夏商时期的雪山三期，相当于西周早期的雪山四期及西周晚期的燕山文化和东周时期的燕文化。

尤为重要的是雪山前三期的文化谱系时间定位。雪山一期文化是中国北京地区新石器时代的一支代表性文化，相当于铜石并用时代早期，绝对年代在公元前 3300 年至前 2900 年。同类遗存不仅存于北京房山区镇江营遗址，还在海河、西辽河、滦河流域广泛分布。

雪山二期遗存相当于铜石并用时代晚期晚段，也就是龙山后期，绝对年代在公元前 2200 年至前 1800 年。同类遗存不仅存于北京房山镇江营新石器第四期、平谷刘家河 H1 等，还广泛分布在冀中和冀东北地区。

雪山三期文化与昌平张营夏商时代遗存同属于北方大坨头文化的范畴。

总之，雪山遗址的发现和发掘，为北京地区新石器时代的考古研究提供了充分的遗物及清晰的地层叠压关系，为北京建立新石器时期的文化谱系奠定了坚实的基础。

第二章　张营遗址——北京多元文化因素的重要汇集区

一、遗址的发现

1984 年，在北京市第二次文物普查期间，位于昌平城东的南邵镇的张营砖厂由于取土时经常发现一些破碎的陶器而引起了昌平文物部门的注意。这个砖厂在张营村的东侧，由于生产量大，所以吃土很深，县文物部门多次到此巡查并告知如有发现一定要立即报告。

1989 年 3 月，张营砖厂取土时再次发现文物碎片，随即北京市文物研究所与昌平县文物管理所联合对砖厂的西南边沿地带进行 3 个月的抢救性发掘，发掘面积 250 平方米。这次发掘认为，张营所发现的遗址属夏家店下层文化，时代相当于夏代晚期至商代初期。现存属夏、商时期文化堆积面积约 3000 平方米。

为此在 1993 年，张营遗址被公布为北京市第一批地下文物埋藏区。该遗址地理坐标为北纬 40°12. 726′，东经 116°16. 963′，海拔高度约54 ~ 58 米（见图 37）。遗址地势略高于周围地面，呈土丘状，南部已被砖厂取土时破坏掉一部分，遗址南北长 250 米，东西宽 200 米，面积 5 万平方米。

2001 年 5 月 14 日，昌平区文化文物局副局长杨广文带队在组织对文物埋藏区例行检查时，再次发现张营砖厂“超范围取土”严重破坏了文物埋藏区的地表现场，立即要求其停工并接受处罚。

图 37　张营遗址发掘现场

2004 年 3 月 2 日至 5 月 21 日，为配合昌平卫星城东区南环路回迁小区工程建设的顺利进行，遵照昌平区政府和市文物部门的意见，北京市文物研究所的郁金城、郭京宁与昌平区文化委杨广文、邢军、张福升等人再次对遗址进行抢救性发掘。当时，遗址残存部分东西长约 50 米，南北长约 60 米，面积约 3000 平方米。实际发掘面积 1320 平方米。

二、两次发掘与出土器物

从 1989 年的第一次发掘情况看：文化层堆积厚薄不均，一般在 1 ~ 2 米之间，文化层分为 6 层。第一层为耕土层，第二层为唐辽时期文化层。第三至六层为夏商时期文化堆积，共发现灰坑 21 个，多数为不太规则的椭圆形坑，只有少数为直壁平底的圆形桶状坑。灰坑直径一般在 1 ~ 2.5 米之间。另外还发现一座葫芦形、带有烧土灶炕的居住房址遗迹，破坏严重，居室部分呈圆形，仅存底部，直径约 1.8 米，门道位于居室西南部，长 0.8 米，宽 0.9 米。灶炕位于房址的东北角，突出在居室外，保存尚好，呈抹角方形，烧土面表面呈灰蓝色，较硬，表层之下呈红褐色。房址的东南壁还发现了一个柱穴遗迹，直径 0.22 ~ 0.28 米，深 0.15 米。在第五、六层内发现了较多的遗物，出土的铜器主要是小件工具、兵器和装饰品，有刀、凿、锥、渔叉、镞、喇叭形耳环等，共计十余件。石器主要为磨制的镰、刀、铲和打制的石斧生产工具，以及石范、磨石、石环和属于细石器的镞、刮刀等七十余件。陶器碎片较多，经过初步整理，复原完整的有 30 余件，器形有鬲、甗、瓮、罐、盆、钵、杯、拍子、垫、纺轮等多种，多为夹砂褐陶，器表一般施绳纹，以手制为主；骨器主要为鱼钩、镖、针、锥等。

2004 年的第二次发掘共清理商周时期灰坑 102 个、房址 6 座、陶窑 1 座、灶址 11 座、墓葬 4 座（长方形竖穴土坑墓 1 座及瓮棺墓 3 座）、灰沟 1 条。

两次发掘面积总计 1570 平方米，加上清理的汉、清时期墓葬，共计揭露面积约 1670 平方米（见图 38）。

图 38　张营遗址的部分遗迹

（一）文化分期依剖面

两次发掘表明，尽管不同探方的文化层堆积层数、保存情况不尽相同，但经过对不同层位土质、色、包含物等综合分析、比较，张营遗址的文化层可概括为彼此对应的 6 层。这是遗址分期的地层学依据。

由出土遗物可知，第①—③层为明清及以后时期的文化堆积，第④—⑥层为夏、商时期文化层。其中第⑥层已近生土，所出遗物甚少。

由上述文化层的叠压关系及各地层单位出土物特征，并结合目前已知燕山以南地区考古学文化的认识，可将张营遗址的夏、商时期文化遗存分成三个阶段。第⑥层为第一阶段，第⑤（2004 年度发掘的第⑤层）、④B 层及层面下发生的遗迹为第二阶段，④A 层及层面下发生的遗迹为第三阶段。

两次发掘中，一些遗迹的填土中出有属于雪山一期文化的残陶片。尽管未见它们所属的层位或单位，但它们的存在表明雪山一期文化曾客观存在。可能原本有属雪山一期文化的遗迹只是被破坏殆尽或是此类陶片由于某种原因从其他遗址带入。

属雪山一期文化的陶器标本以夹云母红陶为主，兼有褐、黑陶等。

主要器型有器耳、瓮、钵等（见图 39）。器耳有拱形和窄鼻形两种。钵有侈口和敛口两种。

（二）灰坑房址有内涵

遗迹有房址、灰坑、灶址、墓葬、陶窑、灰沟 6 类。

房址 6 座，按形制分为圆形半地穴式和方形地面式两种。一般由居室、灶、门、柱洞等部分组成，部分房址还残存有墙壁。居室面积一般不超过 13 平方米。居住面多用黄土或细砂垫底，均经烧烤。

圆形半地穴房址，分为双间式和单间式。

双间式：F1，整体结构为两个近圆形的坑相切，中间有小隔梁（门槛），将其分为“主室”和“侧室”。

入口呈斜坡状，东西长 2.4 米、南北高 1.8 米。方向 140°。

主室南北宽 2.45 米，东西最大径 2.8 米，深 0.95 米，面积约 7 平方米。有二级台阶，方向 230°。侧室位于主室西南，南、北长 2.2 米、东、西宽 1.9 米，面积约 4 平方米。室内中部有柱洞，东北部有灶址。

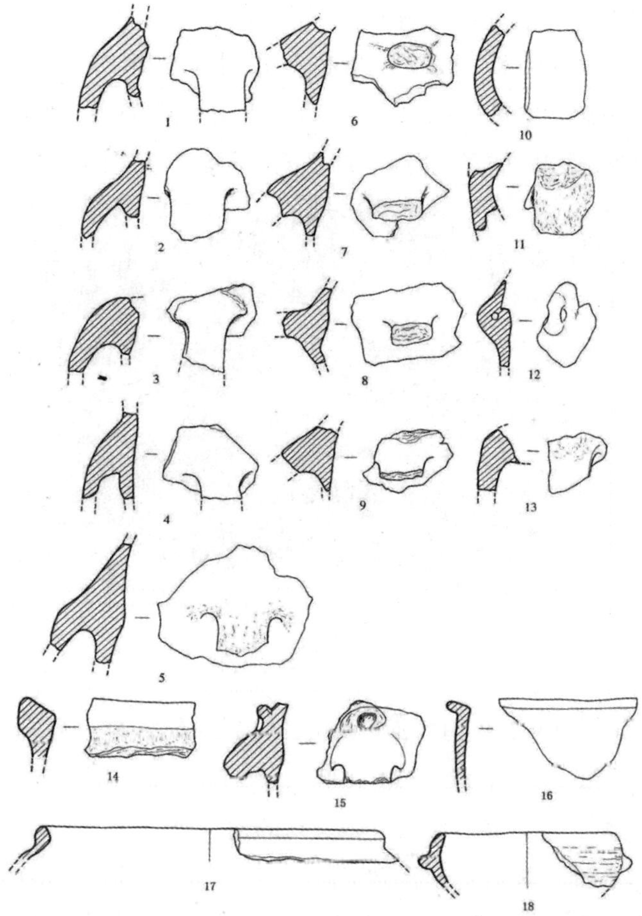

1－13、15. 器耳　14、17. 瓮　16、18. 钵

图 39　张营遗址出土的雪山一期陶器

主室内壁下有 12 个近横向柱洞。自第一台阶上的柱洞起，按顺时针排列：第一个柱洞直径 0.05 米，深 0.05 米，斜向东南，倾斜度约 60°，距底高约 0.5 米；第二、三、四个柱洞在西北壁，直径均为 0.1 米，深度约 0.06～0.08 米，斜向东南，距底高分别 0.34 米、0.42 米、0.3 米；第五、六柱洞在东南壁，直径分别为 0.06 米、0.08 米，较直，深约 0.05～0.07 米，距底高为 0.42 米、0.32 米；第七、八、九、十、十一柱洞在南壁偏西侧，第七、八柱洞在南壁底部，直径 0.07 米，深

0.06～0.08米，一直一斜，斜度为45°，第九、十、十一柱洞直径0.06米，深0.05～0.06米，较直，距底高分别为0.28米、0.15米、0.4米；第十二柱洞在中部偏西，直径0.07米，深0.05米，倾斜45°，距底高0.25米。底部置有两块经过加工的砾石块（见图40）。

图40　F1（自东向西）

为了搞清这些柱洞的目的与功能，发掘人员将竹竿分别插入它们。结果发现它们的走向并非是向上撑起房顶，而是彼此间横向交叉——绝大多数的柱洞一一对应，形成一张交织的网。故而推断它们的功能并不是支撑什么，而是为放置木杆做成隔离带，用以防潮。所谓的房址其用途更可能是窖穴。还有研究者将这类房址与宗教祭祀设施联系起来①。

室内填土为黑灰色，土质较软。包含物有红烧土块、石块、兽骨、夹砂陶片等。可辨器型有陶簋、陶鬲、陶罐、陶盆、陶盂等。

单间式：F6，南、北最大径1.95米，东、西最大径1.5米。面积约3平方米。深1.25米，房内深2.4米。底部置有两块经过加工的砾石块。

房内填土为褐灰色，土质较软，含红烧土颗粒、炭屑、兽骨、夹砂陶片等。可辨器型有陶鬲、陶盆、陶豆、陶钵、陶瓮等。

① 韩建业：《北京先秦考古》，文物出版社，2011年1月，第195页。

方形地面式：F2，南、北最大径宽3.5米，东、西最大径宽3.55米，方向188°，面积约12平方米。深0.75米，室内堆积厚0.4米。

中心位置有一近方形的室内灶。灶的东南连接一片面积约50厘米×60厘米的烧烤面，呈黑红色，较为坚硬。烧烤面的西南有一柱洞，洞径宽约0.28米、深0.2米，平面近圆形，剖面为锅底状。室内西北部、西部还有多处烧烤面，西南角有一壁灶。

房内不同位置放三块不同大小的石块。南端中部，有一宽约1.44米的缺口，疑为被破坏的门道（见图41）。

图41　F2（自南向北）

室内填土可分为两层。上层呈黑灰色，质较硬，含炭灰、红烧土颗粒等，为房屋废弃后堆积。下层为灰黄色花土，厚约0.1米，应为室内活动面的垫土，遗物多出于此层。包含物有红烧土块、石块、夹砂陶片等。可辨器型有陶盆、陶鬲、陶瓮、陶盂等。

陶窑Y1：分为火道、窑室、烟道三部分。

整体平面近椭圆形，方向20°，残长2.4米。火膛位于窑室南部，深1.7～1.8米，近圆形，上部残破，锅底状。壁面因烧烤而形成0.04～0.05米的遇热层。东、西长0.06米，南、北长0.79米，深0.21～0.39米。火道为一条凹槽斜坡状，深1.35～1.7米、长1.4米、宽0.2～0.8米、残高0.05～0.4米。

窑室顶部塌陷。窑箅已无存。

两个烟道位于火膛南部，形状近半圆形，相距0.18米（见图42）。一号烟道保存较好，距火膛西壁0.16米，东西宽0.13米、深0.12米、高0.19米，红烧土周围残存有黑色烟灰。二号烟道较小，宽0.09米、深0.09米、高约0.19米。

图42　Y1的烟道

陶窑的北端有一硬土面，应为烧陶时的工作面。

从形状、结构、面积看，窑的规格较小。

窑内堆积多为倒塌后形成的红色、黑色的烧土，较为松软，底部出有烧骨、炉渣、炭灰、石块、夹砂陶片等。可辨器型有陶罐、陶瓮、陶盂、陶鬲等。

灶址共11座，均未出遗物。部分灶址底部有陶片铺底。部分灶址位于房址内。

Z11：位于T0504西北，开口④A层下，打破⑤层。平面近圆形，剖面近直壁。直径约0.5米，灶口深约0.7米，灶残深0.18米（见图43）。灶内填土呈灰褐色，粉砂性、质较硬，含夹红烧土块、炭灰等。

灰坑是数量最多的遗迹，共清理122座（1989年发掘20座，2004年发掘102座）。

图 43　Z11

绝大多数灰坑的壁、底没有明显的加工痕迹，包含物较杂，应为倒放垃圾使用形成。部分不规则者或包含物极少者，应为自然形成的土坑或对自然坑的利用，个别不规则形状可能属后期坑壁坍塌所致。

在已知的 104 座灰坑中，按形制差异可分为圆形筒状、圆形锅底状、椭圆形筒状、椭圆形锅底状等几种类型。以椭圆形锅底状居多，共 35 座，占灰坑总数的 34%；圆形筒状 24 座，占 23%；不规则形 19 座，占 18%；椭圆形筒状 15 座，占 14%；圆形锅底状 10 座，占 10%；圆形袋状 1 座，占 1%（见图 44）。

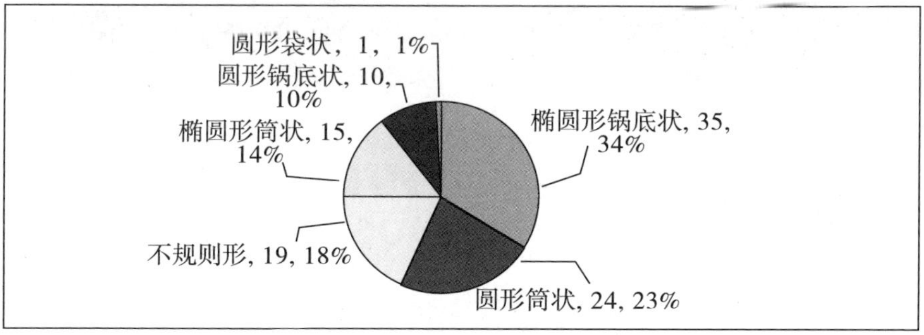

图 44　张营遗址各类灰坑百分比

椭圆形锅底状，35 座。

H58：东、西口径约1.48米，南、北口径约2.1米。坑口深约0.8米，坑口至坑底深约0.83米（见图45）。坑内填土黑灰色，粉砂性，质较硬。内含炭屑、红烧土颗粒、夹砂陶片等。可辨器型有陶鬲、陶盆、陶瓮、陶罐等（见图46）。

图45　H58

图46　H58出土器物

圆形筒状，24座。

H18：坑口直径约1.76米，坑口深约1.05米，坑口至坑底深约0.43米（见图47）。坑内填土呈黑灰色，粉砂性，质较硬。内含炭屑、红烧土块、夹砂陶片等。可辨器型有陶鬲、陶盆、陶罐、陶碗等（见图48）。

图47　H18

图48　H18出土器物

椭圆形筒状，15座。

89H16：东、西最大径2.45米，南、北最大径1.75米。坑口至坑底深0.9米。坑内填土灰褐色，粉砂性，质较硬。内含炭屑、红烧土颗粒、夹砂陶片等。可辨器型有陶鬲、陶甗、陶盆等。

圆形锅底状，10座。

H105：口径2.51米，坑口深0.85～0.9米，坑口至坑底深

0. 35 ~0. 4米。坑内填土呈黑灰色，粉砂性，质较软。内含炭屑、红烧土颗粒、兽骨、铜屑、大量夹砂陶片等。可辨器型有陶鬲、陶甗、陶罐等。

圆形袋状，1 座。

H42：坑口直径 1. 2 米，坑底直径 1. 4 米。坑口深 1. 03 米，坑口至坑底深约 0. 46 米。坑内填土褐灰色，粉砂性，质较硬。内含炭屑、草拌泥红烧土块、夹砂陶片等。可辨器型有陶鬲、陶瓮等。

不规则形状，19 座。

H98：剖面为锅底状。南、北最大径 2. 3 米，东、西最大径 1. 6 米。坑口深 1. 25 米，坑口至坑底深 1. 1 米。坑内填土黑褐色，粉砂性，质较硬。内含红烧土块、兽骨、石块、铜屑、夹砂陶片等。可辨器型有陶瓮、陶鬲、陶罐等。

墓葬 M6：长方形竖穴土坑墓，为生土二层台状，东西向。内填五花土，被 H42、H61、H60 、Z2 打破，自身打破生土。

墓口长 4. 35 米、宽 2. 1 米、深 0. 9 米；墓底长 4. 05 米、宽 1. 5 ~ 1. 7 米、深 2. 95 米。方向 85°。

墓底有黑灰色的木棺痕迹，棺朽，厚度不详。木棺东西长 2. 7 米、宽 0. 7 米、深 0. 15 米。底部有一层青灰色的膏泥，厚约 0. 05 米。

发现人骨架 1 具，头向东。骨架已严重腐朽，仅存股骨，面向不清。疑似为侧身屈肢，性别及年龄不详（见图 49）。

图 49　M6

随葬品有陶器（见图 50）、玉饰、铜饰。

灰沟 G1：平面呈不规则长条形。

图 50　M6 出土陶器

沟东、西长 1.45 米，南、北长 0.8 米，沟口深 1.2 米，沟口至沟底深 0.55 米。沟壁加工不规整，沟底不平，成坡状。沟内填土呈黑灰色，粉砂性、坚硬。内含极少量红烧土块、炭灰和夹砂陶片等，可辨器型有彩陶片、甗足、陶饼等。因为面积较小，堆积亦不丰厚，推测为自然形成的浅沟。

（三）遗物丰富种类多

遗物分为陶器、石器、玉器、铜器、骨器、动物骨骼、人骨遗存 7 类。

陶器为所获实物资料中最多者，有生活用器和生产工具两类。共出土陶片 27603 枚，发现完整和可复原陶器 90 件。

陶器的种类主要有鬲、甗、盆、罐、簋、豆、钵、碗、杯等容器及纺轮、拍、垫、模具等工具。

陶器绝大多数为实用器，显示出较成熟的制作水平。极少数形体较小，制作简单、草率，可能是玩具或冥器。

鬲是陶器群中数量最多、形制最复杂的器类。多为粗砂陶，少为细砂陶，极少为泥制陶。陶质坚硬。器表多饰绳纹，有的口沿外饰附加堆纹及波浪纹，腹饰蛇纹。制法多模制和泥条盘筑法，口沿外常常留下慢轮修整之痕迹。据其整体形态可分为鼓腹鬲、斜腹鬲、直腹鬲、商式鬲、折肩鬲、蛇纹鬲 6 大类，部分种类又可分型及型下的亚型。陶鬲的分类方法可表示如下：

- 鬲
  - 折肩鬲
  - 商式鬲
    - 唇部无凹槽
    - 沿面有凹槽
  - 斜腹鬲
    - 无实足跟
    - 有实足跟
  - 鼓腹鬲
    - 柱足鬲
    - 袋足鬲
      - 短领袋足鼓腹鬲
      - 高领袋足鼓腹鬲
      - 实足跟袋足鼓腹鬲
  - 直腹鬲
  - 蛇纹鬲
    - 口沿外饰乳凸
    - 口沿外饰蛇纹
    - 口沿外饰小耳

鼓腹鬲：依足部变化，分袋足、柱足二型。

A 型：袋足鼓腹鬲。分矮领、高领、实足跟三亚型。

Aa 型：矮领鬲（无实足跟）。侈口。依腹部变化，分五式。

Ⅰ式：最大径在下部。方唇、卷沿。

T12⑥：1，细砂红褐陶，部分呈黑色。口沿外绳纹被抹，但隐隐可见，颈以下遍饰绳纹，近裆部交错压印。二足模制对接。分裆线在腹部偏上。口外径 19.3 厘米、高 28.8 厘米、裆高 9.2 厘米。容量为 6.5 斤，容积为 4.66 升（见图 51）。

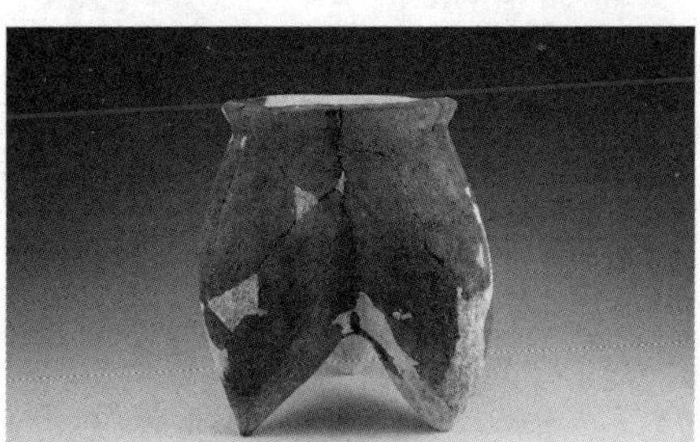

图 51 陶鬲 T12⑥：1

Ⅱ式：最大腹径在中部偏下。方唇，沿微卷。

F4：4，粗砂红褐陶，部分呈黑色。先预制出三角形裆部，将三足接好后，最后与颈部对接。分裆线在颈下，联裆处饰绳纹（见图 52）。口径 16.6 厘米、高 21.8 厘米、裆高 9 厘米。容量为 3.7 斤，容积为 2.65 升。T10⑤：10，细砂红褐陶，部分呈黑色。裆部结合后补泥以加固。分裆线在中部偏下（见图 53）。口外径 13.4 厘米、高 15.9 厘米、裆高 3.8 厘米、腹径 15.6 厘米。容量为 1.5 斤，容积为 1.08 升。

图 52　陶鬲 F4：4

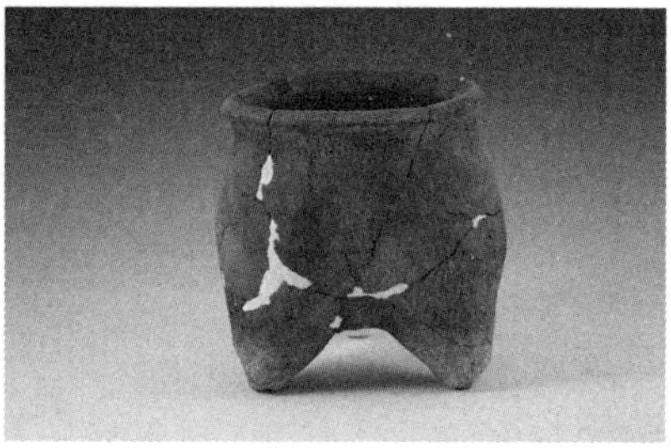

图 53　陶鬲 T10⑤：10

Ⅲ式：最大腹径在中部。方唇，束颈。

H13：11，细砂灰褐陶，颈下饰绳纹。口外径 7.8 厘米、残高 10.9 厘米。

Ⅳ式：最大腹径在中部偏上。圆唇，折沿，整体偏瘦。

F2：9，细砂灰褐陶。分裆线在中部偏上。器表饰竖绳纹。口径 17.6 厘米、高 24.4 厘米（见图 54）。容量为 4.0 斤，容积为 2.87 升。

图 54　陶鬲 F2：9

Ⅴ式：最大腹径在上部。方唇，折沿。

T0605④：1，粗砂灰褐陶。外领及外表饰绳纹。口径20.1厘米、残高16.8厘米。

Ab型：高领鬲（无实足跟），口近直，分裆，袋足外撇。依口部、裆部、足部变化分五式。

Ⅰ式：圆唇、沿面凹，微侈口。袋足外撇。

T3⑥：2，细砂灰褐陶。颈部有三个乳突状鋬，颈部以下饰竖绳纹。先预制出三角形裆部再与三足对接。袋足上部丰满，呈鼓肩状，下部较瘦。分裆线在腹中部（见图55）。口外径10.9厘米、高16.9～17.4厘米、裆高6厘米。容量为1.6斤，容积为1.08升。

Ⅱ式：圆唇，侈口，领较直。大分裆，袋足外撇呈“A”字形。

H98：5，细砂黑灰陶。分裆线在中部偏上。颈部以下饰细绳纹。口径11.3厘米、高14.9厘米、裆高5.8厘米（见图56）。容量为1.4斤，容积为1.01升。

图55 陶鬲T3⑥：2

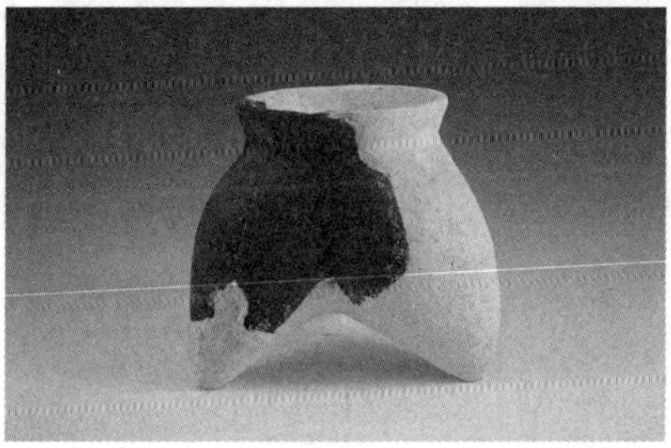

图56 陶鬲H98：5

Ⅲ式：尖圆唇，口近直，唇下缘略凸，领较直，袋足外撇。

H84：5，细砂灰褐陶，部分呈黑色。分裆线在中部偏上。颈部以下饰粗绳纹。口径14.8厘米、高19.4厘米、裆高7.2厘米（见图57）。容量为2.4斤，容积为1.72升。

Ⅳ式：方唇，口较直，高直领，袋足外撇。

H42：1，粗砂灰褐陶，部分呈黑色。口沿外饰一周堆纹，并斜划成数段，颈部至足部饰绳纹。分裆线在中部偏上（见图58）。口径14

厘米、高22.6厘米、裆高4.9厘米。容量为3.4斤，容积为2.44升。

图57　陶鬲 H84：5

图58　陶鬲 H42：1

Ⅴ式：圆唇，侈口，内沿面略凹。

T13④：2，粗砂红褐陶，亦掺有云母。唇外有一周波浪状泥条附加堆纹（见图59）。分裆线在中部偏上。外表饰竖绳纹。口径22.1厘米、高26.8厘米、裆高10.3厘米。容量为10斤，容积为7.16升。

图59　陶鬲 T13④：2及唇部纹饰

Ac型：袋足下附贴小实足跟，最大径在腹中部。

F1：7，细砂红褐陶，内壁有烟炙痕而呈黑色。方唇，侈口，卷沿。分裆线在中部偏上。火候较高，陶质较硬。器表饰竖绳纹（见图60）。口径12.7厘米、高20厘米。容量为1.9斤，容积为1.36升。T9⑤：4，细砂褐陶，部分呈黑色。分裆线在腹中部偏上。颈部以下饰绳纹（见图61）。口径14.2厘米、高19.4厘米、裆高8.2厘米、腹径17.9厘米。容量为2.3斤，容积为1.65升。

B型：柱足（实足跟）鼓腹鬲。侈口，袋足下接柱状实足跟，分两式。

Ⅰ式：方唇，柱状实足跟较细。

图60　陶鬲 F1：7

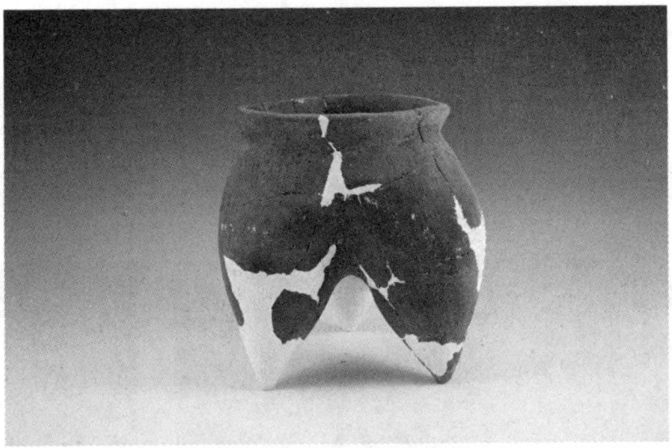

图61　陶鬲 T9⑤：4

H105：16，细砂红褐陶，部分呈黑色，亦掺有云母。侈口，唇上缘略凸，卷沿。分裆线在腹中部偏下。颈部以下饰粗绳纹。口径13.2厘米、高16.2厘米、裆高3.6厘米（见图62）。容量为1.5斤，容积为1.07升。

Ⅱ式：圆唇，柱状实足跟较粗。

T0505④：18，细砂灰褐陶。卷沿。分裆线在中部。颈部饰竖绳纹，腹部饰右上至左下斜绳纹（见图63）。口径17.9厘米、高22.2厘米、裆高4.4厘米。容量为3.7斤，容积为2.65升。

图62　陶鬲 H105：16

图63　陶鬲 T0505④：18

直腹鬲：侈口，中腹微鼓，袋足垂直着地。依口径与腹径变化分三式。

Ⅰ式：折沿、口径小于腹径。

H105：17，粗砂红褐陶。圆唇，器表饰竖绳纹。口径14.2厘米、高17.2厘米、裆高4.8厘米（见图64）。容量为1.5斤，容积为

1.07 升。

Ⅱ式：卷沿、口径略等于腹径。

H21：2，细砂灰褐陶，圆唇，素面。口径 14.3 厘米、高 16.7 厘米、裆高 6.2 厘米（见图 65）。容量为 1.6 斤，容积为 1.15 升。

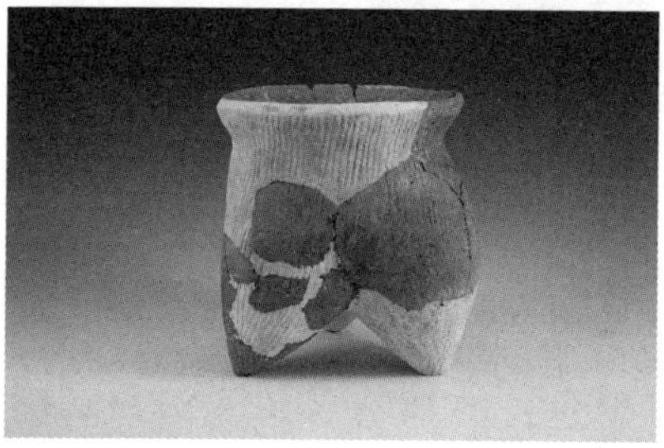

图 64　陶鬲 H105：17

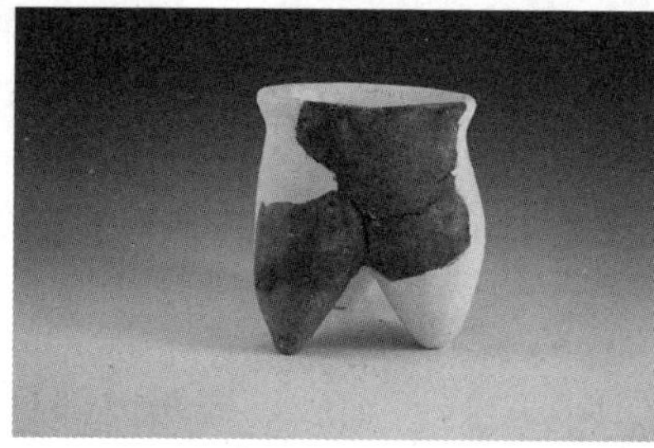

图 65　陶鬲 H21：2

Ⅲ式：宽卷沿、敞口，口径大于腹径。

H106：1，细砂灰褐陶，部分呈黑色。圆唇，腹饰细绳纹。颈下有为使足部与口部结合后更为牢固而抹的泥痕。三足先行捏合，鬲身与三个鬲足分别对接，连裆处再贴筑泥片以进行加固，最后在泥片外滚压绳纹。加固的泥片厚度与原器壁厚度相差无几。袋足足跟处的器壁厚大大厚于裆处，想是足跟处要承受更大的重量使然。分裆线在颈下（见图 66）。口径 21 厘米、高 25.7 厘米。容量为 5.5 斤，容积为 3.94 升。

图 66　陶鬲 H106：1

斜腹鬲：先制作筒型，再剪开成三角，捏合而成三鬲足，裆成弧形，腹壁斜直，从口下直至足尖饰绳纹。腹腔较深，足部较低，大弧裆。依无、有实足跟分两型。

A 型：无实足跟。按腹部、裆部变化分三个亚型。

Aa 型：体高、深腹，裆较低。

T8⑤：6，细砂红褐陶。圆唇、唇面微向外翻，卷沿、敞口、束颈，足部略外撇。外表饰绳纹。分裆线偏下（见图 67）。口径 10. 7 厘米、高 15. 2 厘米、裆高 5 厘米、腹径 12 厘米。容量为 0. 8 斤，容积为 0. 58 升。T3④：5，粗砂红褐陶，部分呈黑色。圆唇、卷沿，侈口。分裆线在腹部偏下，足剖面近三角形。外表饰绳纹（见图 68）。口径 13. 8 厘米、高 19. 6 厘米、腹径 15. 2 厘米、裆高 5. 4 厘米。容量为 2. 2 斤，容积为 1. 58 升。T0603④A：1，粗砂红褐陶，部分呈黑色。圆唇、卷沿、侈口，足部略外撇。外表饰绳纹。分裆线在中部（见图 69）。口径 8. 5 厘米、高 26. 2 厘米、裆高 4. 6 厘米。容量为 5. 7 斤，容积为 4. 08 升。

图 67　陶鬲 T8⑤：6

图 68　陶鬲 T3④：5

图 69　陶鬲 T0603④A：1

Ab 型：体高、深腹，裆较高，瘪裆。

H53：9，细砂红褐陶，裆间夹角较小。圆唇，侈口，折沿，外表饰绳纹。应为泥条盘筑泥筒制好鬲身后，以等距三点向中心按压泥筒边缘，使得泥筒下缘如同糖三角般向中心靠合。按压点深陷形成裆，三角的结合点凸起形成鬲足。口径 20. 8 厘米、残高 22. 3 厘米。

Ac 型：体稍矮，腹较浅。

H84：1，粗砂红褐陶，内壁为黑色。圆唇、软折沿、沿面略内凹。陶质坚硬。未预制裆部，制好足部后直接对接，再与颈部对接，口沿处有慢轮修整的痕迹。颈部以下饰绳纹。足部剖面近三角形（见图 70）。口径 10. 9 厘米、高 14. 2 厘米、裆高 3. 2 厘米。容量为 0. 8 斤，容积为 0. 57 升。

B 型：有实足跟。体高，深腹。

T0504④A：11，细砂红褐陶，亦掺少量云母。方唇、软折沿、沿面变长。饰绳纹，袋足外贴柱状实足跟。口径 19. 4 厘米、残高 29. 1

图 70　陶鬲 H84：1

厘米。

商式鬲：依口沿、唇部变化分两型。

A 型：唇部无凹槽。

Ⅰ式：方唇、较斜。卷沿。

H62：17，细砂灰陶。颈部饰圆圈纹，颈以下饰粗绳纹。残高 4.3 厘米。

Ⅱ式：唇面上翻，较直，唇面略凹。

T0504④：21，泥质灰陶。饰粗深绳纹。口径 15.8 厘米、残高 7.2 厘米。

Ⅲ式：唇面略凹，平卷沿，敞口。

T0406④：9，细砂灰陶。斜领，肩部微耸。颈部以下饰粗绳纹。口径 15.4 厘米、残高 10.1 厘米。

B 型：沿面起榫，内有一圈凹槽，内侧往下凹。

F6：11，泥质灰陶。饰粗绳纹。口径 30 厘米、残高 5.2 厘米。

折肩鬲：泥质，夹细砂陶，器形较小。侈口，折肩。依口径与肩径变化分为四式。

Ⅰ式：软折沿。

T9⑤：5，细砂灰褐陶，上部分为黑色。圆唇、三足内收，素面。先预制出三角形裆部，分裆线在腹下部（见图 71）。口径 13.8 厘米、高 13.7 厘米、裆高 3.7 厘米。容量为 1.2 斤，容积为 0.87 升。

Ⅱ式：折沿，口外径小于肩径。

F4：2，细砂黑陶，部分呈褐色。圆唇、束颈，腹壁内收，三足直立。外表磨光，素面。分裆线在中部，火候较高，陶质较硬（见图 72）。口径 12.8 厘米、高 12.9 厘米、裆高 5.2 厘米。容量为 0.8 斤，容积为 0.58 升。

图 71　陶鬲 T9⑤：5

图 72　陶鬲 F4：2

Ⅲ式：宽翻沿，口外径等于肩径。

T0305④：9，细砂灰褐陶。圆唇、束颈，腹壁斜收，三足直立。分裆线在中部，裆、足部饰绳纹，足跟较小（见图 73）。口径 16 厘米、高 14.9 厘米、裆高 6 厘米。容量为 1.6 斤，容积为 1.15 升。

图 73　陶鬲 T0305④：9

Ⅳ式：展沿，口外径大于肩径。

T0406④：15，泥质磨光黑陶。圆唇、束颈，三足直立。口径 16 厘米、残高 15.2 厘米，足部横断面三角形，是知为捏制而成。

从Ⅰ式至Ⅳ式，折肩鬲足部趋尖、口径趋大、颈部趋束。

蛇纹鬲：鬲身之上饰有各种呈直线、波浪线状的细泥条附加堆纹，如爬行的蛇，有别于其他附加堆纹，即所谓“蛇纹”。此种陶鬲在北方长城一线地区较为特殊，是以独作一类。

A型：口沿外饰乳凸。内沿面略凹、折沿、侈口。

89H16：1，细砂红褐陶。尖圆唇，沿下附三个横鋬手，分别与裆部正对，沿外及鋬手上饰纵向压印锯齿纹，器外饰细绳纹后再饰蛇纹，蛇纹成直线状，饰成“山”字形附在袋足上。分裆线在中部偏上。口径23.9厘米、高33.3厘米、裆高11.9厘米。容量为11斤，容积为7.88升（见图74）。

图74　陶鬲89H16：1

B型：口沿外饰波浪状蛇纹。

T3⑤：13，夹砂红陶。方唇，侈口，折沿。唇部下饰波浪状堆纹，袋足上饰直线状蛇纹，腹饰竖向绳纹。残高8厘米。

C型：口沿外饰小耳。

采：8，细砂灰陶。方唇，唇面有压印绳纹，裆的正上方，口腹交接处有一桥形耳。蛇纹为竖平行波浪状，余部饰细绳纹。口径26.2厘米、残高6.6厘米。

甗：均为夹砂陶，器表饰绳纹，甗腰多饰椭圆形窝状堆纹，少数饰波浪状堆纹。依无、有腰隔分两型。

A型：无腰隔，分四亚型。

Aa型：蛇形纹甗。

H105：2，细砂红褐陶，部分呈黑色。方唇、沿面略凹、卷沿、侈口。唇面压印绳纹，沿外饰一周波浪状附加堆纹。腹微鼓，束腰。袋足，足尖斜着地。最大径在足中部。甑部颈以下滚印横绳纹，再下依次滚压交错绳纹直至足尖。腰外、裆间饰直线状蛇纹（见图75）。口径30.0厘米、腰内径11.6厘米、高48.3厘米。容量为13.7斤，容积为9.82升。

Ab型：上部（甑部）盆形。下部残。依唇部变化分两式。

Ⅰ式：厚圆唇。

H11：8，细砂灰褐陶，侈口、卷沿，腹部较鼓。外表饰细绳纹，腰部饰一周堆纹，上按压一圆窝（见图76）。口径33.4厘米、腰径7.3厘米、残高29.1厘米。

图75　陶甗H105：2

图76　陶甗H11：8

Ⅱ式：方唇。

T0406④：10，细砂红褐陶。侈口，腰部饰附加堆纹，饰细绳纹。口径32.6厘米、残高26.8厘米。

Ac型：上半部残，下部垂袋足，足尖垂直着地，最大径中部偏下。

89H16：2，细砂红褐陶，部分呈黑色。束腰鼓腹，腰部按一周圆窝纹，裆间饰圆窝状附加堆纹，但裆底处不见，想必附加堆纹的目的是为使袋足结合得更为牢固（见图77）。腰径7.4厘米、残高18.4厘米、裆高6.6厘米。容量为5.32斤，容积为3.8升。H103：6，粗砂红褐陶，部分呈黑色。无腰格、分裆线在腹部偏上。饰一周竖绳纹，下腹处滚压斜、竖绳纹。甗腰自外向内与下腹对接，先预制出三角形裆部再将足部逐一对接。腰部堆围一周泥条。腰外径 16. 6 厘米，残高 25. 2 厘米（见图 78）。下部容量为 5. 3 斤，容积为 3. 8 升。

Ad 型：上部残，下部锥状高实足跟。

H44：2，细砂褐陶，腰部无腰格，饰一周按窝纹，下腹处滚压竖绳纹，足部右上至左下斜向滚压绳纹，甗腰自外向内与下腹对接（见图 79）。腰径 10 厘米，残高 29 厘米，裆高 7. 5 厘米。

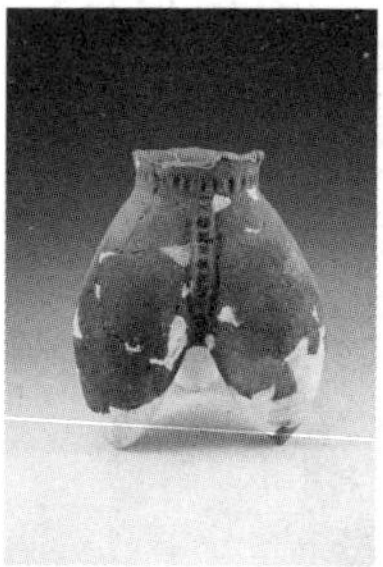

图 77　陶甗 89H16：2

图 78　陶甗 H103：6

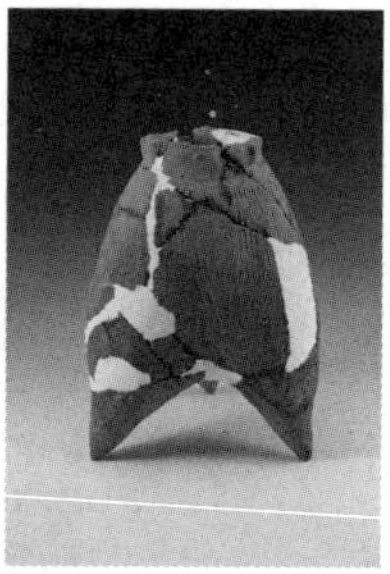

图 79　陶甗 H44：2

B 型：有腰隔。甗腰内壁中部有一凸棱，甗腰外饰一周堆纹，再在上面采用手按或工具压等方式，饰窝纹、划纹、波浪纹等。

T0504④A：23，细砂褐陶，内壁呈黑色。腰格上凹凸不平，为显见的捏痕。残高 5. 6 厘米、腰径 12. 6 厘米。腰间划出折线状。

鼎：依足部变化，分为两型。

A 型：三足近舌状，略外撇。

H105：6，粗砂红褐陶，部分呈黑色。平底、实足、器表及足部饰绳纹。残高 11. 1 厘米。

B 型：棒卯式鼎足。

H102：2，细砂红褐陶，内壁呈黑色。残高 8. 4 厘米。

三足小陶器：用途不明，疑为玩具或冥器。分为两型。

A 型：三足略外撇。

H58：6，上半部为红褐色，素面；下半部为灰褐色，裆外饰绳纹。

圆唇、直口、实足根。分裆线在腹下部。手捏一次制成。口外径 4.2 厘米、高 6.5 厘米。

B 型：实足直立。

T0406④：1，细砂灰陶。腹部外鼓，外表饰绳纹。残高 8.4 厘米。

盆：种类丰富。绝大部分为夹砂陶，极少为泥制陶，腹饰竖绳纹或弦断绳纹。分折腹盆、鼓腹盆、斜腹盆、小体盆、曲腹盆、商式盆六类。

折腹盆：也有称为尊。圆唇，敞口，折腹，平底。依腹部变化分四式。

Ⅰ式：卷沿，腹壁直，折棱不明显。

H18：3，细砂灰褐陶，内壁呈黑色。部分外壁经磨光，软折腹，折腹下饰细绳纹后抹光。颈上自外向内与颈下部位对接。口径 27.2 厘米、高 17.6 厘米、底径 14.2 厘米（见图 80）。容量为 5.3 斤，容积为 3.80 升。

Ⅱ式：卷沿，腹壁斜收，折棱较明显。

M6：8，粗砂黑陶，颈部至折腹处外表经磨光，折腹下饰二次竖绳纹（见图 81）。口径 18.7 厘米、高 10.7 厘米、底径 7.8 厘米。容量为 1.1 斤，容积为 0.79 升。H33：1，粗砂褐陶，部分呈黑色。火候较高，陶质较硬。沿面经磨光（见图 82）。口径 15.5 厘米、高 8.4 厘米、底径 6.9 厘米。容量为 0.6 斤，容积为 0.43 升。

图 80　陶盆 H18：3

图 81　陶盆 M6：8

Ⅲ式：斜展沿，腹壁较直，折棱明显。

F3：4，细砂红胎黑皮陶，唇下缘呈灰褐色，内壁为黑色。颈部至折腹处磨光，器底外壁饰有绳纹。口径 23 厘米、高 15.1 厘米、底径 9

厘米（见图83）。容量为2.3斤，容积为1.65升。

图82　陶盆 H33：1

图83　陶盆 F3：4

Ⅳ式：唇面外翻，平展沿、上腹壁内凹，折棱明显。

M6：9，粗砂褐陶，因烧制时火候不均部分器表呈黑色。颈部至折腹处外表经磨光。折腹以上自外向内与腹下部分对接。口径21.3厘米、高13.1厘米、底径8.8厘米（见图84）。容量为1.8斤，容积为1.29升。M6：7，细砂灰褐陶。上腹壁略内凹，外表经磨光。颈下为极易剥落的彩绘图案，彩绘纹样已漫漶不清，依稀可见为直线和折线组成的几何图案，但似并无规律，是为专门的冥器。近底处饰绳纹后抹光，折棱上自外向内与下部对接。底部略内凹（见图85）。口径23.1厘米、高15.6厘米、底径9厘米。容量为2.2斤，容积为1.58升。

图84　陶盆 M6：9

图85　陶盆 M6：7

折腹盆的演变趋势是沿面位置由高到低，由卷沿趋于折沿。

鼓腹盆（包含甑部）：分折沿、卷沿两型。

A型：折沿。按口沿与腹夹角分四式。

Ⅰ式：夹角大于150度以上，分界不明显。领部直，腹部较直。

T0403⑤：1，细砂红褐陶。领部微束。饰绳纹。口外径23.2厘米、残高13.6厘米。

Ⅱ式：夹角在140～149度之间，界线较明显。腹壁微弧。

H58：10，粗砂红褐陶，部分呈黑色。器表及器底饰绳纹。口径34厘米、高25.5厘米、底径15.7厘米（见图86）。容量为12.5斤，容积为8.95升。

Ⅲ式：夹角在120～139度之间，界线分明。弧腹。

H106：2，粗砂红褐陶，部分呈黑色。外表为一次滚压的竖绳纹，近底处为横绳纹，未经抹光。器底外壁有绳纹痕迹（见图87）。口径27.4厘米、高22.5厘米、底径13.7厘米。容量为8.2斤，容积为5.87升。

图86　陶盆H58：10

图87　陶盆H106：2

Ⅳ式：夹角在120度以下，界线分明。腹弧鼓。

T0604④：9，领部微束。细砂红胎黑皮陶，饰弦断绳纹，口沿部有慢轮修整痕。口径33.4厘米、残高14.6厘米。

B型：卷沿。分两亚型。

Ba型：侈口，弧腹。

89H16：8，细砂黑陶，内壁红色。方唇，外表饰交错细绳纹后抹光。唇外缘捏成花边状。口径36厘米、残高9.6厘米。

Bb型：敞口，直腹。分两式。

Ⅰ式：圆唇、沿面较高。

T0703④B：5，细砂灰胎黑皮陶。饰绳纹。口径34厘米、残高6.4厘米。

Ⅱ式：方唇，沿面略有下降。

T0602④A：3，掺云母红褐陶。饰分段绳纹。口径34.2厘米、残高

12 厘米。

斜腹盆：大敞口，斜直腹，小平底。依口沿变化分二式。

Ⅰ式：尖唇、唇面外翻。

T0306④：6，细砂黑陶。饰交错绳纹后抹光。口径 21.6 厘米、残高 10.2 厘米。

Ⅱ式：方唇、平折沿。

T0306④：3，粗砂红陶。腹部饰刻划纹。口径 18.2 厘米、高 8.6 厘米、底径 8 厘米（见图 88）。容量为 0.8 斤，容积为 0.58 升。

小体盆：器形较小。

F6：3，细砂红褐陶，内壁为黑色。尖圆唇、折沿、侈口、腹部略鼓，平底。素面（见图 89）。口径 15 厘米、高 8.9 厘米、底径 8.6 厘米。容量为 1 斤，容积为 0.72 升。

图 88　陶盆 T0306④：3

图 89　陶盆 F6：3

曲腹盆：敞口，折沿，折腹，平底。

H64：1，圆唇、沿面略凹，领部稍长。细砂灰褐陶，肩上自外向内与肩下对接。腹饰绳纹。口径约 21.7 厘米、高 15.5 厘米、底径 10.8 厘米（见图 90）。容量为 4.5 斤，容积为 3.23 升。

商式盆：敞口，折沿。

T2④：2，细砂灰褐陶。尖唇，平底。颈部饰两道凹弦纹，腹部以下饰粗绳纹，又在其中饰六道间距不等的凹弦纹。口径 32.2 厘米、高 18.6 厘米、底径 13.9 厘米（见图 91）。容量为 8 斤，容积为 5.73 升。

图 90　陶盆 H64：1

图 91　陶盆 T2④：2

瓮：器体大，种类多。均为夹砂陶，肩部素面或饰三角划纹，腹饰竖绳纹或弦断绳纹。平底。分为侈口瓮、敛口瓮。

侈口瓮：依器形大小分两型。

A 型：体型较大。依肩部变化分两亚型。

Aa 型：侈口，圆肩，折棱不明显。

Ⅰ式：卷沿，鼓腹。

T0303⑤：3，粗砂灰褐陶。方唇、矮沿。肩部素面，腹饰弦断绳纹。口外径 45.2 厘米、残高 10.4 厘米。

Ⅱ式：卷沿，弧腹，圆折肩。

T3④：6，细砂黑皮陶，弦纹沿顺时针自上而盘下。圆唇，肩下饰三角划纹，腹饰弦断绳纹。口径 21.6 厘米、残高 24.5 厘米。

Ⅲ式：软折沿，弧腹。

Ⅳ式：折沿，斜弧腹，整体偏瘦。

T0506④：7，粗砂灰褐陶，内壁呈红色。方唇，饰绳纹后抹光。口径 20.8 厘米、残高 21.2 厘米。

Ab 型：侈口，折肩，折棱明显。

Ⅰ式：口微侈，弧腹。

H18：5，细砂灰陶。圆唇，卷沿，肩部略折，饰一周三角划纹，腹部饰弦断绳纹。口径 31.6 厘米、残高 26.1 厘米。

Ⅱ式：侈口，弧腹。

H13：19，细砂红陶。方唇，软折沿，肩部略折，饰一周三角划纹，腹部饰弦断绳纹。口径 30.4 厘米、残高 17.2 厘米。

Ⅲ式：侈口，斜弧腹。

H58：9，细砂红褐陶，部分呈黑色。方唇，折沿，器口高低不平，平底，腹部饰绳纹（见图92）。口径24.8厘米、高35.4厘米、肩径32.2厘米、底径16厘米。容量为20斤，容积为14.32升。

Ⅳ式：折沿，斜直腹。

T0404④：10，粗砂红褐陶，部分呈黑色，亦掺有云母。方唇，侈口，沿部略展，平底。整个器身分四次制作后，依次对接。肩部饰一周三角划纹，腹部饰弦断绳纹（见图93）。口径35厘米、高36.7厘米、底径18.4厘米。容量为29斤，容积为20.76升。

图92　陶瓮H58：9

图93　陶瓮T0404④：10

B型：体形甚大。依肩部变化分两亚型。

Ba型：侈口，圆折肩，折棱不明显。

Ⅰ式：近侈口。

H102：9，细砂红褐陶。方唇，肩部略折，饰一周三角划纹。口径40.6厘米、残高8.8厘米。

Ⅱ式：束颈。

F2：11，细砂磨光黑皮陶。圆唇，肩部饰三角划纹。口径44.1厘米、残高10.4厘米。

Ⅲ式：卷沿。

T0505④：11，细砂磨光黑皮陶。圆唇加厚，肩部饰三角划纹。口径46.2厘米、残高20.6厘米。

图 94　陶瓮 T0404④：11

Ⅳ式：折沿。

T0404④：11，细砂灰褐陶。厚方唇，平底。肩部饰一周三角划纹，腹部以下饰分段绳纹。所划弦纹不规则，自右而左下斜下，并非一次刻划而成（见图 94）。口径 42.4 厘米、腹径 50.2 厘米、底径 21.6 厘米、高 59 厘米。容量为 87 斤，容积为 62.35 升。

Bb 型：侈口，折肩，折棱明显。

Ⅰ式：圆唇，软折肩。

H62：16，微束颈。细砂灰胎磨光黑皮陶，肩部饰一周三角划纹。口径 50.1 厘米、残高 12.1 厘米。

Ⅱ式：方唇，折沿。

H107：7，小广肩。细砂红陶，肩部饰一周三角划纹。口径 42.4 厘米、残高 16.1 厘米。

Ⅲ式：方唇，卷沿，领较短。

H42：2，粗砂灰陶。肩部饰一周三角划纹，腹部饰弦断绳纹。口径 42.1 厘米、底径 18.8 厘米、高 42.4 厘米。

Ⅳ式：方唇，卷沿，领较长。

T8④：12，细砂灰陶。肩下饰三角划纹，腹饰弦断绳纹（见图 95）。口径 40 厘米、残高 45.7 厘米。

图 95　陶瓮 T8④：12

敛口瓮：分两式。

Ⅰ式：圆唇、肩部圆折。

H79：4，粗砂灰褐陶。内壁有褶皱痕。饰中粗绳纹后抹光。口径 27.9 厘米、残高 9.2 厘米。

Ⅱ式：圆唇或方唇、领部略内凹，硬折肩。

F6：8，粗砂灰胎磨光黑皮陶。口径 24.8 厘米、残高 9.6 厘米。

罐：种类丰富，形式多样。以夹砂陶为主，极少为泥制陶。腹饰竖绳纹或弦断绳纹。以手制为主，口沿有慢轮修整痕迹。分折肩罐、溜肩罐、小体罐、带耳罐四类。

折肩罐：依口部分大、中、小口三型。

A 型：大口罐。依肩部变化分两亚型。

Aa 型：圆肩，沿面窄。

Ⅰ式：圆唇，束颈。

H29：5，细砂红褐陶，部分呈黑色。侈口，器口高低不平。外表饰绳纹抹光后又以弦断。口径 25 厘米、残高 23.6 厘米。

Ⅱ式：方唇，软折沿。

H106：14，细砂灰褐陶，内壁红褐色。侈口，饰绳纹。口径 19.4 厘米、残高 12.6 厘米。

Ⅲ式：方唇，折沿。

H48：20，细砂黄褐陶。敞口，平底。饰粗绳纹。口径 21.6 厘米、残高 25.2 厘米、底径 13.6 厘米、肩径 21.6 厘米。

Ⅳ式：方唇，卷沿。

T13④：3，细砂红胎黑皮陶。侈口，口部有慢轮修整痕，平底。肩部至底部饰六段绳纹，由弦纹刻划的起点和终点痕迹可知，弦纹为沿顺时针方向刻划（见图 96）。口径 23.2 厘米、高 22.9 厘米、底径 14.1 厘米、腹径 25.2 厘米。容量为 8.1 斤，容积为 5.8 升。

图 96　陶瓮 T13④：3

Ab 型：折肩，沿面宽。

Ⅰ式：方唇，卷沿，束颈。

T12⑥：5，细砂红胎黑皮陶。侈口、束颈稍显。软折肩，肩部按椭圆形窝，以下饰弦断绳纹。口外径 20.8 厘米、残高 8.8 厘米。

Ⅱ式：方唇，软折沿。

H9：2，粗砂红陶。侈口，肩部绳纹抹光，腹饰绳纹。口径 24 厘米、残高 29.5 厘米。

Ⅲ式：方唇，折沿。

H21：4，粗砂红褐陶。侈口，领内、外壁旋抹，内壁向下垫痕明显。饰细绳纹。口径 33.4 厘米、残高 13.4 厘米。

Ⅳ式：方唇，卷沿。

T4④：5，细砂灰陶，侈口，肩以下略内凹。肩部饰绳纹抹光，腹饰绳纹。口径 25.4 厘米、残高 16.4 厘米。

B 型：中口罐。依肩部变化分两亚型。

Ba 型：窄领。侈口，折肩。

Ⅰ式：束颈。

M6：10，粗砂灰褐陶，因烧制时火候不均部分器表呈黑色。短圆唇，卷沿，平底。肩下饰分段绳纹，但已漫漶不清。整个器身制作较为粗糙（见图 97）。口径 18.6 厘米、高 22～23.5 厘米、底径 10.8 厘米。容量为 6 斤，容积为 4.3 升。

图 97　陶罐 M6：10

图 98　陶罐 H48：4

Ⅱ式：软折沿。

H48：4，粗砂灰褐陶。圆唇，平底。肩部以下饰弦断绳纹。肩上与肩下，肩下与底部分两次对接（见图98）。口径16.4厘米、高24.4厘米、底径11.7厘米。容量为6斤，容积为4.3升。

Ⅲ式：折沿。

T13④：4，粗砂灰陶。方唇，平底。器表饰绳纹后以凹弦纹划断，绳纹漫漶不清。弦纹沿顺时针方向自上而下一次划成。器底饰少许绳纹。口径19.1厘米、高22.9厘米、底径12.2厘米、腹径23.9厘米（见图99）。容量为3.5斤，容积为2.51升。

图99　陶罐T13④：4

Bb型：宽领。侈口，折肩。

Ⅰ式：束颈。

T0504⑤：7，细砂灰胎黑皮陶。肩以下饰细绳纹。口外径26.8厘米、残高10.4厘米。

Ⅱ式：折沿。

Y1：1，细砂黑陶，掺云母。方唇，领饰绳纹。口径23.4厘米、残高10.5厘米。

Ⅲ式：卷沿。

H58：20，细砂灰陶，方唇，饰弦断绳纹。口径19.2厘米、残高18.4厘米、肩径24.4厘米。

Ⅳ式：侈口近直，折沿。

T11④：3，细砂灰褐陶，斜方唇，广肩，饰弦断绳纹。口径18.4

厘米、残高 14.8 厘米。

C 型：小口罐。依口部、肩部变化分两亚型。

Ca 型：卷沿，折肩，肩部素面。束颈。

M6：11，粗砂灰褐陶。圆唇，侈口，平底。因烧制时火候不均部分器表呈黑色。折肩下饰五段绳纹。整个器身的口、肩、腹、底为四次分别制作，然后依次从内向外对接。可能的顺序为口接肩后再与腹接，最后接底。待全部制好后，拍印连续绳纹，又以弦断，最后抹平。口径 13.4 厘米、高 24.1 厘米、底径 12.1 厘米（见图 100）。容量为 7.5 斤，容积为 5.37 升。

M6：6，粗砂灰褐陶，圆唇，侈口，平底。因烧制时火候不均部分器表呈黑色。肩下饰分段绳纹。肩部以上自内向外与肩下部分套接。口径 16.9 厘米、高 22.8 厘米、底径 13 厘米（见图 101）。容量为 7.2 斤，容积为 5.16 升。

图 100 陶罐 M6：11

图 101 陶罐 M6：6

Cb 型：翻卷沿，肩部饰绳纹。

H48：10，细砂黑陶，方唇，侈口。领部饰一周按窝纹，以下饰绳纹。口径 11.2 厘米、残高 8.8 厘米。

溜肩罐：鼓腹。依口部大、小分两型。

A 型：大口，窄领，圆肩。

Ⅰ式：圆唇，卷沿。

H18：2，细砂红褐陶，部分呈黑色。侈口，最大径在肩上部，肩部以下斜向内收，平底。颈部以下饰绳纹，饰好竖绳纹后，沿器身逆时针旋转划凹弦纹，弦纹自上而下顺时针为一条（见图 102）。口径 25.6

厘米、高24厘米、底径14.6厘米。容量为9.8斤，容积为7.03升。

图102　陶罐H18：2

Ⅱ式：圆唇，折沿。

H78：13，粗砂灰陶，侈口，领部磨光。饰粗绳纹又以弦断。口径25.2厘米、残高12.8厘米。

B型：小口，宽领，鼓腹。

Ⅰ式：圆唇，侈口近直。

H92：2，粗砂灰褐陶，内壁红褐色有烟炱痕。唇外按捺成圆窝状。饰中粗绳纹。口径33厘米、残高11.4厘米。

Ⅱ式：卷沿。

F3：1，粗砂灰褐陶。圆唇，侈口，颈及肩部磨光，肩下饰绳纹。口径12.6厘米、残高16.4厘米。

Ⅲ式：折沿。

T0503④：5，粗砂灰黑陶，内壁有烟炱痕。方唇，侈口，束颈，外表饰细绳纹。口径17.6厘米、残高17厘米。

小口溜肩罐由直口趋于侈口。

小体罐：器型较小。

A型：圆肩。

Ⅰ式：侈口。

H33：5，细砂磨光黑褐陶。尖唇，束领，展沿。素面。口径8.2厘米、腹径9.8厘米、残高7.8厘米。

Ⅱ式：直口。

T0605④：3，粗砂灰陶，素面。口径 9.6 厘米、残高 4.7 厘米。

B 型：折肩。

Ⅰ式：侈口。

T0604④：14，泥质磨光红胎灰皮陶，圆唇，饰弦断绳纹。口径 10.6 厘米、残高 11.4 厘米。

Ⅱ式：直口。

T10③：4，粗砂红陶，部分呈黑色。尖唇。素面，口径 8 厘米、高 10.2 厘米。

带耳罐。圆唇，口沿外附耳。依耳变化分三亚型。

A 型：直口、拱形耳。

H83：2，细砂红陶，领部及颈部以下饰绳纹。口径 14.2 厘米、残高 5.4 厘米。

B 型：敛口、横鼻耳。

H98：13，粗砂灰陶，素面。口径 12.2 厘米、残高 7 厘米。

C 型：敛口、竖鼻耳，耳与口齐。

H48：16，粗砂红褐陶，素面。口径 20.2 厘米、残高 6.4 厘米。

钵：夹砂陶，个体较小，形制多样。圆唇，分直口、敞口、敛口三种。

A 型：直口钵。弧腹。

T0104⑤：1，粗砂红褐陶。素面，口部近直。器身与器底在近底处对接。口外径 13.7 厘米、高 8.4 厘米、底径 7.8 厘米（见图 103）。容量为 0.8 斤，容积为 0.58 升。

图 103　陶钵 T0104⑤：1

图 104　陶钵 T0406④：6

B 型：敞口钵。斜腹。

T0406④：6，粗砂灰褐陶。平底。口径 13.2 厘米、高 7.3 厘米、底径 7.4 厘米（见图 104）。容量为 0.6 斤，容积为 0.43 升。

C 型：敛口，分两亚型。

Ca 型：沿微折。

Ⅰ式：弧腹。

T11⑤：9，细砂褐陶，内壁呈黑色。器底略凹。口部有慢轮修整痕，器表饰竖绳纹。口径 12.1 厘米、高 10.3 厘米、底径 8.4 厘米（见图 105）。容量为 0.9 斤，容积为 0.65 升。

Ⅱ式：口沿微折，折棱不明显。

H58：4，细砂灰褐陶。鼓肩，平底。素面。口径 8.2 厘米、高 3.3 厘米、底径 7 厘米（见图 106）。

图 105　陶钵 T11⑤：9

图 106　陶钵 H58：4

Cb 型：折肩。

T10⑥：1，细砂灰陶，斜直壁。素面。内壁有慢轮修整痕，器身与器底分二次制作后对接。口外径 11.8 厘米、残高 7.6 厘米。

碗：夹砂陶制，多数为素面，少数外表饰绳纹。依底部分平底、圈足两型。

A 型：平底碗。

Ⅰ式：圆唇、敞口，斜弧腹。

T10⑤：9，细砂灰褐陶，部分呈黑色。外表饰二次绳纹（见图 107）。口径 17.4 厘米、高 7.8 厘米、底径 7 厘米。容量为 1.2 斤，容积为 0.86 升。

Ⅱ式：方唇、敞口，斜弧腹。

T0405④：6，细砂褐陶。近底处为消去接合痕迹而饰横绳纹后又抹平（见图108）。口径13.2厘米、底径7.3厘米、高8厘米。容量为0.6斤，容积为0.43升。

图107　陶碗 T10⑤：9

图108　陶碗 T0405④：6

B型：圈足碗。

H6：3，泥质灰胎黑皮陶，素面。圈足较矮。圈足径6.5厘米、残高4.9厘米。

盂：夹砂陶制，分直口、敞口两型。

A型：直口。

Ⅰ式：圆唇。

H16：1，细砂灰陶。平底。近底处饰绳纹，底部可见轮制痕迹而形成的同心圆。口外径12.6厘米、底径10.5厘米、高7厘米。容量为0.7斤，容积为0.5升。

Ⅱ式：方唇。

T8⑤：4，粗砂灰褐陶，平底。外表饰绳纹。口径11.2厘米、底径9.4厘米、高6.9厘米。容量为0.5斤，容积为0.36升（见图109）。

B型：敞口。

Ⅰ式：尖圆唇。

H70：2，腹壁内收。细砂灰陶，唇外缘有一周黑色条带，平底（见图110）。口径9.3厘米、底径8.2厘米、高4.4厘米。容量为0.2斤，容积为0.15升。

图 109　陶盂 T8⑤：4

图 110　陶盂 H70：2

Ⅱ式：方唇。

T0703④B：3，粗砂褐陶，部分为黑色，平底。器表滚压纵绳纹，近底处为消去结痕而饰横绳纹（见图 111）。口径 12.4 厘米、高 7 厘米、底径 8 厘米。容量为 0.6 斤，容积为 0.43 升。

图 111　陶盂 T0703④B：3

簋：有泥制和夹砂之分，分两型。

A 型：依口部分直口、敞口、敛口三亚型。

Aa 型：方唇，直口，弧腹。

H98：9，泥质灰陶，素面。口径 12.4 厘米、残高 7.3 厘米。

Ab 型：敞口。

Ⅰ式：圆唇，腹壁较直。

H58：7，粗砂黑陶，器壁较厚，素面，腰处附一小块铜屑。手制，应为反扣制作，圈足、器身分三次制好后对接，外壁又经磨光。口径 14.6 厘米、高 9.8 厘米、圈足径 10.1 厘米。容量为 0.7 斤，容积为 0.14 升。

Ⅱ式：厚方唇，折沿，弧腹。

F1：6，磨光灰陶，器壁较厚，素面。口径 21.9 厘米、残高 11.2 厘米。

Ac 型：敛口。

Ⅰ式：圆唇、腹微弧。

T0504④A：8，泥质褐陶，器表磨光。颈下有一周圆折。圈足处有数道刮痕。口径 17.5 厘米、残高 12.1 厘米。容量为 1.82 斤，容积为 1.3 升。

Ⅱ式：圆唇、弧腹。

T0503④：4，细砂红陶。外表饰浅绳纹，圈足外撇（见图 112）。口径 12.1 厘米、高 11.3 厘米。

图 112　陶簋 T0503④：4

Ⅲ式：方唇，唇下缘略凸，腹圆折。

T0406④：26，泥质磨光灰陶。饰弦纹。口径 13.4 厘米、残高 6.9 厘米。

B 型：圈足簋，分高、矮两亚型。

Ba 型：高圈足。

T12⑥：4，细砂磨光黑皮陶。残高 6.4 厘米。

Bb 型：矮圈足。

H41：1，泥质红胎黑皮陶，器壁较厚，素面。圈足外撇。圈足径 12.9 厘米、残高 3.6 厘米。

豆：有泥制和夹砂之分。分细柄、粗柄两型。

A 型：细柄，分空心和实心两亚型。

Aa 型：空心。

T10⑥：2，粗砂灰褐陶。素面，豆盘盘底下凹。残高 5.9 厘米。

Ab 型：实心。

T9④：11，泥质磨光黑皮陶。素面。残高 8.6 厘米。

B 型：粗柄，分空心和实心两亚型。

Ba 型：空心。

F5：2，细砂黑皮陶。部分器表有绳纹痕，内壁有慢轮修整抹痕。残高 7.7 厘米、足径 12.2 厘米。

Bb 型：实心。

T0104④A：9，泥质灰陶。残高 8.4 厘米。

商式豆：风格较为明显，单独作为一种。

F6：7，泥质磨光黑皮陶。外表饰凹弦及十字镂孔纹。残高 10.6 厘米。

杯：夹砂陶制，个体较小。以陶土直接捏制而成。分斜腹平底杯、弧腹圜底杯、直腹杯三种。

A 型：斜腹平底杯，分三式。

Ⅰ式：圆唇、卷沿、敞口。

T0104④B：9，粗砂红褐陶，部分呈黑色。外表滚压纵、斜绳纹。颈下有抹痕，推测是将口唇向外翻转后沿器口旋转一周所致（见图 113）。口径 9.2 厘米、底径 4.9 厘米、高 5.9 厘米。

图 113　陶杯 T0104④B：9

图 114　陶杯 T0104④A：7

Ⅱ式：圆唇、侈口。

T0104④A：7，粗砂红褐陶，底部为黑色。绳纹自口而底一次滚压而成。口径5.4厘米、内径6厘米、底径3.6厘米、高4.3厘米（见图114）。

Ⅲ式：圆唇、直口。

T11④：6，粗砂红褐陶，素面。口径5.9厘米、底径3.9厘米、高4.2厘米。

B型：圜底杯，分三式。

Ⅰ式：圆唇、口部微敛。

H58：15，粗砂黑陶，口径4.9厘米、底径4.7厘米、高3.8厘米（见图115）。

图115　陶杯H58：15

Ⅱ式：圆唇、直口，浅腹。

H78：9，细砂褐陶，部分外表经磨光。口径5.9厘米、高3.4厘米。

Ⅲ式：圆唇、侈口。

T3④：23，细砂灰褐陶，素面。口径4.5厘米、底径2.1厘米、高3.4厘米。

C型：直腹杯，分两式。

Ⅰ式：圆唇、敞口。

T2⑤：7，细砂红胎黑皮陶，素面。口径9.2厘米、残高3.8厘米。

Ⅱ式：斜方唇、束颈，敞口。

T0505④：8，细砂红褐陶，饰细绳纹后抹光。口径 7 厘米、残高 9. 4 厘米。

器盖：T3④：10，泥质磨光灰陶，盖顶与盖身二次制作后接合。素面。盖顶有慢轮抹痕。顶径 7 厘米、残高 3. 7 厘米。

器耳：皆竖桥耳，素面。分两型。

A 型：拱形耳。

T2⑥：1，横断面长方形，细砂灰陶，残长 4. 8 厘米。

B 型：竖窄鼻耳。

H41：2，泥质灰陶，横断面椭圆形，饰绳纹。残高 8. 4 厘米。

鋬手：T0504④A：25，细砂红褐陶，横鋬，鸡冠状，饰波浪状划纹。残高 3. 5 厘米。

陶箅：T9⑤：8，粗砂红褐陶。正反两面均饰细绳纹后抹光，边缘平直，亦饰绳纹。直径 11. 6 厘米、厚 2 厘米。

系：H62：6，细砂红胎黑皮陶，应为罐腹残片。

陶工具：共 140 余件，多用陶土捏塑、烧制而成，少数系用废陶片改制。种类有纺轮、环、拍、垫、模具、范等。用于纺织、制陶等生产活动及装饰等日常生活。

纺轮：多为素面，皆手制而成。以夹砂陶为主，亦有掺云母者。依剖面分为圆形（近圆形）、椭圆形（近椭圆形）、菱形、六角形、圆饼形、圆台形、陀螺形七种（见图 116）。

A 型：剖面圆形（球形）。

T9④：7，细砂红褐陶。直径 3. 3 厘米、孔径 0. 5 厘米、高 3. 1 厘米。

B 型：剖面椭圆形（算珠形）。据中腰突出与否分为 Ba、Bb 两个亚型。

Ba 型：侧面弧鼓。

T0505④：2，粗砂褐陶。直径 3. 4 厘米、孔径 0. 57 厘米、高 2. 7 厘米（见图 117）。

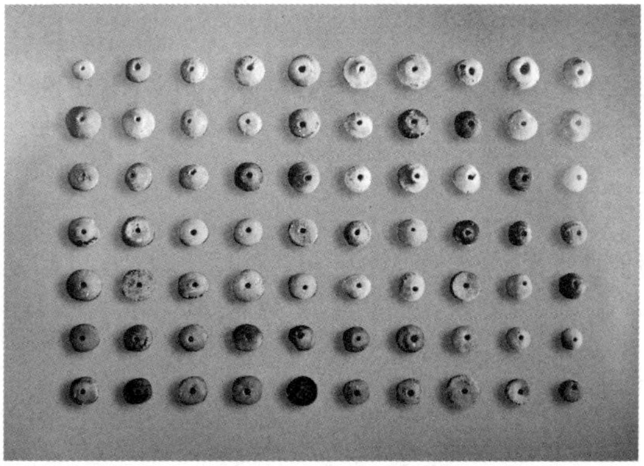

图 116　张营遗址出土的陶纺轮

Bb 型：侧面凸起（橄榄形）。

T3⑤：9，粗砂红褐陶，部分呈黑色。中腰及表面饰划纹。直径 3.7 厘米、孔径 0.5 厘米、高 3 厘米（见图 118）。

图 117　陶纺轮 T0504④：2

图 118　陶纺轮 T3⑤：9

C 型：剖面菱形。

T0305④：3，粗砂褐陶，部分呈黑色。直径 3.1 厘米、孔径 0.4 厘米、高 3 厘米。

D 型：剖面六角形。

H13：2，粗砂褐陶。直径 4 厘米、孔径 0.57 厘米、高 2 厘米。

E 型：剖面圆饼形，分两亚型。

Ea 型：扁圆形。

T0703④A：1，粗砂褐陶。直径 3 厘米、孔径 0.5 厘米、高 1.2 厘米。

Eb 型：长方形。

T3⑤：10，粗砂红褐陶，部分呈黑色。直径 3.6 厘米、孔径 0.6 厘米、高 1.5 厘米。

F 型：剖面圆台形。

H69：6，细砂灰陶。整体近亚腰梯形，顶端凹凸不平。顶径 1.7 厘米、底径 3.5 厘米、孔径 0.6、高 2.7 厘米（见图 119）。

G 型：剖面陀螺形。

H10：3，掺云母褐陶。直径 3 厘米，孔径 0.53 厘米、高 2.3 厘米（见图 120）。

图 119　陶纺轮 H69：6

图 120　陶纺轮 H10：3

拍：整体近蘑菇状，分两型。

A 型：拍面较大、圆鼓。分两亚型。

Aa 型：拍面较鼓。

T10⑤：11，细砂灰褐陶，拍面圆鼓饰细绳纹后抹光。拍面直径 5.8 厘米、柄径 3 厘米、高 5.8 厘米（见图 121）。

Ab 型：拍面较平。

图 121　陶拍 T10⑤：11

图 122　陶纺轮 H13：6

H13：6，粗砂灰陶，部分呈黑色。圆柱状柄。拍面直径 6.7 厘米、柄径 3.4 厘米、残高 2.2 厘米（见图 122）。

B 型：拍面较小。

T10⑤：15，细砂灰褐陶，部分呈黑色。拍面平，部分饰细绳纹。圆柱状柄。拍面直径 4.2 厘米、柄径 3.5 厘米、残高 6.1 厘米。

垫：亦称抹、压锤。分三型。

A 型：平面近圆锥形。

F4：6，粗砂黄褐陶，部分呈黑色。横断面上部为圆形，下部为椭圆形。垫面弧鼓，头部圆钝略上翘。中间的空洞处可放进一根手指。长 8 厘米、宽 0.5 ~4.6 厘米、高 2.2 ~4.9 厘米（见图 123）。

B 型：平面近舌形。

T2⑤：3，粗砂灰陶。正面饰绳纹，垫面弧鼓，中间的空洞较浅。残长 7.5 厘米、宽 4.9 厘米、高 4.7 厘米（见图 124）。

图 123　陶垫 F4：6

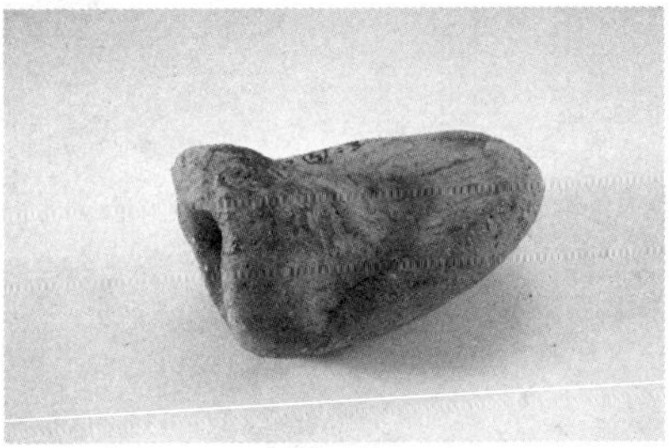

图 124　陶垫 T2⑤：3

C 型：平面近履形。

H81：1，粗砂褐陶，横断面为长方形圆角，垫面弧鼓。残长 5.6 厘米、宽 5.2 厘米、高 3.7 厘米。

饼：多为夹砂陶土捏塑、烧制而成，扁平状，形体较大。部分陶饼可能为制作器底的下脚料。分两型。

A 型：平面圆形，分两亚型。

Aa 型：边缘平直，部分还在边缘饰纹。

T0104④B：8，粗砂红陶，部分边缘呈黑色。饰浅绳纹，漫漶不清，中间略鼓凸。直径 10.5 厘米、厚 1 厘米。

Ab 型：边缘斜抹，疑似为器底。

G1：3，细砂灰褐陶，饰绳纹。直径 13 厘米、厚 1.6 厘米。

B 型：平面方形圆角。

T0304④：3，粗砂红褐陶，一面饰绳纹后抹光。边缘斜抹，疑似为器底。长径 10.2 厘米、短径 8.8 厘米、厚 1 厘米。

陶勺：粗砂红褐陶，可能是明器。勺头为平面呈圆形的平底小盂状，腹侧近底部接一圆柱状柄。分两型。

A 型：敛口，腹稍深，柄曲。T0505④：9，素面。残长 9.9 厘米、勺头残宽 4 厘米、柄宽 2.4 厘米、高 3.9 厘米。

B 型：直口，浅腹，柄直。F5：1，素面，形态如同烟斗。残长 7.8 厘米、勺头宽 5.5 厘米、柄宽 2.1 厘米、高 3.4 厘米（见图 125）。

图 125　陶勺 F5：1

圆陶片：利用残陶片打磨而成，不甚规整，一面饰绳纹后又经抹光。

H78：10，粗砂褐陶。直径 3.1 厘米、厚 0.7 厘米。

彩陶片：应为彩陶器（多为折腹盆）的残片，破损过甚，无法看出器型。

H70：4，黑底红彩，纹饰为横条纹及三角纹。残长 6.1 厘米、宽 5.5 厘米。

模具：分为两型。

A 型：弹头形。T0406④：3，底尖周壁弧度较大，应为制作分裆的肥袋足类工具。口沿略内敛，器壁较厚。高 7.2 厘米、口径 9.1 厘米（见图 126）。

B 型：钵形。T0505④：10，细砂褐陶，器壁较厚。外表饰绳纹。口外径 10.3 厘米、高 5.2 厘米（见图 127）。

图 126　陶模 T0406④：3

图 127　陶模 T0505④：10

坠：素面，整体近椭圆形。

T0104④B：11，粗砂褐陶，外表呈黑色，两端有穿孔。最大宽 3.3 厘米、高 5.7 厘米。

管：H69：9，泥质灰陶，可能为装饰品。上径 2.8 厘米、下径 3.2 厘米、孔径 1.2 厘米、高 2.1 厘米。

环：T0403④：16，细砂红陶。表面有抹痕。底外径 9.2 厘米、内径 2.2 厘米、残高 2.8 厘米。

臼：T0305④：5，细砂灰陶，素面。外径 4.8 厘米、内径 2.2 厘米、高 1.7 厘米。

祖：T3④：4，细砂红胎黑皮陶，素面。残高 6.4 厘米、宽 3.7 厘米（见图 128）。

范：T0403④：6，粗砂红褐陶。整体近长方形，中间有长方形槽，应为铸斧类器所用。斧形是宽銎、窄锋。残长 5.8 厘米、宽 6.3 厘米、高 3.5 厘米（见图 129）。

图 128　陶祖 T3④：4

图 129　陶范 T0403④：6

石器：334 件，种类齐全，形制多样，是当时人类从事生产活动所使用的主要工具。采用的石料经鉴定种类主要有辉绿岩、闪长细砂岩等。多数系就地取材，少数为搬运而来的石料。

石器可分为磨制、打制、细石器三大类。磨制石器种类有斧、凿、铲、刀、镰、磨盘、磨棒、杵等。多数为琢制成形后再经磨制，分为仅在刃部作局部精磨和通体磨光两种，部分石器采用管钻法进行钻孔。打制石器包括砍砸器、刮削器、盘状器等，刃部多进行二次加工。细石器主要为石叶、镞等，数量不多。此外，还有大量石核、使用石片、石镢、石锤、磨石等人类活动所遗留的石制品。

斧：多数体厚，部分石斧中间有穿孔。依外形分舌形、梯形、长方形三种。

A 型：舌形（长方形圆角）。

T8④：2，灰色中砂岩，刃部磨制。齐锋、正刃。长 13. 5 厘米、宽 6. 4 厘米、厚 3. 2 厘米（见图 130）。

B 型：梯形。分两亚型。

Ba 型：体形瘦高。

T11⑤：1，黑色大理岩夹白斑。通体磨光，齐锋，正刃。中间有一穿孔。长 13. 4 厘米、宽 3. 1 厘米、厚 1. 9 厘米（见图 131）。

图 130　石斧 T8④：2

图 131　石斧 T11⑤：1

Bb 型：体形较矮。

T0404⑤：4，灰色细砂岩，通体磨光，齐锋，偏刃。残长 6.3 厘米、最宽 4.5 厘米、厚 0.7 厘米。

C 型：长方形。依横断面的不同分为两亚型。

Ca 型：横断面长方形。

T11⑤：2，青色中砂岩。通体磨光，顶部有一穿孔。齐锋、正刃。长 10.5 厘米、宽 5.1 厘米、厚 2.4 厘米（见图 132）。T0405④：2，灰色砂岩。表面琢制后细部打磨，刃部有使用疤痕。长 13.9 厘米、宽 6.2 厘米、最厚处 4.8 厘米（见图 133）。

图 132　石斧 T11⑤：2

图 133　石斧 T0405④：2

Cb 型：横断面正方形。

H11：6，灰色凝灰岩。通体磨光。刃部有使用疤痕。残长 6.3 厘米、宽 5.3 厘米、厚 4.3 厘米。

铲：器型扁薄、器体宽大，多通体磨光。部分器体较大者也可能为石钺。依中部有无穿孔分两型。

A 型：穿孔石铲，多在中间对穿一圆形穿孔，少数为穿两孔者。依平面形制分两亚型。

Aa 型：平面长方形。

H103：1，黑红色大理岩，通体磨光。齐锋，正刃。刃部有使用疤痕，中间有两个圆形穿孔，一个为单面穿，未穿透；一个为两面对穿。残长 10.1 厘米、宽 6.8 厘米、厚 1.3 厘米（见图 134）。

Ab 型：平面梯形。

T0703④A：7，灰褐色细砂岩，通体磨光。齐锋，正刃，刃部有磨损痕。残长 11.3 厘米、宽 7.2 厘米、厚 1.8 厘米（见图 135）。

图 134　石铲 H103：1

图135　石铲 T0703④A：7

B 型：无孔石铲。

H105：13，灰色细砂岩，通体磨光。纵剖面近长方形，残长 4.6 厘米、宽 4.4 厘米、最厚处 0.4 厘米。

镰：是生产工具中最主要的器类之一（见图 136）。器体扁平，多数尖首弧背。有直刃或凹刃者，表面多经磨光。分平面近弯月形、三角形、长方形三种。

A 型：平面近弯月形。

图 136　张营遗址的石镰

T9⑤：6，青色细砂岩。正反两面磨光，弧背，齐锋正刃，刃部有使用损痕。残长 12.2 厘米、宽 4.8 厘米、背厚 1.1 厘米（见图 137）。H53：1，绿灰色细砂岩，通体磨光，弧背，刃部略内凹，有使用损痕。残长 9.8 厘米、最宽处 2.9 厘米、背厚 0.4 厘米（见图 138）。T9④：5，黑色细砂岩。正反两面磨光，弧背，刃部有使用损痕。长 18.6 厘米、宽 5.4 厘米、背厚 0.6 厘米（见图 139）。

图 137　石镰 T9⑤：6

图 138　石镰 H53：1

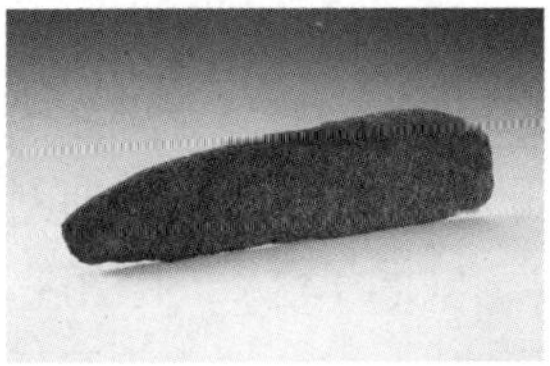

图 139　石镰 T9④：5

B 型：平面近三角形。

H53：3，灰紫色细砂岩，通体磨光，弧背，齐锋，平刃，刃部有使用损痕，中间有一圆形对穿穿孔。残长 10.4 厘米、最宽 5.2 厘米、背厚 0.9 厘米（见图 140）。H69：4，青灰色细砂岩，通体磨光，弧背，齐锋，平刃，刃部有使用损痕。残长 10.4 厘米、宽 5.3 厘米、背厚 0.4 厘米（见图 141）。

图 140　石镰 H53：3

图 141　石镰 H69：4

C 型：平面近长方形。

T0703④A：3，白色细砂岩，通体磨光，弧背，平刃，有使用损痕。残长 9.2 厘米、宽 4.9 厘米、背厚 0.8 厘米（见图 142）。

图 142　石镰 T0703④A：3

刀：多采用中、细粒石英砂岩、硬砂岩等制成。多数为磨制，少数为打制或仅在刃部磨光，器形规整。穿孔者与不穿孔者所占比重大体相当，穿孔者除一件为穿两孔外，皆为穿一孔，对穿而成。分为三型。

A 型：平面近长方形。

T3⑤：3，黄色细砂岩。通体磨光。刀身弯曲呈不对称刃。平背、偏锋。中间有一双面对穿圆孔。长 8.6 厘米、宽 5.7 厘米、背厚 1.5 厘米(见图 143)。T0703④A：2，灰褐色细砂岩。刀身弯曲。平背、横刃、器身一端较窄。中部有一两面旋钻圆孔。侧刃，刃缘有崩疤，应为使用所致。长 9.6 厘米、宽 4.2 厘米、背厚 0.8 厘米（见图 144）。

图 143　石刀 T3⑤：3

图 144　石刀 T0703④A：2

B 型：平面略呈弧角长方形。

T0404④：7，灰黑色细砂岩。器体扁平。平背、横刃、器身一端较窄。中部有一两面旋钻圆孔。两面刃，刃缘有崩疤，应为使用所致。长

8.5 厘米、宽 4.7 厘米、背厚 0.7 厘米。

C 型：平面长方形顶部略凹。

T0602④：1，青灰色细砂岩。刀身弯曲，弧背、横刃、器身一端较窄。中部有一两面旋钻圆孔。侧刃，刃缘有崩疤，应为使用所致。长 9.0 厘米、宽 4.6 厘米、最厚 0.7 厘米。

图 145 石锛 H97：2

锛：体型扁薄，通体磨光。背面的棱角较显著，齐锋。主要用作砍修制造木器的工具。分两型。

A 型：平面长方形。

H97：2，灰色大理岩。正刃，剖面长方形。长 7.5 厘米、宽 2.9 厘米、厚 1.0 厘米（见图 145）。

B 型：平面梯形。

T0405④：5，灰色大理岩。正刃，刃部有使用痕。长 6.5 厘米、宽 3.9 厘米、最厚 1.2 厘米（见图 146）。T0504 ④A：1，灰色大理岩。偏刃，剖面长方形。长 5.6 厘米、宽 3.6 厘米、厚 0.9 厘米（见图 147）。

图 146 石锛 T0405④：5

图147 石锛 T0504④A：1

磨盘：无足，均用自然石块周边加以修整而成，体扁宽。依平面形制分两型。

A 型：平面方形或近方形。

H102：4，灰褐色砂岩。两面磨平。长 24.4 厘米、宽 23 厘米、厚 5.4 厘米。

B 型：平面长方形或近长方形。

T0504④：2，红褐色砂岩。两面磨平，磨面有琢痕。长 37 厘米、宽 18.4 厘米、厚 7.4 厘米。

磨棒：圆柱体，柱端平。

H103：5，灰色细砂岩，横断面圆形。残长 8.8 厘米、直径 4.5 厘米（见图 148）。T0403④：7，灰色砂岩，长条形，横断面椭圆形，棒头磨光。残长 7.1 厘米、宽 6.8 厘米、厚 6 厘米（见图 149）。

图 148　石磨棒 H103：5

图 149　石磨棒 T0403④：7

杵：用于研磨、捣砸类的工具，分有柄和无柄两型。

A 型：有柄石杵。

F1：3，青灰色细砂岩。杵头稍粗，柄端稍细。杵头平钝，杵身横断面圆形。长 19.4 厘米、宽 3.1 厘米、厚 2.4 厘米（见图 150）。

B 型：无柄石杵。

H103：2，灰色河卵岩，横断面近菱形。长 11.9 厘米、宽 4.8 厘米、厚 3.7 厘米（见图 151）。T0603⑤：2，青灰色砂岩，纵断面近长方形，横断面近正方形。杵头一侧有磨损痕，表面打制后，细部又经琢制。残长 15.6 厘米、宽 5.9 厘米、厚 5.2 厘米（见图 152）。

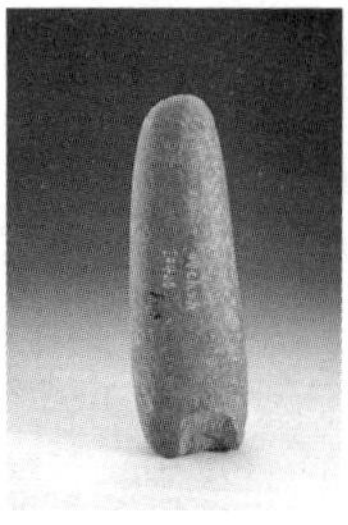

图 150　石杵 F1：3

图 151　石杵 H103：2

图 152　石杵 T0603⑤：2

范：种类不同。用于铸造镞、鱼钩、匕首（见图 153）。

图 153　张营遗址的陶、石范

刀范：T0406④：5，黄色细砂岩。弧背，四边磨平。在长条形的石块上挖成刀形。由范可知刀作弧背铃首形，刀背厚而身薄。长 13.8 厘米、宽 5.6 厘米、厚 2.6 厘米（见图 154）。

图 154　石范 T0406④：5

镞范：由范的形制可知镞分为有銎与无銎两种。T12⑤：1，白色细砂岩，弧背，前后磨平。在长方形的石块上挖成镞形，两镞并排合铸，中间以凹槽浇口相连。长 6.3 厘米、宽 6 厘米、厚 2.3 厘米（见图 155）。H105：10，灰色砂岩。弧背，四边磨平。在长方形的石块上挖成镞形。由范可知镞脊部隆起，两翼外敞，作长三角形。长 11.4 厘米、宽 5.1 厘米、厚 2.6 厘米（见图 156）。

图 155　石范 T12⑤：1

图 156　石范 H105：10

针范：T9④：3，白色滑石。平面长方形，通体磨光。范中部挖成针形，另一侧似为凿形。长10.5厘米、宽4.4厘米、厚2.2厘米（见图157）。

渔钩范：T0104④A：3，青色细砂岩，通体磨光，背面呈弧状，正面均挖成渔钩形，平面长方形。渔钩形状呈拐杖形，中间有数道纹饰。残长6.5厘米、宽4.2厘米、厚1.2厘米（见图158）。

图157　石范 T9④：3

图158　石范 T0104④A：3

砺石：以石英砂岩、细粒砂岩、片麻岩等为主。此种遗物似无固定形制，但在石的正面或上下面均有使用后遗留的痕迹，可能有各自不同的使用功能。依大小分为三类，部分残断砺石由于原大不清，依残余尺寸分类。

大型砺石：长度大于15厘米。

T0703④A：4，深灰色细砂岩。正反两面磨光，一面磨出数道凹槽。平面不规则形，纵剖面近长方形。最长16.4厘米、最宽8.1厘米、最厚处2.4厘米。

中型砺石：长度在10~15厘米间。

T0305④：1，灰色页岩。正反两面均磨光。平面近舌形，纵剖面近长方形。长11.9厘米、宽7.5厘米、厚2.9厘米。

小型砺石：亦有称之小磨石。长度小于10厘米。

H1：11，紫色细砂岩，两面磨光。长7.5厘米、宽3.2厘米、厚1厘米。

砍砸器：T0303⑤：1，白色砂岩，单面琢制。顶窄而刃宽，刃部有使用疤痕。残长8.8厘米、下宽10.8厘米、最厚处4.5厘米。

刮削器：刃部有使用痕。

T0104④B：3，褐色细砂岩。长5.1厘米、宽6.1厘米、厚1.1厘米。

石料：经加工但不成器型，为半成品。

T0104④B：7，白色风化石，正反两面均打磨。剖面近椭圆形。残长8.5厘米、宽3.5厘米、最厚2.3厘米。

球：分圆形和扁圆形两种。部分球面仍显天然砾石的麻面。

A型：圆形。T10⑤：4，白色花岗岩，表面有琢制痕迹。直径7.9厘米，重510克。

B型：扁圆型。可能是研磨谷物的工具或是狩猎用的工具。T0405⑤：2，灰色砂岩，表面有琢制痕迹。长8.3厘米、宽6.1厘米、厚5.2厘米，重460克。

石坠：单面或通体磨光，剖面长方形，扁薄。上有一穿孔，为系挂之用。分两型。

A型：平面梯形圆角。

T13⑤：1，黑色细砂岩。通体磨光，上有一穿孔。长8.2厘米、宽4.1厘米、厚1厘米、孔径0.3厘米（见图159）。H13：4，黑色片麻岩，单面磨光，顶端有一对穿圆形穿孔。残长19.4厘米、宽6.7厘米、最厚0.8厘米、孔径0.3厘米（见图160）。T0604④：7，深灰色细砂岩。通体磨光，顶端有一对穿圆形穿孔。长6.7厘米、宽4.3厘米、厚0.8厘米、孔径0.3厘米（见图161）。T3④：8，深灰色细砂岩。通体磨光，顶端有一对穿圆形穿孔。长7.8厘米、宽4.9厘米、厚0.9厘米、孔径0.2厘米（见图162）。

图159　石坠T13⑤：1

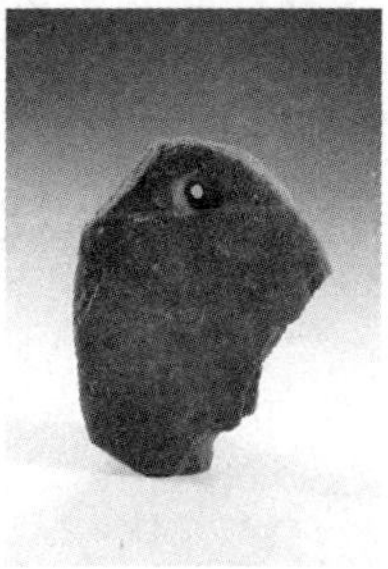

图160　石坠H13：4

图161　石坠T0604④：7

图162　石坠T3④：8

B 型：平面梯形。

T13⑤：2，黑色页岩。通体磨光，上有一穿孔。长 10.9 厘米、宽 3.5 厘米、厚 1.5 厘米、孔径 0.3 厘米（见图 163）。

图 163　石坠 T13⑤：2

穿孔石器：器体中间有一圆形穿孔，或许为网坠之用。H54：1，灰色细砂岩，体形厚重，通体打磨。长 19.1 厘米、宽 11.8 厘米、厚 5.4 厘米（见图 164）。T0405④：1，紫红色细砂岩，通体打磨。长 8.5 厘米、宽 6.7 厘米、厚 1.5 厘米、孔径 1.5 厘米（见图 165）。

图 164　穿孔石器 H54：1

图 165　穿孔石器 T0405④：1

镢：顶窄刃宽，平刃，刃部有使用残损痕，当为挖掘工具。T0603④B：12，灰色细砂岩，打制而成。残长 16.3 厘米、宽 13.2 厘米、厚 3.4 厘米。

锥：T0305④：25，灰褐色细砂岩，细部磨光。锥柄部位亦有使用痕。长 14.4 厘米、宽 4.5 厘米、厚 3.8 厘米。

盘状器：F2：19，褐色细砂岩，边缘较厚钝，无刃边。直径 5.5 厘米、厚 1.3 厘米。

凿：体形狭窄短小，偏锋。应是制作工具和挖凿榫卯的工具。T0504④B：1，黄色大理岩。刃略弧，剖面长方形。残长6.1厘米、宽4.1厘米、最厚达0.9厘米。

圆石片：T0104④B：23，青灰色细砂岩，通体磨光。剖面长方形。残长5.8厘米、宽5.1厘米、厚0.8厘米。

石片：T0303④B：1，梯形，褐色细砂岩。边缘经修整。长8.9厘米、宽3.6厘米、厚约0.7厘米。

镞：燧石压剥制成，边缘经修整。T8④：6，青色燧石。整体作三角型。长2.8厘米、尾翼宽1.4厘米、厚0.5厘米（见图166）。T13④：1，灰色燧石。平面呈等腰三角形，尾翼内凹。长3.2厘米、尾翼最宽2.2厘米、厚0.5厘米（见图167）。

图166　石镞T8④：6

图167　石镞T13④：1

细石叶：T8④：3，黑色燧石。边缘修整。长6.2厘米、宽1.8厘米、厚0.7厘米（见图168）。

图168　细石叶T8④：3

璧：T0504⑤：2，青灰色细砂岩，通体磨光。剖面长方形。残长

3.5 厘米、宽 3.1 厘米、厚 0.4 厘米，其上有一穿孔。外径 0.6 厘米、内径 0.2 厘米。

环：T0606④：1，灰色页岩，通体磨光，剖面长方形。外径 4.6 厘米、内径 1.2 厘米、厚 0.3 厘米（见图 169）。

祖：H78：6，灰色页岩，磨制而成。整体近蘑菇状，头部近三角形。高 4.7 厘米。

杯：T0505③：1，灰色细砂岩，磨制而成。方唇、直口，内壁经磨光，顶端有一圆形对穿穿孔。口外径 3.7 厘米、高 3.4 厘米。

勺：T9④：1，灰色细砂岩，磨制而成。方唇、直口。外表、内壁经磨光。长 5.9 厘米、宽 4.4 厘米、高 3.2 厘米（见图 170）。

图 169　T0606④：1

图 170　陶勺 T9④：1

臼：H69：8，灰色中砂岩，正反两面均有臼窝。不规整。残高 2.5 厘米。

玉器：10 件，种类有管、环、饰等及一些石英。

管：呈扁圆柱形，中间穿孔。M6：2，白色，长 4.5 厘米、宽 1.5 厘米、孔径 0.4 厘米（见图 171）。

图 171　玉管 M6：2

珠：F2：7，状如算盘珠。白色滑石质。外径1.6厘米、孔径0.4厘米、厚1厘米。通体磨光（见图172）。H105：7，呈坠状，通体磨光。高1.1厘米、宽0.5厘米（见图173）。

图172　玉珠F2：7

图173　玉珠H105：7

饰：H105：9，黄色滑石质，通体磨光。长4厘米、宽4.2厘米、厚0.8厘米（见图174）。

图174　玉饰H105：9

玦：H86：9，黄色玛瑙质。外径3厘米、内径1.5厘米、厚0.5厘米（见图175）。T3⑤：8，白色玛瑙质。外径3.9厘米、内径3.2厘米、厚0.6厘米。通体磨光（见图175）。

图175　玉玦H86：9（右）、T3⑤：8（左）

坠：T9⑤：1。白色水晶石，通体磨光。上下部各一钻孔，顶部左右亦各一钻孔，长 4.4 厘米、直径 1.6 厘米（见图 176）。

图 176　玉坠 T9⑤：1

铜器：31 件，种类有刀、耳环、镞、鱼叉等，均为小型器物。

刀：H105：3，环首刀。弧背，环首扁平。长 15.9 厘米、宽 1.5 厘米、最厚 0.5 厘米（见图 177）。

耳环：喇叭状，用青铜铸成细丝后弯曲而成，近似环形，未合口，一端呈扁平状。T12⑤：4，长径 2.3 厘米、短径 1.7 厘米（见图 178）。

图 177　铜刀 H105：3

图178　铜耳环 T12⑤：4

镞：T12⑤：5，细长铤，两翼下端较短。凸脊，脊直贯镞锋，横断面菱形。残长 5.3 厘米、两翼宽 1.7 厘米、铤长 2.6 厘米、铤宽 0.4 厘米（见图 179）。T2④：4，两侧有倒锋，前聚成尖锋，凸脊，脊末端作筒状，长 3.8 厘米、两翼宽 2.8 厘米（见图 180）。T13④：6，两侧有倒锋，前聚成尖锋，中脊横断面菱形，脊末端作筒状，长 4.1 厘米、两翼宽 2 厘米（见图 181）。

渔叉：T12⑤：6，横剖面圆形。两侧各有一倒钩。前端作扁平的矛状。长 15.3 厘米（见图 182）。

图 179　铜镞 T12⑤：5

图 180　铜镞 T2④：4

图 181　铜镞 T13④：6

图 182　铜叉 T12⑤：6

锥：T2⑤：4，锥身方形，一侧有凹槽，前端聚为尖状。长 10.1 厘米、宽 0.5 厘米（见图 183）。T12⑤：3，锥身方形。前端聚为尖状。残长 6.4 厘米、宽 0.4 厘米（见图 184）。

凿：分两式。

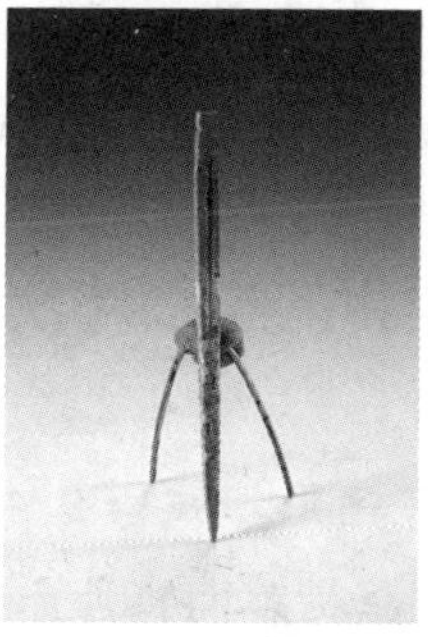

图 183　铜锥 T2⑤：4

图 184　铜锥 T12⑤：3

Ⅰ式：较宽。

T8⑤：3，平背，平面长方形，横剖面梯形。弧刃，底面有由浅及深的长方形凹槽。长4.4厘米、宽1.3厘米、厚0.8厘米（见图185）。

Ⅱ式：较窄。

T12⑤：2，齐锋、正刃，平面梯形，横剖面长方形。残长5.2厘米、宽0.8厘米、最厚0.3厘米（见图186）。

梳状器：H105：8，共8根齿。长3.7厘米、宽4厘米、厚0.3～0.6厘米（见图187）。

图185　铜凿T8⑤：3

图186　铜凿T12⑤：2

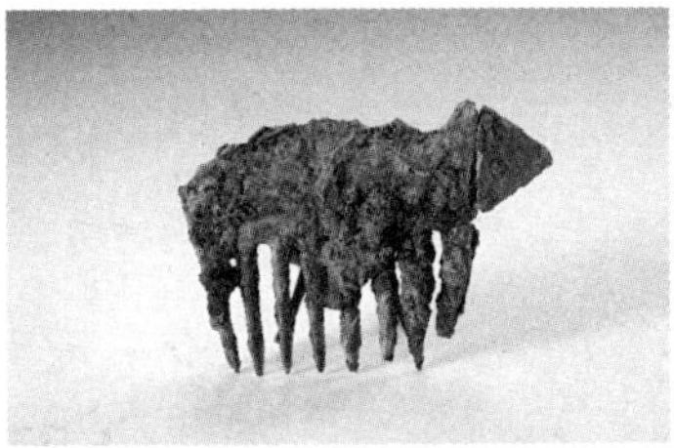

图187　铜梳H105：8

骨器：30件。多以哺乳动物的肢骨作原料，经过截断、制坯、琢、磨、钻孔、挖槽等工艺制作而成。分铲、锥、匕等生产工具，镞、镖头、针等狩猎缝纫工具及骨管、卜骨等装饰品，还有部分动物牙齿。以锥数量最多。

骨骼种类丰富，有虎、豹、熊、鹿、狍、獐、牛、驴、羊、猪、狗、鸡、猫、鱼等，还有用人骨做成的骨器。

锥：H66：2，将牛肋骨片切锯修坯，呈扁三角形。残长9.4厘米、宽2.1厘米（见图188）。H69：21，牛肢骨制成，骨表面打片疤。一端斜削成尖锥，尖锐利，磨光。残长9.5厘米，宽2.7厘米（见图189）。

H69：22，肢骨片，敲击痕。将牛肢骨切开，一端斜削成尖锥。残长13.1厘米，宽3.5厘米（见图190）。H69：24，残长5.4厘米，宽3.7厘米（见图191）。H70：1，牛跖骨片，敲击下料。将骨管斜削成尖锥状，尖部锐利，柄粗。长13.4厘米，宽2.8厘米，高2厘米（见图192）。H86：4，鹿掌骨体，一端磨成圆锥状尖。扁体，锥尖锐利。磨光。残长7.8厘米，宽1.7厘米（见图193）。H105：34，长12.6厘米、宽6厘米（见图194）。F1：2，鹿肱骨切削成锥状。柄粗。长8.6厘米，宽4.6厘米（见图195）。F1：14，豹右桡下端。桡骨一端斜削成锥状，柄部粗大。长10.8厘米，宽3.8厘米（见图196）。F6：21，将牛肢骨切开，两端均斜削成尖锥状。长12.7厘米，宽3.2厘米（见图197）。F6：18，将鹿桡骨切开，砍成尖锥状。柄粗，尖残。长10.8厘米、宽5.7厘米（见图198）。T0604④：25，将鹿跖骨砍断，柄粗，下端残。残长7.4厘米、宽4.9厘米（见图199）。T0504④：60，将鹿跖骨砸断，砍成尖锥状，柄粗，尖残。残长9.7厘米、宽3.6厘米（见图200）。

图188　骨锥 H66：2

图189　骨锥 H69：21

图190　骨锥 H69：22

图191　骨锥 H69：24

图192　骨锥 H70：1

图193　骨锥 H86：4

图194　骨锥 H105：34

图195　骨锥 F1：2

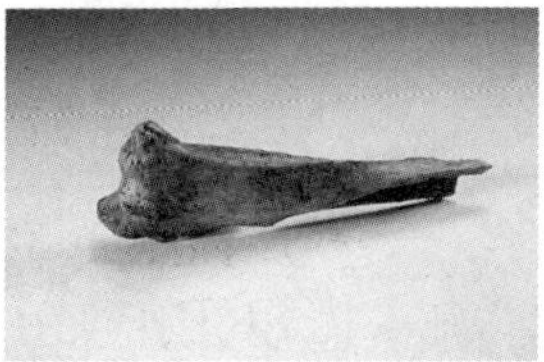

图196　骨锥 F1：14

图 197　骨锥 F6：21

图 198　骨锥 F6：18

图199　骨锥 T0604④：25

图200　骨锥 T0504④：60

匕：H1：2，牛肋骨片。经过切锯修整后，再磨光。体扁，柄窄，平刃宽而薄。长 10.5 厘米，宽 2.3 厘米（见图 201）。H62：19，牛肋骨片。上有切锯痕，窄条形，扁体，单侧刃，通体磨光。长 5.5 厘米，宽 1.5 厘米（见图 202）。

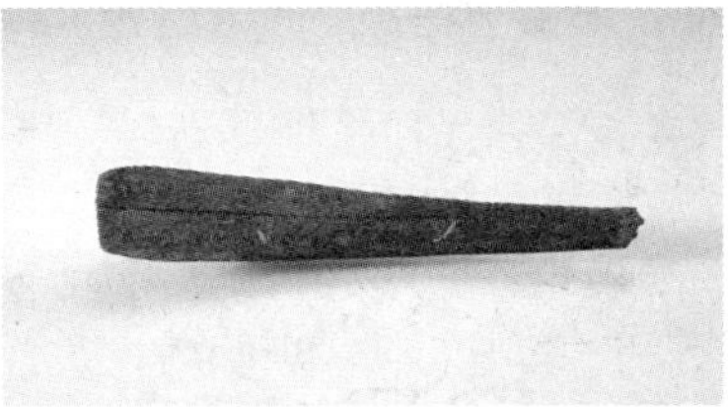

图 201　骨匕 H1：2

图 202　骨匕 H62：19

镞：H11：3，大型动物肢骨片。一端斜削成尖锥状。锋部断面呈三角形，铤部断面呈圆形，体、铤分界不明显。残长 4 厘米、宽 1.3 厘米（见图 203）。

图 203　骨镞 H11：3

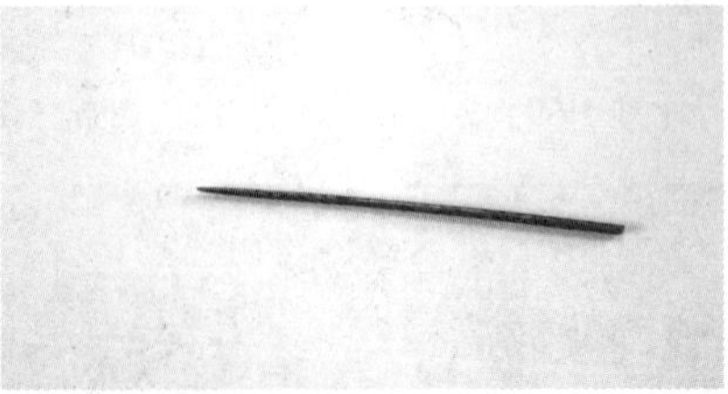

图 204　骨针 F1：13

针：F1：13，细尖锐利，尾部残，磨制精细。长4.3厘米，厚0.1厘米（见图204）。

管：外表打磨光滑，将动物肢骨两端关节去掉，取中间管状骨体作原料，磨平两端。分两型。

A型：矮胖型。H62：1，（鹿或羊）股骨体，钻孔。圆柱形，短体，中部有一孔，通体磨光。长5.9厘米，直径2.3厘米（见图205）。T0406④：4，鹿，胫骨体。通体磨光，制作精细。残长7.2厘米（见图206）。T0604④：20，狗桡骨残段，切锯痕。短体扁圆柱形，通体磨光。残长5.1厘米，宽1.5厘米（见图207）。

图205　骨管 H62：1

图206　骨管 T0406④：4

图207　骨管 T0604④：20

B型：细长型。H98：6，鸟胫骨体。细长圆柱形管体，磨光。残长9.1厘米（见图208）。

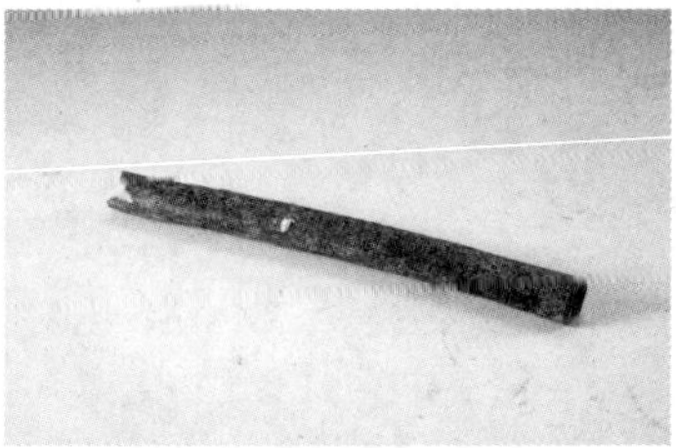

图208　骨管 H98：6

卜骨：F1：9，鹿肩胛骨，上有烧凿痕。扁平，表面有灼痕。只灼不钻，灼痕较浅。残长9.5厘米，最大宽9厘米（见图209）。F6：20，仅余一小片，表面有2个半圆形钻孔。长4.9厘米，宽2.9厘米（见图210）。H13：24，用肩胛骨残块，左凹槽内有灼坑。残长9.2厘米、宽3.3厘米、厚0.5厘米（见图211）。

牌（板）：H69：10，牛肋骨片钻孔。扁体，长条形，一端有一圆形对穿而成的孔，顶端有一圆形凹缺，可能为牌饰。通体磨光。残长10.4厘米，宽2.6厘米（见图212）。

图209　卜骨 F1：9

图210　卜骨 F6：20

图211　卜骨 H13：24

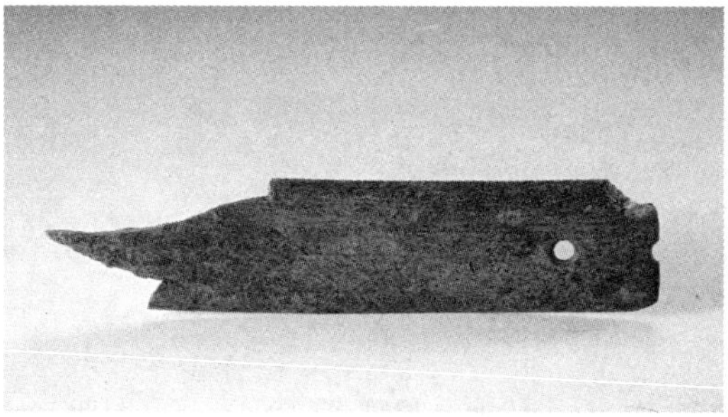

图212　骨牌 H69：10

骨片（刮削器）：H69：11，大型动物肢骨片，人工打击劈裂面。三棱形，三尖三刃，可作锥或刮削器用。残长6.6厘米，宽3厘米（见图213）。

图213　骨刮削器 H69：11

这些遗物中，时间变化最为敏感的陶器表现出早晚不同的演变趋势（见图214）。

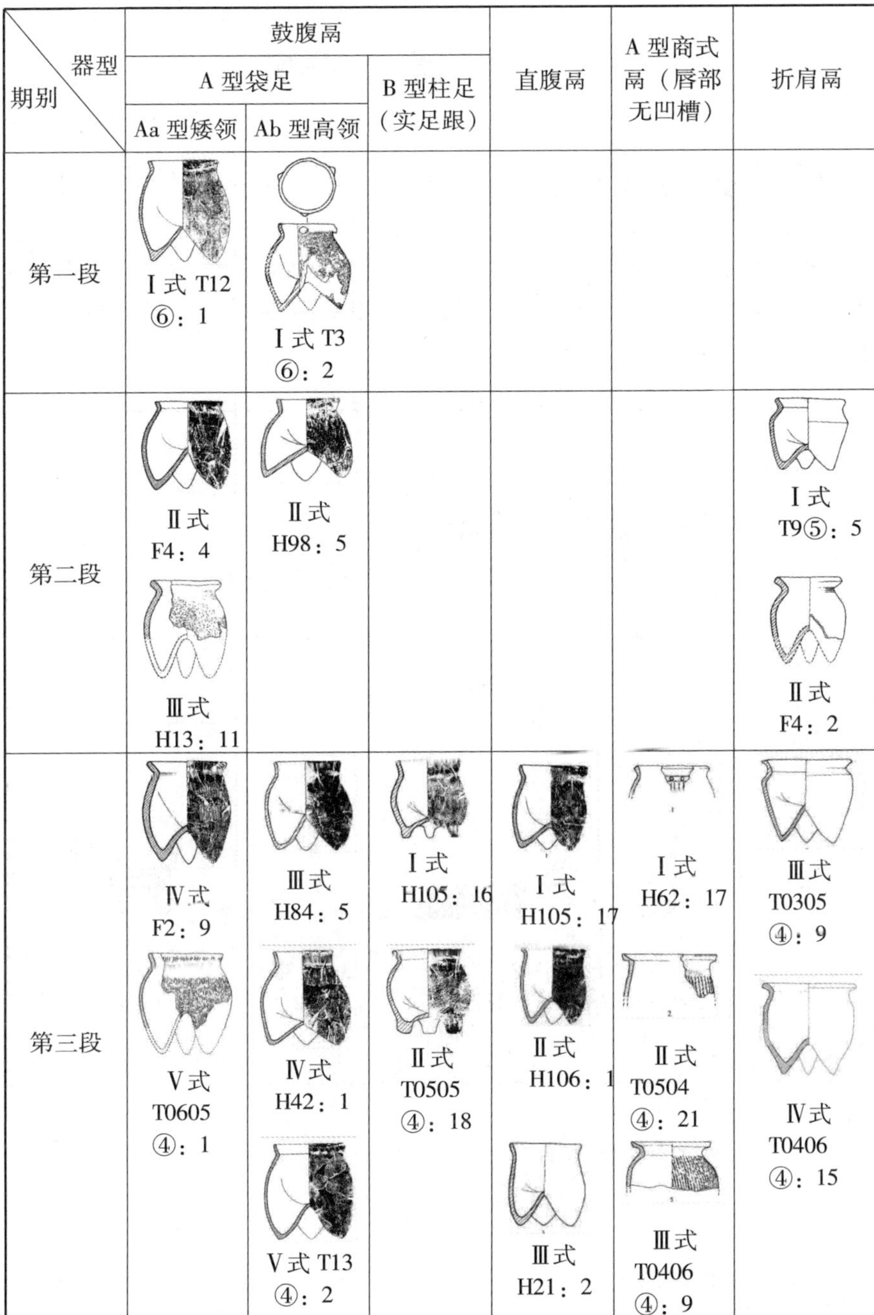
器型
期别
鼓腹鬲
A 型袋足
Aa 型矮领
Ab 型高领
B 型柱足（实足跟）
直腹鬲
A 型商式鬲（唇部无凹槽）
折肩鬲
第一段
Ⅰ式 T12⑥：1
Ⅰ式 T3⑥：2
第二段
Ⅱ式 F4：4
Ⅲ式 H13：11
Ⅱ式 H98：5
Ⅰ式 T9⑤：5
Ⅱ式 F4：2
第三段
Ⅳ式 F2：9
Ⅴ式 T0605④：1
Ⅲ式 H84：5
Ⅳ式 H42：1
Ⅴ式 T13④：2
Ⅰ式 H105：16
Ⅱ式 T0505④：18
Ⅰ式 H105：17
Ⅱ式 H106：1
Ⅲ式 H21：2
Ⅰ式 H62：17
Ⅱ式 T0504④：21
Ⅲ式 T0406④：9
Ⅲ式 T0305④：9
Ⅳ式 T0406④：15

图 214　陶器变化趋势

三、对发现器物的研究

（一）文化因素众多

夏家店下层文化遗址中的一些因素，如折腹盆（尊）器表饰彩绘、浅盘豆、圆形罐鼎等来自赤峰大甸子①、建平河东②等夏家店下层文化早期遗存（见图 215）。

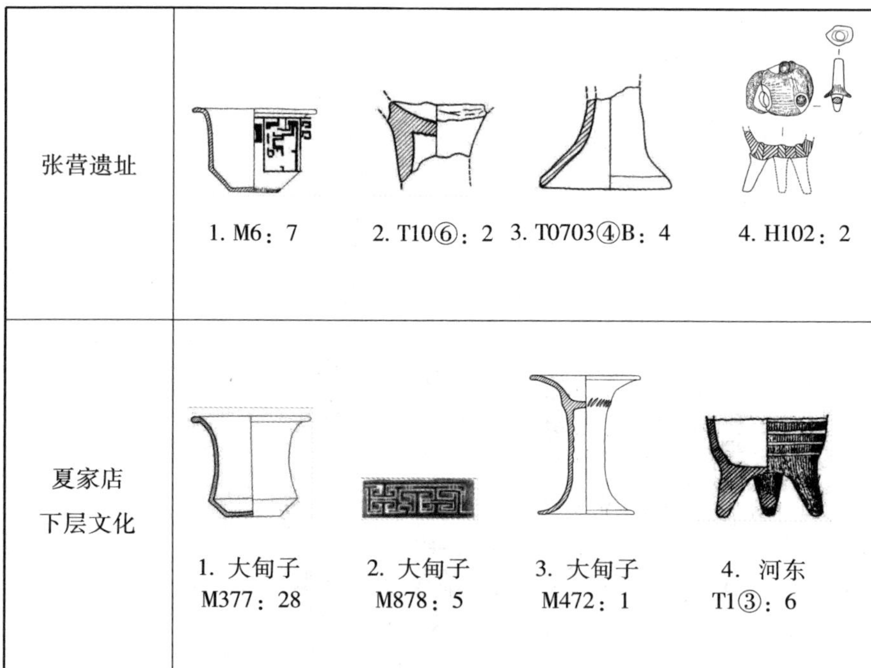

图 215　张营遗址与夏家店下层文化器物比较图

① 中国社会科学院考古研究所：《大甸子——夏家店下层文化遗址与墓地发掘报告》，科学出版社，1996 年 3 月。

② 辽宁省博物馆文物工作队等：《辽宁建平县喀喇沁河东遗址试掘简报》，《考古》1983 年 11 期。

朱开沟文化[①]遗址中的花边口鬲（口沿外带附加堆纹陶鬲）、蛇纹鬲、鼓腹袋足鬲、有腰隔甗、弯月形石镰等都是内蒙古中南部地区朱开沟文化[②]的因素（见图216）。

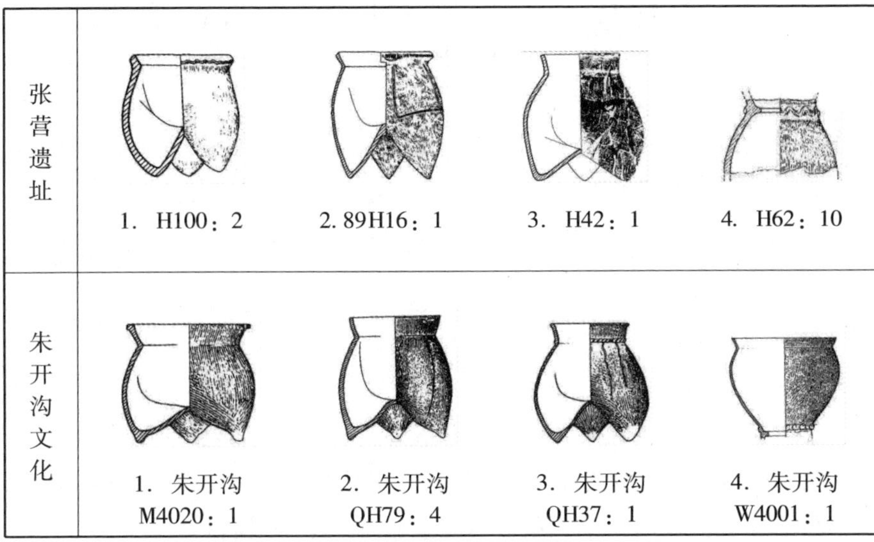

图216　张营遗址与朱开沟文化器物比较图

岳石文化张营遗址中的一些文化因素与来自鲁西地区的岳石文化[③]也有一定的共同之处，如以夹砂陶为主，手制占较大比例。器表除素面外，多饰绳纹、弦纹、刻划纹、附加堆纹等。器物如裆间带附加堆纹甗、捉手器盖、旋纹豆、深腹盆、斜壁碗、青铜镞、圆陶饼等（见图217）。

---

① 对有关“朱开沟文化”的认识，有两种不同的意见。一种认为朱开沟遗存可划分为前后相继的五个发展阶段，陶器群稳定独具特色。另一种意见认为，朱开沟遗存内涵复杂，分属于不同性质的考古学文化。见王乐文：《朱开沟遗址出土遗存分析》，《北方文物》2004年3期。

② 内蒙古自治区文物考古研究所等：《朱开沟——青铜时代早期遗址发掘报告》，文物出版社，2000年5月。

③ 中国科学院考古研究所山东发掘队：《山东平度东岳石新石器时代遗址与战国墓》，《考古》1962年10期；山东大学历史系考古教研室：《泗水尹家城》，文物出版社，1990年11月；吴玉喜：《岳石文化地方类型初探——从郝家庄岳石遗存的发现谈起》，《考古学文化论集》（三），文物出版社，1993年。

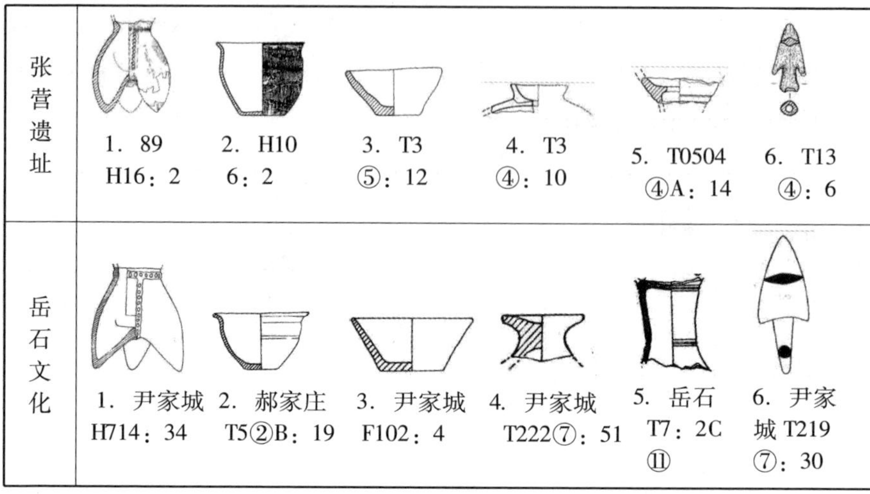

图 217　张营遗址与岳石文化器物比较图

下岳各庄文化遗址中一些文化因素如灰坑平面以圆形、近圆形为主，坑体结构以斜壁、直壁为主，典型器物中有高领鼓腹袋足绳纹鬲、筒形鬲、高锥状实足根鬲、小口鼓腹罐、弧腹盆、斜腹盆等与以易县下岳各庄一期①为代表的冀中地区的夏代遗址具有相近的文化面貌（见图 218）。

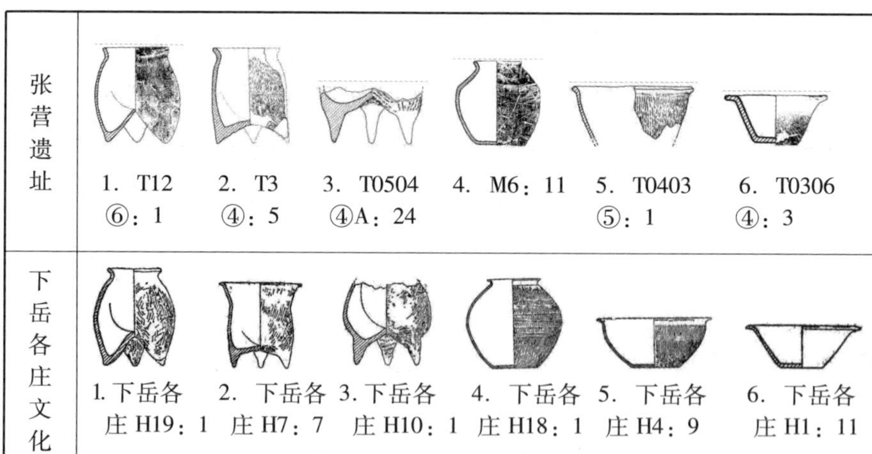

图 218　张营遗址与下岳各庄文化器物比较图

① 拒马河考古队：《河北易县涞水古遗址试掘简报》，《考古学报》1988 年 4 期。

晋中地区遗址中的部分因素，显示出曾受到晋中地区[1]的影响。如蛋形瓮的内勾沿、侈口甗、筒形鬲、双耳罐、方唇斜直腹盆等（见图 219）。甗、鬲通常事先模制出袋足，尔后互相连接，再于其上接出上半部或口部的制法也与晋中夏代的器型制法相同。

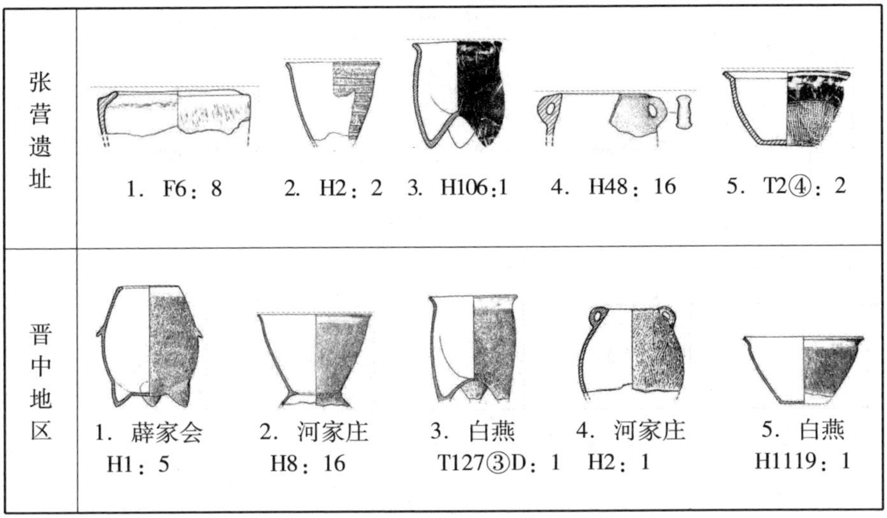

图 219　张营遗址与晋中地区器物比较图

下七垣文化冀南滏阳河、洺河、漳河等流域的邢台粮库[2]、磁县下七垣[3]等一类遗存被划分为单独的地域文化。例如，邹衡先生提出的先商文化漳河型和辉卫型[4]，李伯谦先生划分的下七垣文化[5]等。

下七垣文化中的零星因素，如灰陶薄胎卷沿高领方唇细绳纹鬲、锥状实足根鬲足、浅腹盆等，在张营遗址也可找到类似者（见图 220），反映了先商文化的因素已北上传播至此。

---

① 晋中考古队：《山西太谷白燕遗址第一地点发掘简报》，《文物》1989 年 3 期；国家文物局等：《晋中考古》，文物出版社，1999 年 1 月。

② 河北省邢台市文物管理处：《邢台粮库遗址》，科学出版社，2005 年 8 月。

③ 河北省文物管理处：《磁县下七垣遗址发掘报告》，《考古学报》1979 年 2 期。

④ 邹衡：《试论夏文化》，《夏商周考古学论文集》，文物出版社，1980 年 10 月。

⑤ 李伯谦：《先商文化探索》，《庆祝苏秉琦考古五十五年论文集》，文物出版社，1989 年 8 月。

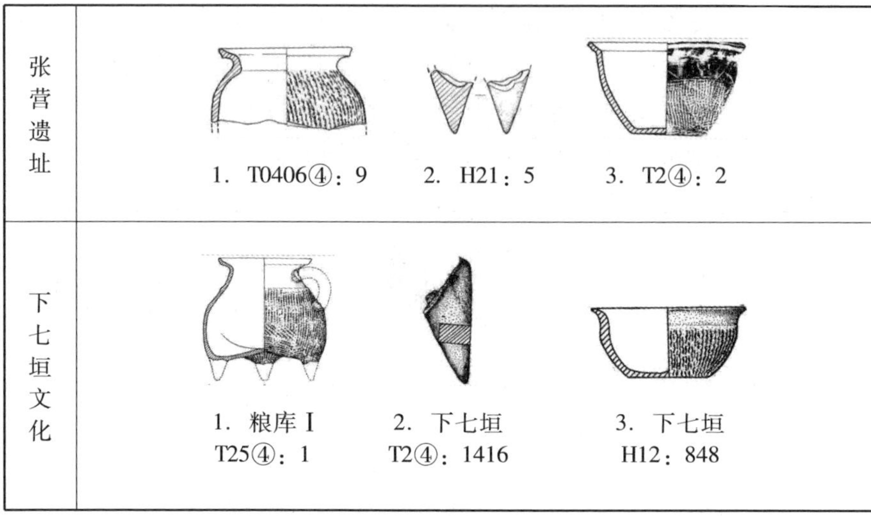

图 220　张营遗址与下七垣文化器物比较图

（二）文化特点明显

张营遗址的文化因素分析后，特点有四。

一是持续时间长。

该遗址的三个阶段，从夏中期至迟到商殷墟一期，各阶段都有着不同的文化因素。贯穿了遗址发展的始终，约二三百年间。

二是涉及范围广。

所含的文化因素涉及的地域跨越燕山南北长城沿线，北至西拉木伦河，西到河套盆地，南至豫北、冀南，东至海滨，这样一个大的地理范围（见图 221）。

三是吸收为主，兼有输出。

遗址的文化因素中，吸收的外界因素的比重总和要超过本身固有的大坨头文化因素，而对外输出的因素并不多。

四是构成因素多样。

张营遗址第一阶段 5 个典型单位的 74 件陶器口沿和特征性残片统计分析后（见表 2），各文化因素的构成比例如下。

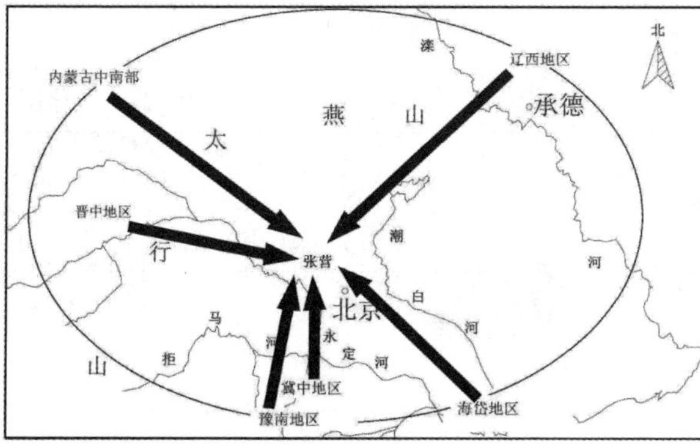

图 221　张营遗址所含文化因素分布图

表 2　第一阶段陶器各文化因素统计表

器类 数量（个） 单位	大坨头文化	夏家店下层文化	朱开沟文化	岳石文化	下岳各庄文化	晋中地区	下七垣文化	合计
T3⑥	8	4	3	2				17
T10⑥	5	3	1	1	1			11
T12⑥	10	8	5			1	1	25
T0104⑤	3	1	2	1			2	9
T0504⑤	5	2	3		1		1	12
合计	31	18	14	4	2	1	4	74
%	41.9	24.3	18.9	5.4	2.7	1.4	5.4	100

第一段遗存中，属大坨头文化的遗物数量最多，占 41.9%，夏家店下层文化次之，占 24.3%，朱开沟文化占 18.9%，其他器类所占比重都较少（见图 222）。

第二阶段 5 个典型单位的 133 件陶器口沿和特征性残片进行统计分析后（见表 3），各文化因素的构成比例如下。

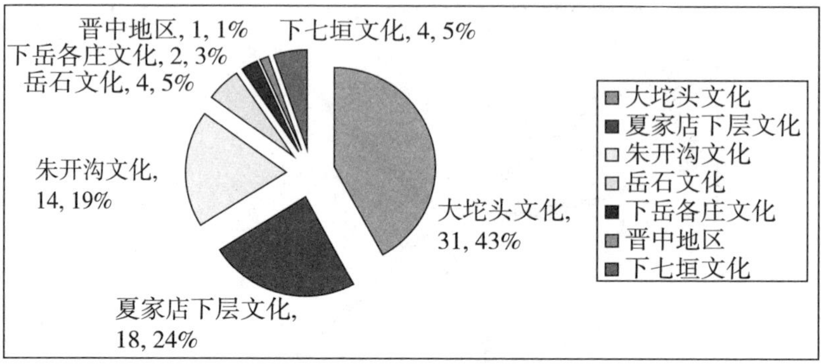

图 222　第一段陶器各文化因素百分比图

表 3　第二阶段陶器各文化因素统计表

器类 数量（个） 单位	大坨头文化	夏家店下层文化	朱开沟文化	岳石文化	下岳各庄文化	晋中地区	下七垣文化	合计
89H16	6	1	1					8
H13	25	16	5	3	2	2	2	55
H18	10	8	1			1	1	21
H33	19	9	4	2	1	2	2	39
H98	5	2	1		1		1	10
合计	65	36	12	5	4	5	6	133
%	48.9	27.1	9.0	3.7	3.0	3.8	4.5	100

大坨头文化的遗物数量最多，占 48.9%，夏家店下层文化次之，占 27.1%，朱开沟文化再次之，但已减至占 9%，其他文化所占比重都不多（见图 223）。

第三阶段 5 个典型单位的 276 件陶器口沿和特征性残片进行统计分析后（见表 4），各文化因素的构成比例如下。

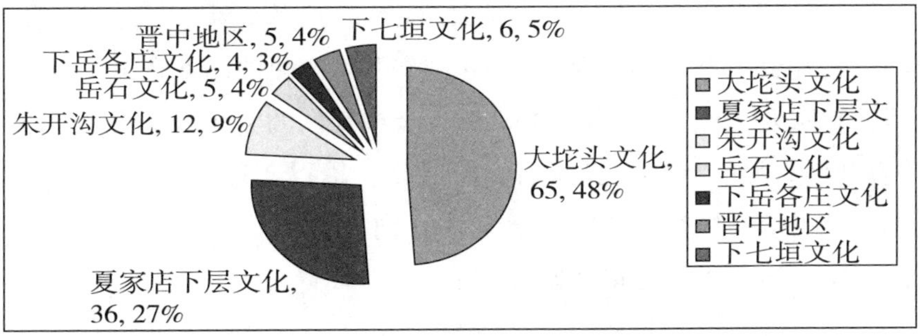

图 223　第二段陶器各文化因素百分比图

表 4　第三阶段陶器各文化因素统计表

器类 数量（个） 单位	大坨头文化	夏家店下层文化	朱开沟文化	岳石文化	下岳各庄文化	晋中地区	下七垣文化	合计
89H15	9	4	3		1			17
F1	7	4	3	4	2	2	2	24
H58	24	23	16	4	4	3	2	76
H105	44	18	18	5	3	3	5	96
H106	22	18	11	3	1	3	5	63
合计	106	67	51	16	11	11	14	276
%	38. 4	24. 3	18. 5	5. 8	4. 0	4. 0	5	100

大坨头文化的比重依然最多，但已降至 38. 4%，夏家店下层文化的比重略下降，至 24. 3%。朱开沟、岳石等文化的位置没有改变，但比重都有所增加（见图 224）。

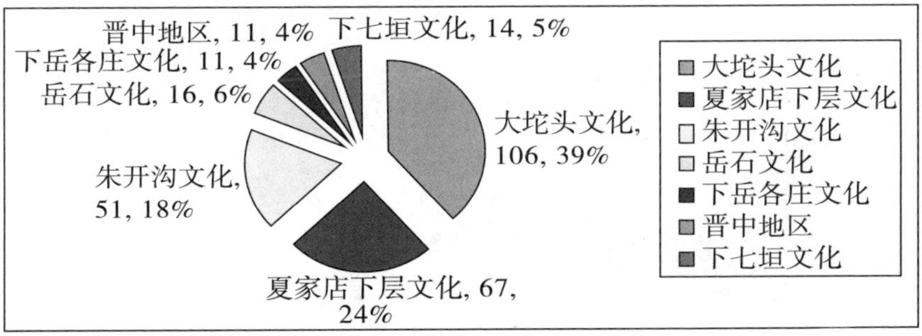

图 224　第三段陶器各文化因素百分比图

三个阶段中，大坨头文化的比例始终最多，但从第一阶段的41.9%先升至48.9%再降至38.94%。朱开沟文化的因素在第二阶段由18.9%骤减为9%，后又升为18.5%。晋中地区的文化因素由第一阶段1.8%升至3.8%、4%。夏家店下层文化、岳石文化、下岳各庄文化、下七垣文化的因素构成基本稳定，分别在24% ~27%、3% ~5%、2% ~4%、4% ~5%之间（见表5）。

表5　张营遗址各阶段各文化因素比例表

阶段 文化	第一阶段	第二阶段	第三阶段
大坨头文化	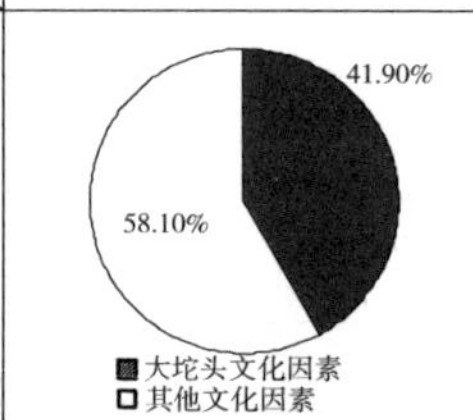	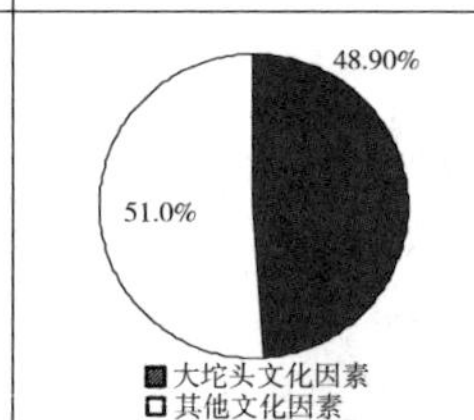	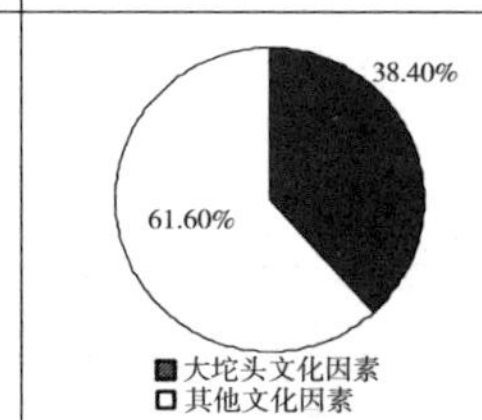
夏家店 下层文化	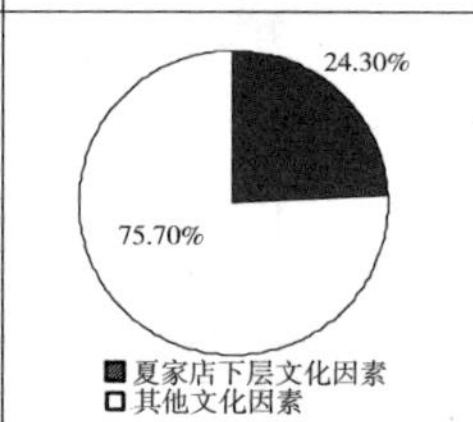	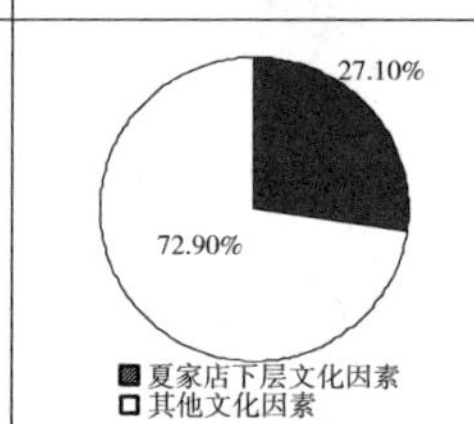	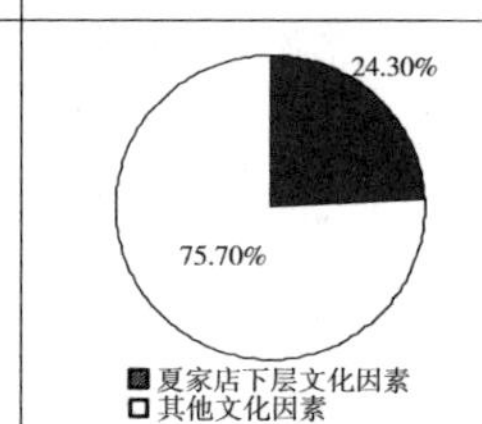
朱开沟文化	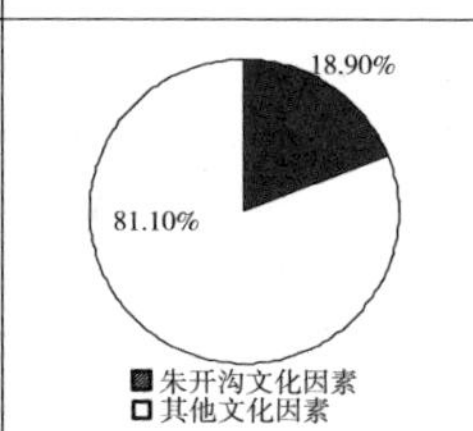	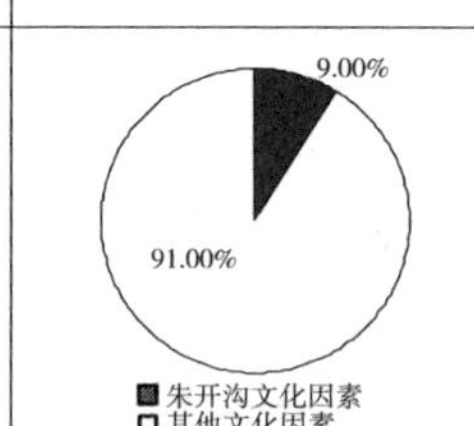	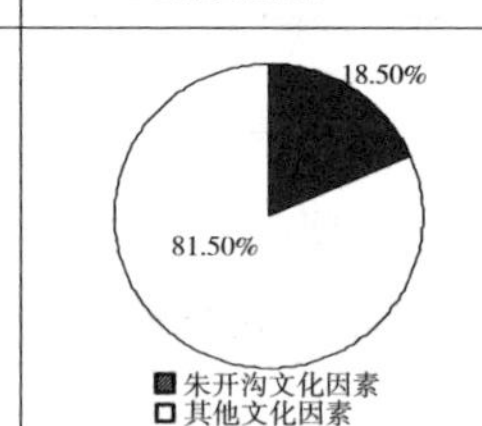
岳石文化	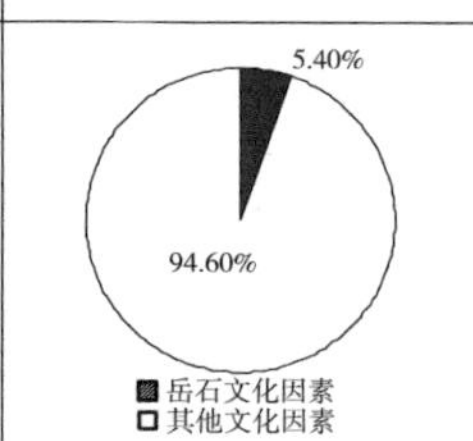	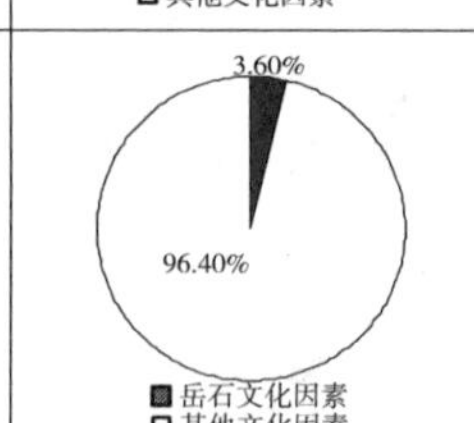	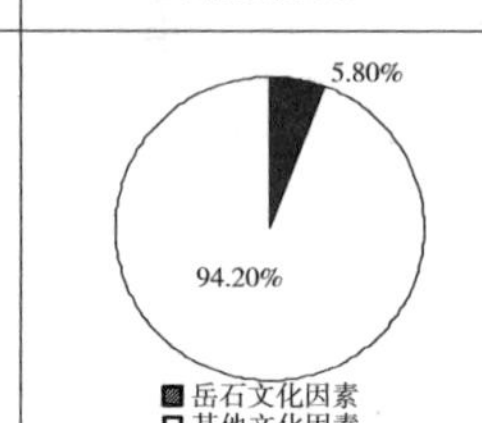

续表

阶段 文化	第一阶段	第二阶段	第三阶段
下岳各庄文化	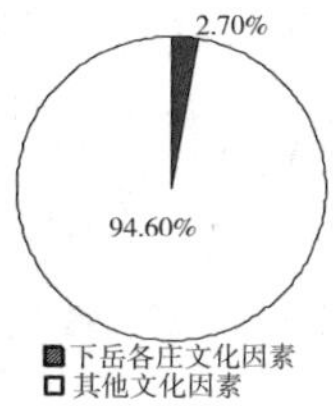	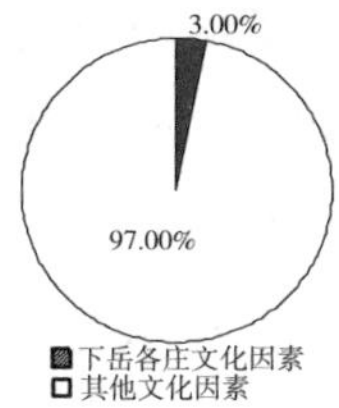	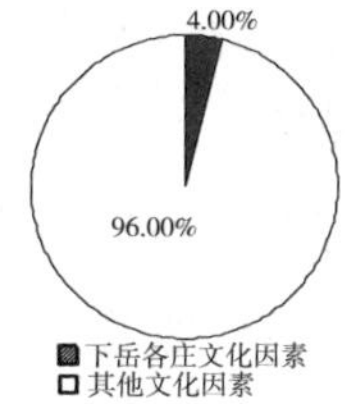
晋中地区文化因素			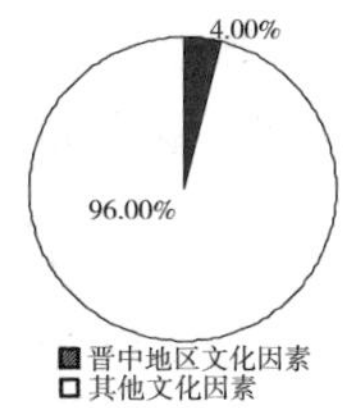
下七垣文化	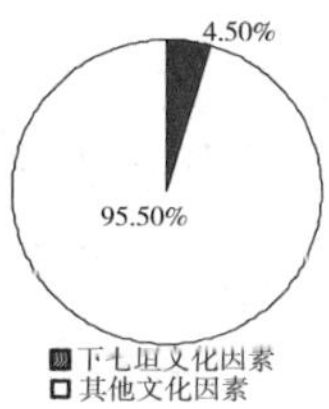	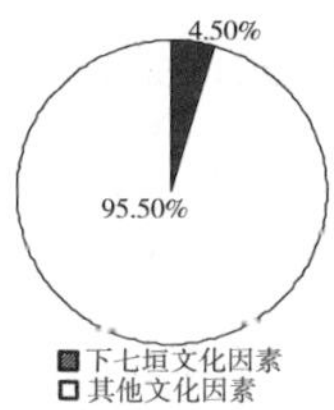	

（三）文化多元原因

张营遗址所含多元文化因素原因复杂。有文化自身习惯传统的内因，也有地理、环境、气候的外在原因，还可能与政治控制有丝许关联。

得天独厚的地理条件是张营遗址存在多元文化因素的原因之一。

通衢要道景观生态学认为，人类最佳的生存环境不是封闭的，而是存在与外界有联系的豁口。这种豁口一般是顺沿穿越山谷的河流形成的一条条通往外界的天然廊道。

北京小平原的地形框架大致形成于中生代的燕山运动。西部属太行山余脉的西山和北部属阴山余脉的燕山两大山脉在昌平南口附近交汇闭合后，形成向东南展开的半圆形山湾。由此产生的边境闭合尺度特点，使本地区具有较强整体感和方位感①。

造山运动产生的断褶带缝隙成为了北京与周边地区联系的孔道。这些天然峡谷，形成了南来北往的通衢。其中最有代表性的，一是西北角的南口，一是东北角的古北口②。

北京地处燕山南麓，“左负辽海、右引太行”，南压华夏，雄踞我国北方。更重要的是，北京地处我国三大地理单元——东北平原、华北平原、蒙古高原的交接点上，“东西贡道，来万国以朝宗”③，成为勾通三大地理单元的中间站。向南沿太行山东麓连接华北平原；西北出昌平南口，经关沟、居庸关（军都山）通往内蒙古高原；东北出密云古北口至承德，沿燕山南麓向东出山海关可进入东北平原。因此这里是中原农业文明与北方草原游牧文明踫撞、融合的最前沿，为多种文化交流、交汇和消长提供了优越的地理条件。

东北一线，燕山以北的夏家店下层文化沿着燕山余脉中的孔道南下，沿潮白河、滦河到达燕南地区。密云凤凰岭④、平谷刘家河 M2⑤ 的夏家店下层文化墓葬当作如是观。早在新石器晚期，黄河流域的仰韶文化还沿这条路线北上，是红山文明产生的重要背景⑥。

西北一线，朱开沟文化从内蒙古中南部向东南传播，沿洋河、壶流河、永定河南下。洋河流域的宣化李大人庄遗址出现朱开沟的袋足花边

---

① 李维明、李海荣：《环境与北京文明的诞生》，《中国历史文物》2002 年 2 期。

② 侯仁之：《北京城的沿革》，《北京城的生命印记》，生活·读书·新知三联书店，2009 年 3 月。

③ 《金史》卷 96《梁襄传》，中华书局，1975 年 7 月。

④ 北京市文物研究所：《北京考古四十年》，燕山出版社，1990 年 1 月。

⑤ 北京市文物工作队：《北京平谷刘家河遗址调查》；北京市文物研究所：《北京文物与考古》（第三辑）1992 年。

⑥ 许永杰：《东北境内新石器时代筒形罐的谱系研究》，《北方文物》1989 年 2 期。

鬲[①]，表明是这条路线中间的驿站。在这一过程中，还波及了桑干河流域[②]。

时至今日，北京的昌平、延庆仍是通往张家口、大同乃至呼市的必经之路。按国外学者的解释，交通枢纽位置有可能产生这一地区的中心聚落[③]。这是否可视为张营遗址与外界交流中，区位、地缘优势的理解？

南部一线，太行山东麓自古就是一条古文化联系的通道。这条地理走廊也是文化走廊[④]。下七垣文化的因素就是沿这条通道通过下岳各庄文化向北传播，到达张营遗址的。

频繁的环境变迁是张营遗址存在多元文化因素的原因之二。

环境变迁“环境”指广义上的环境，包括气候、土壤、地貌等因素。

距今4200年左右，燕山地区气候趋于干冷，在距今4000年达到了顶点[⑤]。同时由于夏家店下层文化的大规模农垦活动，导致了科尔沁沙地严重的沙漠化，迫使夏家店下层文化的先民不断南迁至燕山以南地区[⑥]。在气候和环境恶化的双重外因下，北方草原文化南下，青铜技术大概因此得以输入张营遗址。

气候趋干冷的大背景之下，环境同样恶劣的内蒙古中南部等地的人群及其文化向东南迁徙，向太行山以东地区施加影响[⑦]。在迁徙大潮中，花边鬲、蛇纹鬲等朱开沟文化的典型因素得以传播到张营遗址。

---

① 张家口市文管所等：《河北宣化李大人庄遗址试掘报告》，《考古》1990年5期。

② 张家口考古队：《蔚县考古纪略》，《考古与文物》1982年4期；张家口考古队：《蔚县夏商时期考古的主要收获》，《考古与文物》1984年1期。

③ 引自刘莉、陈星灿：《中国早期国家的形成——从二里头和二里岗时期的中心和边缘之间的关系说起》，《古代文明》（第1卷），文物出版社，2002年。

④ 段宏振：《太行山东麓走廊地区的史前文化》，《河北省考古文集（二）》，北京燕山出版社，2001年12月。

⑤ 许清海等：《燕山地区花粉气候响应面及其定量恢复的气候变化》，《环境考古研究》（第三辑），科学出版社，2006年10月。

⑥ 宋豫秦等：《中国文明起源的人地关系简论》，科学出版社，2002年9月。

⑦ 田广金、唐晓峰：《岱海地区距今7000—2000年间人地关系演变研究》，《岱海考古（二）——中日岱海地区考察研究报告集》，科学出版社，2001年10月。

距今4000年以后，渤海西岸平原的高海面回降，原海侵区域复现，人类活动的地点增加，由边缘逐步向海岸线推进①。此前龙山时期的天险为之改观，为岳石文化的北上提供了地理条件。

距今3700年左右，气候趋于暖湿②，农业文明北拓出现一线良机。张营遗址中出现下岳各庄文化因素当是在此背景下形成的。

政治与外交的需要是张营遗址存在多元文化因素的原因之三。

政治控制张营遗址出土的石范、铜屑较多，这在早期青铜遗址中是很少见的，表明该遗址可能具备铸铜的重要性质。商人对铜这一重要资源的追求早已被一些学者所指出，认为这是他们的立国之本，商人都城的迁徙与追逐矿源有着直接关系③。

商王朝正式建立前，北京已有殷民群落④。他们对铜资源的追求是民族性格和统治手段中固有的秉性，与后来者无异。加之张营遗址所处的地理位置极具南北汇聚的战略意义，先商、商人对此地力图加以控制也就不难理解。即，遗址及燕山南麓可能在资源的开发、整合上富有潜力或位于更远方资源的交通要道⑤。在取得矿产资源的战略下，燕山南麓虽远离中原，也成为先商之民的必争之地。

下七垣文化代表了汤居亳灭夏之前的先商文化。它的因素零星散见于张营，而刻槽鼎足、新月形、牛角形石镰、矩形穿孔石刀等典型器物群未见，表明这两者的关系恐怕不是人群的自然迁徙，而可能是其他的

---

① 韩嘉谷：《一万年来渤海西岸环境变迁对古文化发展的影响》，《北方考古研究（四）》，中州古籍出版社，1994年12月。

② 许清海等：《孢粉资料定量重建全新世以来岱海盆地的古气候》，《海洋地质与第四纪地质》，第23卷4期，2003年。

③ 张光直：《考古学专题六讲》，文物出版社，1986年5月，第126页。

④ 印群：《试析琉璃河遗址商代陶器分期及其殷遗民之来源》，《2004年安阳殷文明国际学术研讨会论文集》，社会科学文献出版社，2004年9月。

⑤ 也有学者认为中原地区从商周之际对燕山南北地区的开发，一个根本原因在于这一地区的生态环境和生业类型与之最为接近，是中原地区最能接受的。见杨建华：《春秋战国时期中国北方文化带的形成》，文物出版社，2004年12月，第141页。我们对此不完全赞同。这虽可解释商人开发燕山南北地区的原因，但不能解释为何中原地区在有商一代对此地进行开发。从新石器时代的上宅文化、雪山一期文化看，燕山以南地区的文化面貌更多表现出与北方地区的相似性。直至雪山二期文化，文化面貌方与豫北、山东地区的龙山文化相似。

交流形式，如赠与、仿制、掠获、交换等。这些形式都有可能出于政治考虑。到了商代，这里已是祖乙迁都的邢墟所在地，商人可能定都于此，距离北京已经不远。很难想象商人会将自己的都城置于一个没有安全感的阵线前沿，想必燕南地区至少是其文化势力的波及地带。下七垣文化自漳河、下岳各庄文化自永定河达到燕山以南地区①，应该有这方面的原因在内。

商王朝建立后，商人依然将控制北土视为自己的目标。对北方的文化辐射力，丝毫没有减弱②。以至有学者作出"二里岗商文化的居民，循太行山东麓北上"③ 的论断。张营二段遗存中的一些商文化特征，应即是这一反映。

开放包容的文化传统是张营遗址存在多元文化因素的原因之四。

燕山南麓地区是山区向平原的过渡地带，自古就是宜农宜牧之地，既是农牧分界区，又是农牧交错地带。这里处于北方、中原、海岱三大古文化区的交汇地带，诚如苏秉琦先生所言，同一时代有不同的文化交错存在，不同的群体在这里交错，正是这一地区古文化的特点④。交错、融合是常态，文化在交错中迁徙与流动，构成了该地区文化多元的传统。

该地区不同文化群体的交错渊源甚古。新石器中期以来，永定河以北的北方平底器系统与以南的圜底器系统东西并立，各安其境⑤。西周中期，镇江营类型和张家园类型又呈并立之势。

开放、交流、包容、融合是该地区的文化传统，形成惯势。这种心态、动机和行为已构成本地区文化的传统心理。文化因子中有交往的活

---

① 李维明：《先商文化的渊源与播化》，《考古与文物》2000 年第 3 期。

② 岳连建：《商代边远地区二里岗期文化分析——兼论商代早期的政治疆域》，《考古与文物》1993 年 4 期。

③ 林沄：《商文化青铜器与北方地区青铜器关系之再研究》，苏秉琦主编：《考古学文化论集》(1)，文物出版社，1987 年 12 月。

④ 苏秉琦：《燕山南北地区考古——在辽宁朝阳召开的燕山南北、长城地带考古座谈会上的讲话（摘要）》，见《苏秉琦考古论述选集》，文物出版社，1984 年 6 月，第 272 页。

⑤ 陈光：《北京考古五十年》，《新中国考古五十年》，文物出版社，1999 年 9 月。

跃成分在内；且在社会文化因素的层级中是很稳定的，具有传承性。如果不是从政治、管理等角度强制性地加以控制，是不会有大的改变的，一定会延续采取开放的姿态。

燕山南北长城地带作为联结中国中原与欧亚大陆北部广大草原地区的中间环节，在中国古文明缔造史上有着特殊地位和作用。中国统一多民族国家形成的一连串问题，都在这里得到了集中的反映[①]。不仅先秦时期如此，以后的“五胡乱华”到辽、金、元、明、清，文化的摆动，民族的迁徙、融合，一直都未曾停止，宛如一条经久不息流动的河。

在联结北方和中原“中国相互作用圈”的过程中，这里对于多种文化间的互相吸引和兼容作用明显，起到了沟通中原农业区与北方草原区的联系和经济模式过渡之作用。北京地区的文化旋涡和纽带地位，为文化上“早期中国”的形成、发展和成熟做出了重要贡献[②]。实际上，长城地带本身就是中华民族最复杂、最具典型性的大熔炉[③]。

（四）聚落形态分散

张营遗址共出土各类生产工具482件。用于制陶、纺织等日常生产、加工的工具有陶拍、陶垫、陶纺轮等，共292件，约占总数的60.6%；用于农业生产和农作物加工的工具有斧、铲、刀、磨盘、石杵等，共175件，约占总数的36.3%；与渔猎等有关的工具有渔钓、网坠等，共15件，约占总数的3.1%。

通过对生产工具的种类、数量及遗址中出土的动物骨骼统计、分析可知，张营遗址的社会经济形态始终以原始农业为主，同时兼营渔猎业。

可以看到，斧、刀、镰、磨盘、石杵等是遗址主要的生产工具。一段、二段与三段遗存生产工具的种类和各自所占的比重变化不大。生产工具的稳定性体现出经济因素在其社会发展中变化得相当缓慢。张光直

---

① 苏秉琦：《中国文明起源新探》，生活·读书·新知三联书店，1999年6月。

② 韩建业：《北京先秦考古》，文物出版社，2011年1月。

③ 苏秉琦：《蔚县三官考古工地座谈会讲话要点》，《华人·龙的传人·中国人——考古寻根记》。辽宁大学出版社，1994年9月。

先生曾指出，中国古代文明的生产工具、技术与文明产生以前的生产工具、技术并没有本质的改变[①]。夏、商、周三代在经济上差别不大，二十世纪中叶黄土高原上一个农民所使用的工具、生活方式乃至于他所介入的经济组织，都可能和一个两千多年前的农夫相差不多。据介绍，国外的情况也大体如此，如印加和阿兹台克地区等。可见农业生产工具的类型和农业生产的程度及社会复杂化进程之间没有密切的关系[②]。

因张营遗址破坏较为严重，聚落布局未能窥其全豹。从现存情况看，遗址中的房址数目较少，分布散乱，整个聚落在空间分布没有呈现出明显的规律性。

房屋的布局没有特别的规划。虽然灰坑间可以见到若干叠压打破关系，但复杂的叠压打破关系及房址间上下重叠的现象不见，因此聚落并没有长期延续使用。

所揭露的房址和灶址存在着若干差别：F1为二间式，其他为一间式；拥有器物多寡也有区别；灶址也有室内和室外之分等。由此推断，该聚落内部存在一定分化，社会内部各组织单位地位不平等。

墓葬（M6）与居址范围没有分离，囿于数量太少，无法了解当时埋葬习俗、社会组织等有关情况。但该墓葬随葬的小口折肩罐、彩陶折腹盆等器物火候较低、做工较为粗糙，明显与日常实用器有别。据以往考古资料，燕山南北地区青铜时代遗址中往往存在着居址与墓葬出土遗存大相径庭的情况，如大甸子、朱开沟、高台山、琉璃河等莫不如此。张营遗址也符合这一情形。

两次发掘表明，一期遗存分布于发掘区的西南。随着晚期人类活动的频繁，文化层的范围已至最北的T0803—T0806一排探方。这说明古人对张营遗址的经营是由南至北不断游移、扩大的过程。

张营遗址面积小，破坏严重，其性质为一般村落。但它有一个引人

① 张光直：《从商周青铜器谈文明与国家的起源》，《中国青铜时代》，生活·读书·新知三联书店，1999年9月。

② B. G. Trigger. Early Civilizations: Ancient Egypt in Context . American University in Cairo Press, Cairo, 1993.

注意之处是出土石范、铜屑较多。据目前掌握的情况看，燕山南麓的青铜遗址还没有哪一个比之更多。尽管无法确定铜矿石的产源，但在本地进行铸造却是肯定的。该遗址很可能凭借这一技术上的优势向周边地区输送铜制器，从而确立核心地位。这也暗示着，张营与周边聚落应该存在功能上的分化。

周边地区的同时期遗址还有雪山、刘家河等。彼此间规格都不大，相距较远，数量少，呈现出疏朗的状态。

燕山南麓地区在早期青铜文化时期的聚落间关系呈现出一种包容与温和而不是以强有力的中心带动聚落群整体发展。这可能是燕山南麓地区社会演进的一个特点。换句话说，就现有资料看，燕山南麓地区聚落的分化与分布并非同时期其他地区逐级向心式的聚落群模式。因此，它的分化更可能是功能上的，而不是政治与管理上的。聚落群分析的情况表明，燕山南麓地区早期青铜文化内部似乎没有形成一个统一的政治中心。

不难想象，分散型聚落形态的缺陷是显而易见的。聚落间的若即若离，反映集团内部缺乏强有力的集中手腕——长此以往势必造成集团内部联合、集团之间联合的弱化，整体约束力大打折扣，从而不利于社会阶层有序化的形成。

造成这一情况的原因，郭京宁先生认为可能与燕山南麓的地理特点有关。燕山、太行山如同两道屏障，形成了燕南以南地区绝好的自然隔离带。这种封闭环境形成的性格就是封闭内向。相对封闭的地理格局显然也有利于军事防卫，有利于抵御外来侵略，聚落间的团结与凝聚自然就缺少外在的动力。在这种情况下，聚落间的关系也处于相对松散的状况。因此，未有一个强有力政权的出现，在该地区社会复杂化进程中起到主导作用。

四、相关结论和意义

张营遗址犹如一只个体虽小却五脏俱全的麻雀，剖析之后，得出的认识耐人寻味。它所体现出的文化多元性是燕山南麓地区地处各种文化势力犬牙般交错的缩影。这里隐含的另外一层意思是，燕山南麓地区自古即是东西南北交通之要冲，为四方文化荟萃之所在。时至今日，北京西北部的昌平、延庆仍是通往张家口、大同乃至呼市的必经之路。按国外学者的理解，边缘地区的中心聚落则容易倾向于坐落在交通枢纽位置①。北京地区正是南北文化交流的重要枢纽，它不是以本身的经济实力，而是以优越的地理位置来表现自己的价值。

张营遗址出土的石范、铜屑较多，反映其古人对铜产业尤为重视。商人对铜这一重要资源的追求早已被一些学者所指出，这甚至被视为其立国之本②。燕山南麓虽远离中原地区，但该区域所拥有的矿产资源亦吸引了商人对此地的注意，加之遗址所处的地理位置极具南北汇聚的战略意义，商人对此地力图加以控制也就不难理解。即该遗址及燕山南麓可能在资源的开发、整合上富有潜力或位于更远方资源的交通要道。从新石器时代晚期的上宅文化、雪山一期文化看，燕山以南地区的文化面貌更表现出与北方地区的相似性。直至雪山二期文化，文化面貌方与豫北、山东地区的龙山文化相似。

燕山南北长城地带作为联结中原与欧亚大陆北部广大草原地区的中间环节，在中国古文明缔造史上有着特殊地位和作用。中国统一多民族国家形成的一连串问题，都在这里得到了集中的反映。不仅先秦时期如此，以后的“五胡乱华”到辽、金、元、明、清，文化的摆动，民族的迁徙、融合，一直都未曾停止。

总之，张营遗址是北京乃至燕山南麓地区发掘面积较大、内涵较为丰富的一处青铜时代遗址。所发掘的古文化遗存，为研究燕山南麓早期青铜文化的类型与谱系提供了重要资料，对进一步研究中原与北方古老文化的关系具有重要的意义，为掌握这一时期中国北方长城地带考古学文化的布局及互动关系提供了新资料。作为个案遗址，它所体现出燕山南麓地区在文明化进程中的若干特点也颇具启发意义。

---

① 刘莉、陈星灿：《中国早期国家的形成——从二里头和二里岗时期的中心和边缘之间的关系说起》；北京大学中国考古学研究中心等编：《古代文明》（第1卷），文物出版社，2002年。

② 张光直：《考古学专题六讲》，文物出版社，1986年5月。

第三章　龙山发现——北京商周时代一处典型的社会缩影

“昌平在禹贡时期为冀州之域（据《尚书·禹贡》载），依《周礼·职方》载为幽州。西周时，周武王分封诸侯国，封召公于幽州之燕国，昌平属其地，燕昭王置上谷郡（昌地俱属）。”① 这些表述均是作者在查阅了大量的古籍之后，所做的一个简洁的归述。

“昌平区已发现的夏商周时期的遗存不多……龙山墓群为西周早期墓群……这些遗存的发现充分说明，夏商周时期今昌平区龙山一带是北京重要的人类活动地区之一。”②

一、龙山墓群的发现

“1975 年 3 月，鹿制品厂的工人响应国家‘深挖洞、广积粮’的号召，正在对原有的简易防空洞进行改造，打算改建为地下平战结合仓库。”已经退休的老厂长张振华绘声绘色地描述着当时的情景：“那时我刚刚从部队转业，在鹿厂分管采购工作，那天刚好不在现场，后来听大伙介绍的情况是：当时我们通州那边的协作单位给我们派来的推土机正在施工，当推土机推开一块篮球厂大，二三米深的时候，推出了不少木头，那些木头虽已糟朽但全是大根的方子木，看样子是个古墓，厂子

① 晓阳：《昌平文物探寻》，金城出版社。

② 王燕玲：《北京考古志·昌平卷》，上海古籍出版社。

领导赶紧停工，上报了文物部门。”

随即市考古人员齐心和喻震到达现场对这个地方进行了考古发掘，干了三个月，清理了发掘现场，发掘了三座西周时期的木椁墓，编号为M1、M2、M3，均为长方形土坑竖穴墓，墓葬均布有白膏泥，有埋狗骨架的腰坑。经测定，墓葬年代距今3100年。原发掘报告称作“昌平白浮西周木椁墓”，《北京文物地图集》改称“龙山墓群”。[①]

当时的条件，艰苦而简陋。考古人员只能坐345路长途汽车往返现场。三月的气温，乍暖还寒，以至在所绘的图纸上留下了不少“鼻涕”的痕迹。就是在这种艰苦的条件下，几位考古工作者用小筛子筛选出了后来被学术界公认“北京地区具有重要意义的”甲骨碎片。除了考古收获之外，到过现场的工作人员还近水楼台买到了几瓶鹿场生产的鹿茸精，“仅仅1元1瓶，而且绝对保真”。每每回忆这段经历，几位考古人员还在津津乐道。

墓群位于昌平城东南方向4公里处的城南街道办事处化庄村村南的龙山南麓、京密引水渠北岸与元代郭守敬修建白浮堰的水源之处紧为密邻。此地背靠龙山，是北京同仁堂集团有限责任公司鹿制品厂所在地。

二、龙山墓群的发掘与出土器物

（一）墓群概况

3座长方形土坑竖穴木椁墓呈倒品字形排列，均遭破坏。M1、M3只存木椁底板，M2尚保存有木椁四壁侧板、堵板以及底板。3座墓椁室底部皆挖有腰坑，坑内殉犬一只。

随葬器物多置于墓主人头前及椁室内东西两侧：陶器与青铜礼器多放在头前，兵器多放在两侧。衣甲、玉角等装饰品多放于木椁之内，大量的车马饰件都堆放在一起。这种现象可能是随葬器物放在棺椁顶盖

① 北京市文物局编：《北京文物地图集》（下），科学出版社，2009年。

上，椁木腐朽后它们陷入椁内所致。

M1 位于 M2 之西、M3 之北。为正北方向。残长 1.8 米、宽 0.6 米，墓口距地表约 5 米。木椁及骨架大部分腐朽，仅存四肢骨和几颗牙齿，为头北足南仰身直肢葬，经鉴定系一老年男性。在死者腰部底下发现小玉系璧一件。

M2 位于 M1 东边，方向 5°，平面呈长方形。长 3.35 米、宽 2.5 米，墓口距现地表 4.35 米。椁盖已被破坏结构不明，木椁底板保存完好，是用宽约 0.16～0.2 米、长约 3.2～3.43 米的 11 根方木纵排而成。木椁壁板以方木自下而上垒成，东西壁各存方木 2 根，南壁 2 层，北壁 3 层，构成内壁长 2.8 米、宽 1.8 米，外壁长 3.3 米、宽 1.95 米的长方形椁室（见图 225）。南北两壁横木有半圆形卯，东西两壁方木的榫可插进卯槽，使椁室更为坚固。椁室与墓坑壁间有一层厚约 0.2 米的白膏泥，椁底铺有人字纹的苇席（见图 226），席下有一层深约 0.6 米的白膏泥。墓底中央有一长 1.15 米、宽 0.45 米、深 0.25 米的椭圆形腰坑，坑中埋一与死者头向一致的狗骨架。

椁内人骨 1 具，系中年女性，头北足南，仰身直肢葬。椁底有红黑色污泥状物，可能是衣衾残痕（见图 227）。

M3 在 M1 南端约 5 米，宽 2.9 米、长 4.35 米，方向 9°，距地表 3.2 米。坑口上部为现代建筑扰乱，现存坑口距椁底 1.9 米，未见夯土痕迹。木椁已大部腐朽。残长 2.8 米、宽约 1.39 米、残高 0.5 米（见图 228）。椁盖板残木已塌入椁底，椁室因椁板残损严重无法复原（见图 229），但据木灰痕迹观察结构与 M2 相同。在椁底板下仅有 5 厘米的白膏泥，木椁保存不如 M2 好，恐怕与白膏泥较薄有关。椁底下有长 1.25 米、宽 0.5 米、深 0.3 米的椭圆形腰坑，腰坑中无殉葬品。椁内无棺痕，残存大量黑红迭压的污泥状有机物，内含多层极薄的朱砂，断面呈曲绉形，在一些器物表面，残存着可能是氧化铁的锈色。骨架大部已腐朽，仅存头骨及两脚骨，为头北足南的俯身直肢葬，经鉴定为男性。

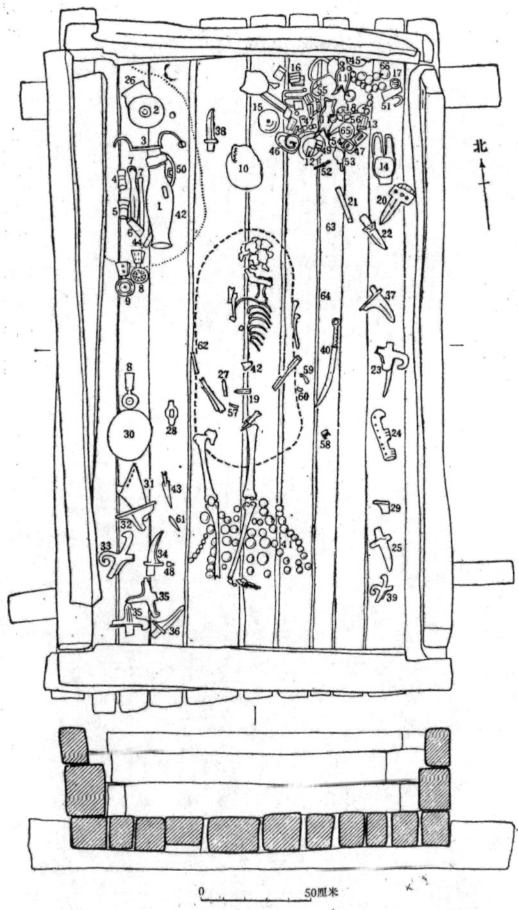

图 225 白浮 M2 平面图

1. 穿带壶 2. 簋 3. 弓形器 4. 轴头 4 件 5. 轴头 2 件 6. 斧 7. 剑（Ⅰ式、Ⅱ式）
8. 銮 4 件 9. 銮 4 件 10. 盔 11. Ⅰ式当卢 2 件 12. Ⅲ式盾饰 13. 长方形Ⅰ式铜饰 66 件
14. Ⅱ式当卢 2 件 15. Ⅱ式盾饰 16. 长方形Ⅰ式铜饰 26 件 17. Ⅰ式泡饰 12 件
18. Ⅱ式泡饰 6 件 19. 玉戈 20. Ⅴ式戈 21. 砺石 22. Ⅱ式戈 23. Ⅰ式戟 24. Ⅱ式刀
25. Ⅱ式戈 26. 陶鬲 27. 玉觿 28. 石锤 29. Ⅰ式残戈 30. Ⅰ式盾饰 31. Ⅵ式戈
32. 残戟 2 件 33. Ⅱ式戟 34. Ⅲ式戈 5 件 35. Ⅰ式戟 2 件 36. Ⅲ式戈 5 件 37. Ⅳ式戈
38. Ⅱ式戈 39. Ⅱ式戟 40. Ⅰ式刀 41. 腿甲铜泡（Ⅰ式 91 件 Ⅱ式 34 件） 42. 甲骨
43. Ⅰ式矛 44. 锛 45. 镜形饰 46. 角形饰（Ⅰ、Ⅱ式各 1 件） 47. 扁平长方形饰 6 件
48. 秘冒 49. 辖 2 件 50. 残鼎 51. 輨 2 件 52. 衔 2 件 53. Ⅲ式当卢 4 件 54. 兽面马冠
55. 兽面饰 56. 马蹄形饰 2 件 57. 玉器把 58. 牙梳 59. 牙觿 60. 残玛瑙环 61. 铅戈
62. 狗骨架 63. 马冠 64. Ⅳ式盾饰 65. Ⅴ式盾饰 2 件

图 226　M2 墓底席纹

图 227　M2 椁内人骨

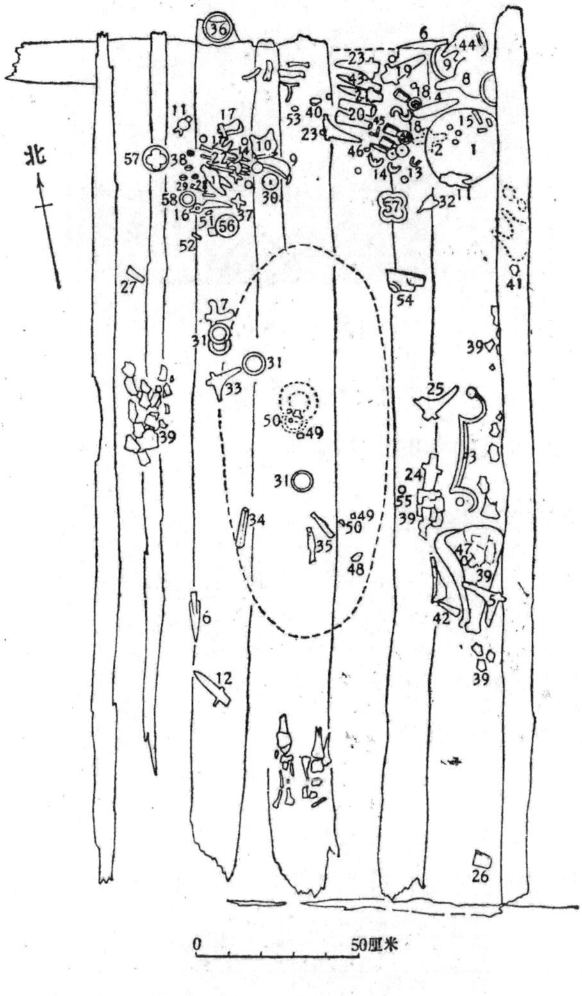

图 228　白浮 M3 平面图

1. 盔　2. Ⅰ式戟　3. 弓形器　4. 残戈 2 件　5. Ⅲ式戈　6. Ⅱ式矛 2 件　7. 残戟　8. 鼎
9. 簋　10. 陶鬲　11. 当卢（Ⅰ式 4 件Ⅱ式 2 件）　12. Ⅲ式戈　13. 马蹄形饰 2 件
14. 镳 8 件　15. 角镳 4 件　16. 匕首　17. 斧（上层）钺（下层）　18. 銮 4 件
19. Ⅰ式戈　20. 軎 2 件　21. Ⅰ式戈　22. 剑（Ⅱ式 2 件Ⅲ式 2 件）　23. Ⅲ式戈
24. Ⅱ式戈　25. Ⅲ式戈　26. 斧　27. 锛　28. Ⅰ式凿　29. Ⅱ式凿　30. 镜形饰
31. Ⅶ式盾饰 4 件　32. Ⅲ式当卢 2 件　33. Ⅲ式戈　34. 砺石　35. 玉鱼 2 件　36. 鼎
37. 节约 16 件　38. 贝饰　39. 卜甲、卜骨　40. 柲冒　41. 陶鼎　42. 残铅戈　43. Ⅱ式戈
44. 簋　45. 衔 2 件　46. 辖 2 件　47. 玉蝉　48. Ⅱ式玉鱼　49. 柄形玉器　50. 残玛瑙环
51. 竹节形饰　52. Ⅲ式凿　53. 小圆泡（下层）　54. 残马冠　55. 小圆泡（上层）
56. Ⅴ式盾饰 4 件　57. Ⅵ式盾饰 2 件　58. 喇叭形饰

图 229　M3 椁室

卜甲、卜骨与其他随葬器物均置于死者头前及东西两侧。在陶鬲中有小块动物骨头，是随葬的肉类残骸。

（二）丰富的随葬品

三座墓共出土铜、陶、石、玉、骨、牙器及卜甲、卜骨、贝饰等各类器物 600 余件。

铜器有兵器、礼器、工具、车马器等。

兵器：有戈、刀、剑等。

戈：分六式。

Ⅰ式：无胡直内。3：19，援身为等腰三角形，阑两边各有一穿，内上有一圆孔，援身两面有对称的目纹，长 24 厘米（见图 230）。

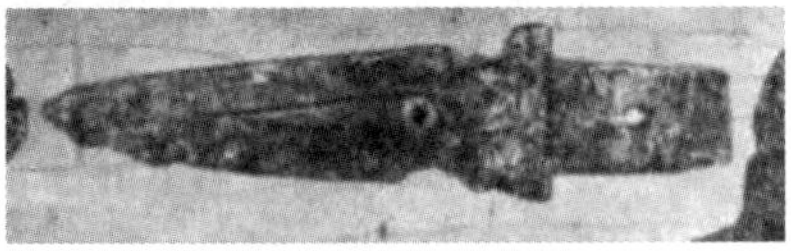

图 230　Ⅰ式铜戈

Ⅱ式：无胡直内带翼。2：22，器形较大，援身呈等腰三角形，两面有对称的兽面纹。内上满布花纹；仅残存翼的一部分，尚能看出云形纹饰。长 25 厘米（见图 231）。3：24、43，内端有小缺口，两件内上有花纹；援身绘兽面纹；所不同者内上一圆孔与三圆孔之别。长 23 厘米（见图 231）。

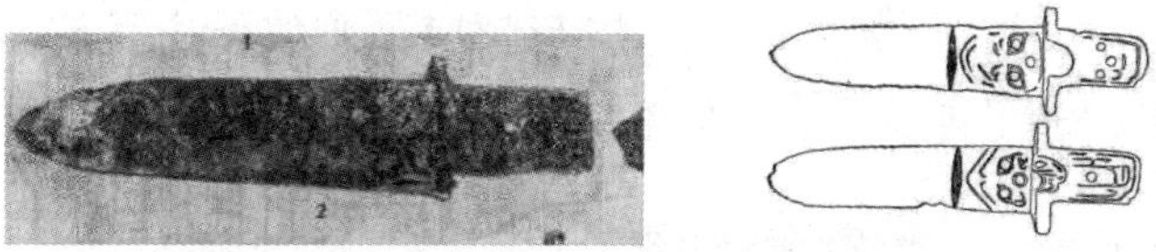

图 231　Ⅱ式铜戈

Ⅲ式：短胡一穿。2：36，内有缺口，内上有一家子铭文，可能是氏族徽号，长 21 厘米（见图 232）。3：23，援身靠阑处加厚作峰尖状，木柲痕迹清楚，并有席纹残痕，长约 20.5 厘米（见图 232）。

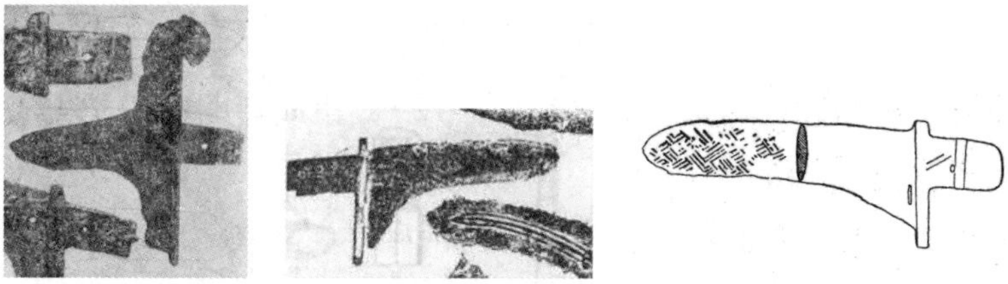

图 232　Ⅲ式铜戈

Ⅳ式：2：37。援稍向上扬，近阑处两面均有牛头饰：口中吐长舌为援脊。内边起线纹，末端中间外凸。援长 16 厘米、通长 21.3 厘米（见图 233）。

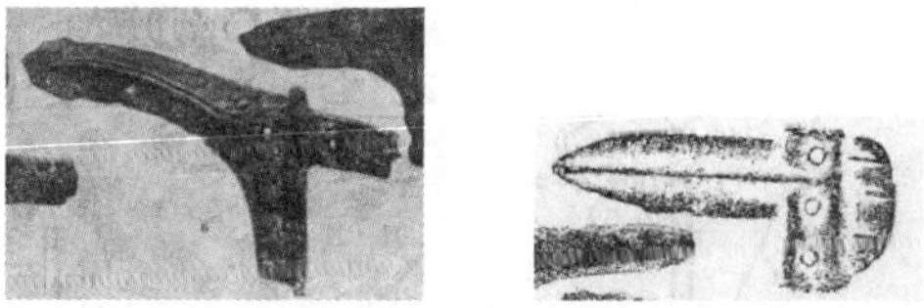

图 233　Ⅳ式铜戈

Ⅴ式：2：20。有銎，半圆形内上有四条平行突弦纹，椭圆形筒状銎，銎两面各有三个圆点纹，援身呈柳叶形，中起长脊。长 19.8 厘米（见图 234）。

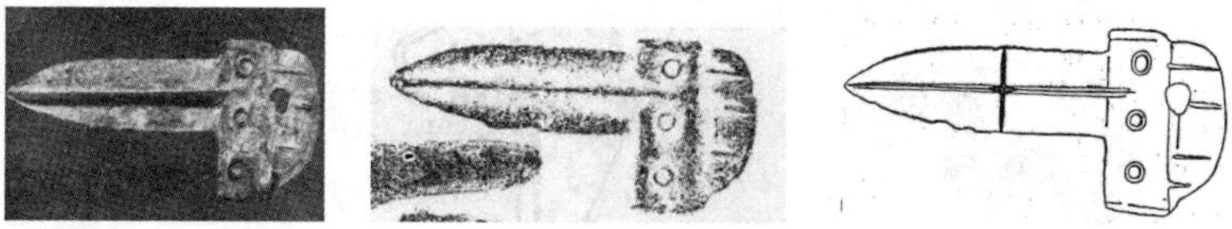

图 234　Ⅴ式铜戈

Ⅵ式：2：31。形如大砍刀，援与胡成一直线，内呈梯形，胡与援连成三角形，胡上四穿。长33厘米（见图235）。

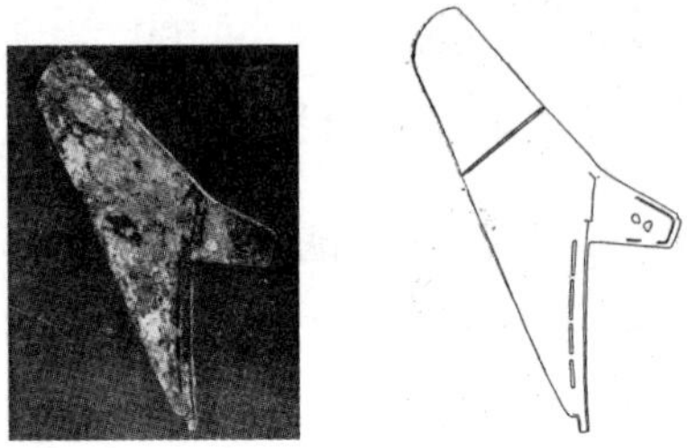

图235　Ⅵ式铜戈

此外还有两件残铅戈（2：61、3：42），扭成弯曲状，是无实用价值的明器（见图236）。

柲冒2：48，状如圆管，下开口，口内残存秘痕，上端有覆顶，顶上有一小钮，可系缨，无纹饰，带钮高5.6厘米。3：40，状如兽头形，銎为椭圆形（见图237）。

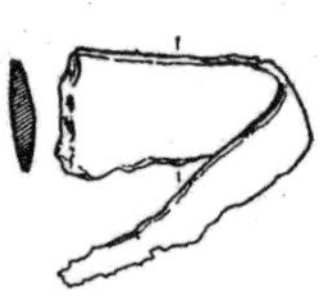

图236　铅戈

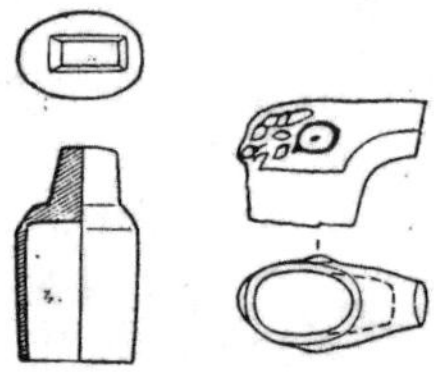

图237　柲冒

戟：分二式。

Ⅰ式：2：35，上有曲钩，下有长胡，宽援，直内。内上有一字铭族徽，上下两穿，援上三条突弦纹组成一长脊，纵长20厘米、横宽21.5厘米（见图238）。

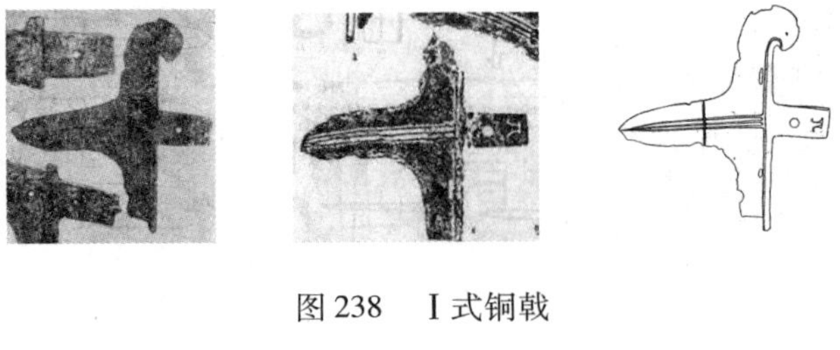

图238　Ⅰ式铜戟

Ⅱ式：2：33、39，内呈弯钩状，援背弯弓状，胡有二穿，比Ⅰ式戟大。2：33，纵长24.5厘米、横宽21厘米（见图239）。

刀：分二式。

Ⅰ式：2：40，背微弓，把上有七个圆圈纹，柄端铸一鹰头。把长12厘米、全长41厘米（见图240）。

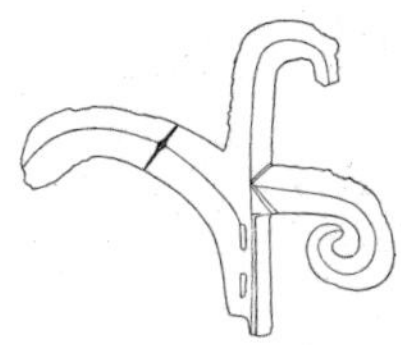

图239　Ⅱ式铜戟

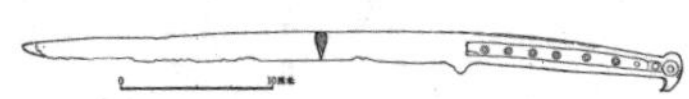

图240　图Ⅰ式铜刀

Ⅱ式：2：24，如冰刀形，上有十五枚乳钉，背部有三銎，銎内还三残存木柄痕迹。长24厘米（见图241）。

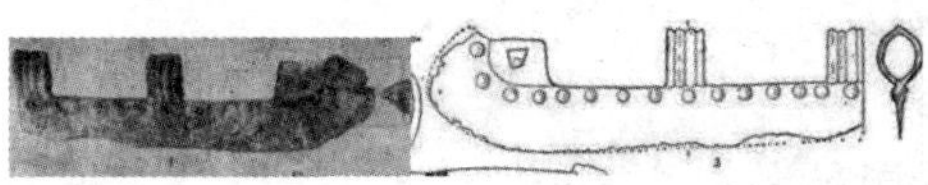

图241　Ⅱ式铜刀

剑：分三式。

Ⅰ式：2：7，剑身起脊，茎为扁条形，一面有长方形凹槽，柄端为半球形饰，全长45厘米（见图242）。

Ⅱ式：3：22，剑身起长脊，茎为扁条形，剑身与茎间出两翼，柄首为半球形饰，一件茎铸几何形纹饰，长37.5厘米（见图243）。一件较小，长25.2厘米（见图243）。2：7，剑身尖端残，两翼较短。残长28.7厘米（见图243）。

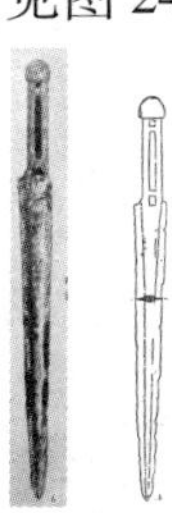

图242　Ⅰ式铜剑

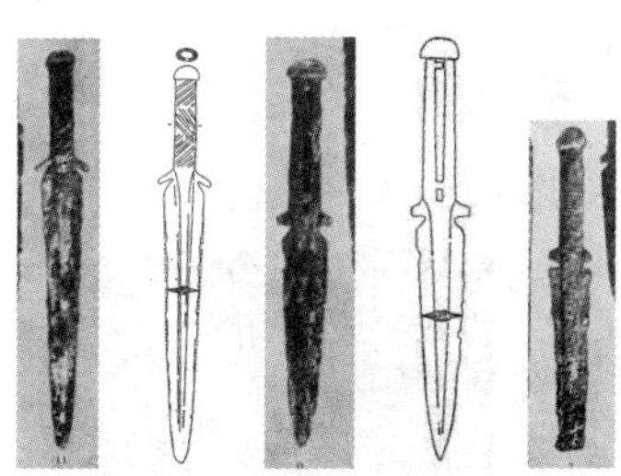

图243　Ⅱ式铜剑

Ⅲ式：3：22，柳叶形，茎为扁条形，一件鹰头形首剑，长25厘米（见图244）。一件马头形首剑，长34厘米（见图244）。

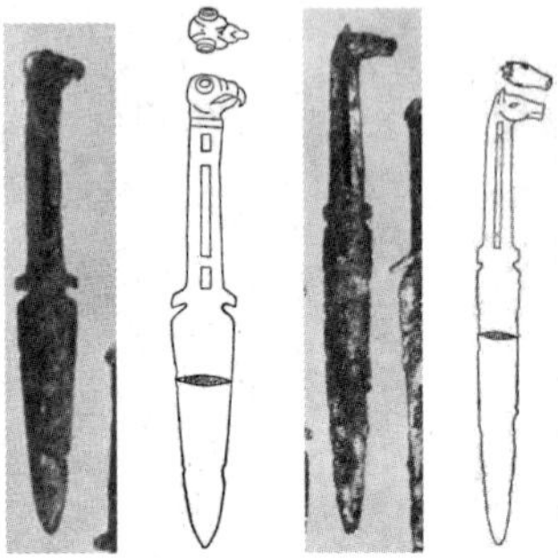

图244　Ⅲ式铜剑

匕首3：16，前锋似矛，柄端为带锥的铜铃，握柄在中央，并刻有弦纹与锯齿纹，长26厘米（见图245）。

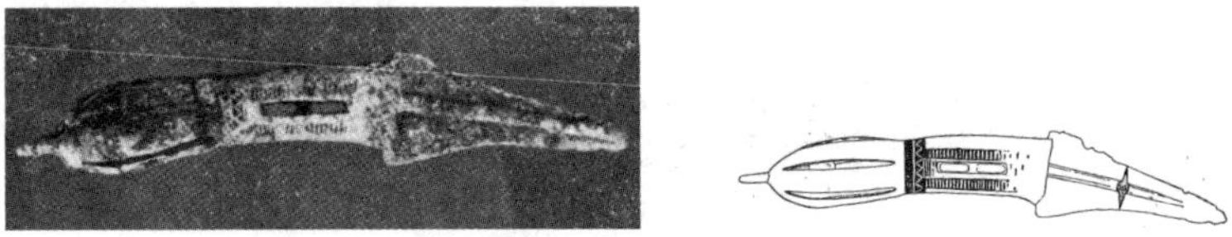

图245　铜匕首

斧3：17上，椭圆形銎，刃较钝，长方形内。全长12厘米、刃宽6厘米、銎长8厘米（见图246）。

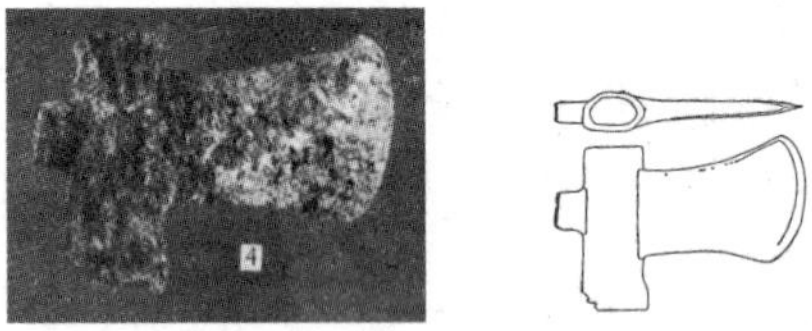

图246　铜斧

钺3：17下，近长方形，内分三义，内稍残。全长12.4厘米，宽5.5厘米（见图247）。

图247　铜钺

矛：分两式。

Ⅰ式：2：43，矛叶柳叶形，起双脊，骹、叶分界不明显，菱形銎，长 20.5 厘米（见图 248）。

Ⅱ式：3：6，两叶下角为方折角，靠骹口沿有三条带状纹，骹两侧各有一环形小钮。长 18.5 厘米。銎径 2.2 厘米（见图 249）。另一件两叶下角为钝角，叶中央起突脊骨。长 22.5 厘米，銎径 3.5 厘米（见图 249）。

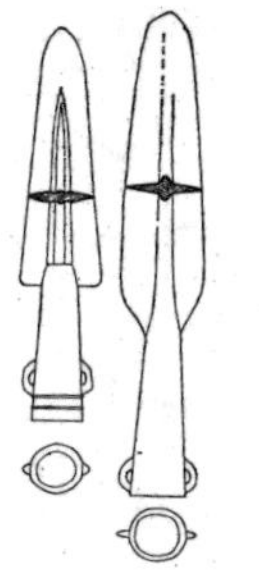

图 248　Ⅰ式铜矛　　　图 249　Ⅱ式铜矛

盔：2：10，素面，盔顶起网状长脊。通高 23 厘米，脊高 3 厘米、脊长 18 厘米（见图 250）。3：1，素面，顶上有圆钮，钮中穿孔。通高 23 厘米（见图 250）。

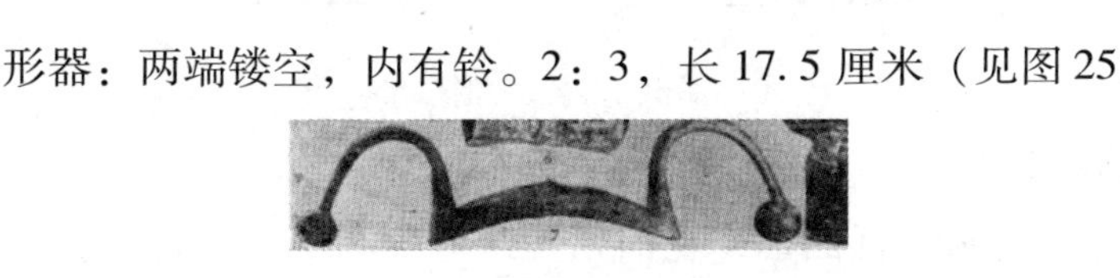

图 250　铜盔

弓形器：两端镂空，内有铃。2：3，长 17.5 厘米（见图 251）。

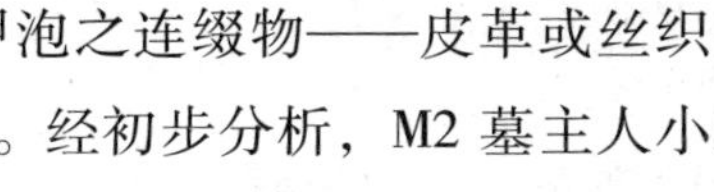

图 251　弓形器

甲：2：41，因甲泡之连缀物——皮革或丝织品腐朽，且甲泡叠压零乱，无法辨认全形。经初步分析，M2 墓主人小腿部有排列较整齐的小铜泡一堆，可能为护腿甲。组成护腿甲之甲泡 125 件，可分为两式。

Ⅰ式：有大小两种，直径 2. 8 厘米、2. 1 厘米。正面为球面，背面为凹面，凹面有一横鼻（见图 252）。

Ⅱ式：分大小两种，直径 3. 3 厘米、2. 2 厘米。正面为球面，有宽沿一周，球面中央有小圆凸，背为凹面，有横鼻（见图 253）。

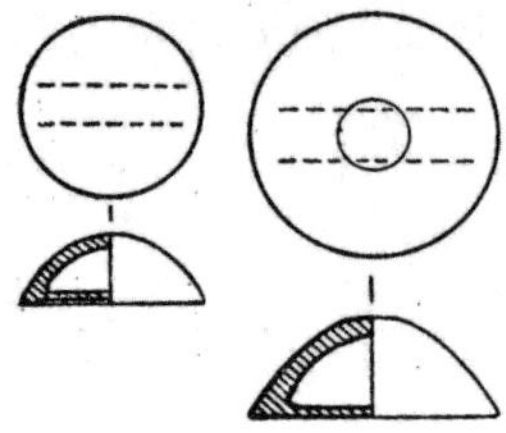

图 252　Ⅰ式甲

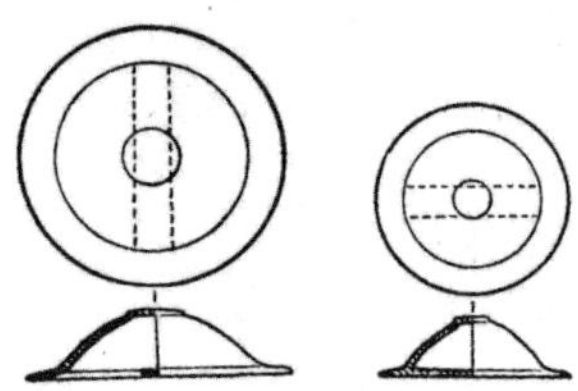

图 253　Ⅱ式甲

M3 出土小铜泡 145 件，排列不规则，分布在人骨四周，推测可能是车马饰件，也可能是护腿甲上的饰件，分为两式。

Ⅰ式：3：55，正面为弧状凸起，背面有一横鼻，径 2. 4 厘米（见图 254）。

Ⅱ式：3：53，正面为山峰状凸起，背面一横鼻，径 18. 5 厘米（见图 255）。

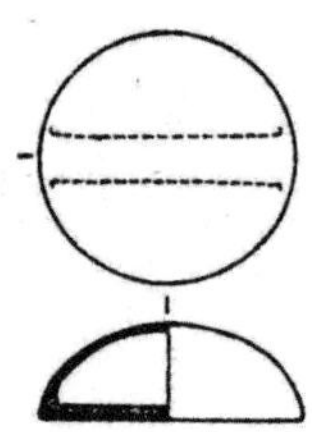

图 254　Ⅰ式小铜泡

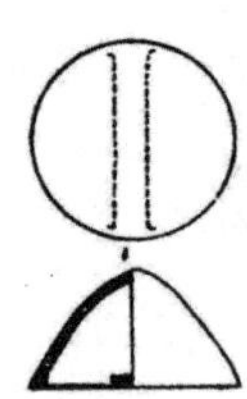

图 255　Ⅱ式小铜泡

盾饰：分七式。

Ⅰ式：2：30，椭圆形，正面稍凸，背面微凹，正面周边有宽沿一周，沿上有可供穿绳用的三对小圆孔，纵长 28 厘米、横径 23 厘米。

Ⅱ式：2：15，是由一条蛇盘绕而成，边沿上有可供连缀之小圆孔，直径 20 厘米（见图 256）。

Ⅲ式：2：12，凸面饰涡纹，周边有宽沿，沿上有圆形小孔，直径

20 厘米。

Ⅳ式：2：64，为蟠螭纹圆泡（见图 257）。

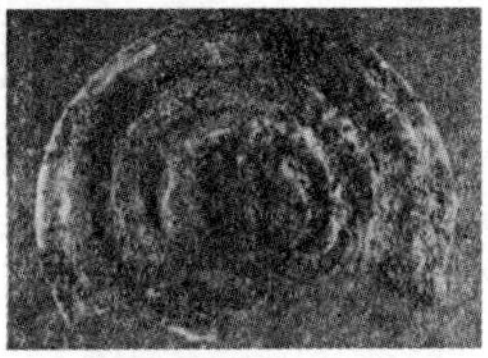

图 256　Ⅱ式盾饰

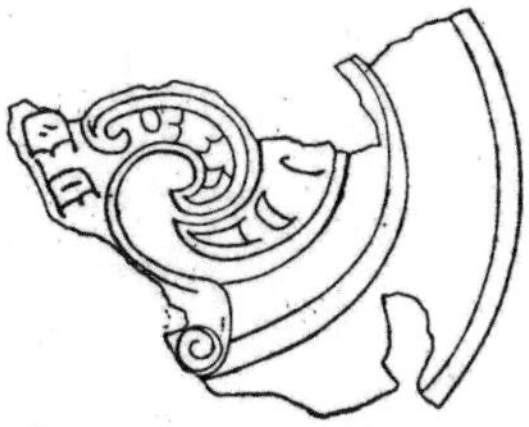

图 257　Ⅳ式盾饰

Ⅴ式：6 件。2：65，2 件，3：56，4 件。弧面，周边有宽沿，沿上有三对（每对两孔）长方形小孔。背为凹面，小的径 10.5 厘米、大的径 15 厘米（见图 258）。

Ⅵ式：3：57，弧面，上有四凸起，背面为凹面。直径 14 厘米（见图 259）。

Ⅶ式：3：31，正面有两个叠落弧面，周边有宽沿。2 件径 9.9、2 件径 13.5 厘米（见图 260）。

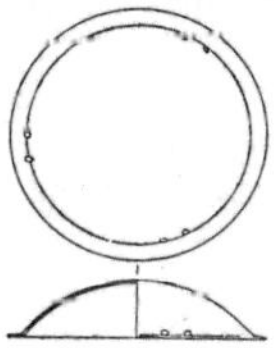

图 258　Ⅴ式盾饰

图 259　Ⅵ式盾饰

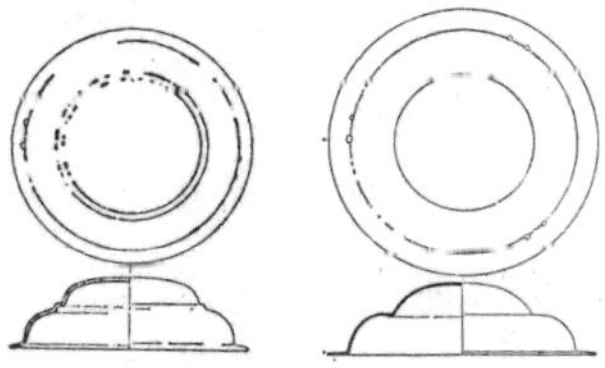

图 260　Ⅶ式盾饰

工具：有斧、锛、凿等。

斧：形制基本相同，长方形銎，中存木柄残痕。两侧有双范合铸遗留的中线，方銎边有带状阳线二道，一侧有一小钮。2：6，长 7.6 厘米、銎长 4.3 厘米、宽 2 厘米、刃宽 4 厘米（见图 261）。3：26，全长 7.7 厘米，銎长 4.3 厘米、宽 2 厘米，刃长 3 厘米（见图 261）。

锛：状相同，銎近梯形，刃为单斜面组成，即上面斜下面平。这种“锛”也称“斤”。2：44，斜面上部有一带状钮，长 9.3 厘米（见图 262）。3：27，长 10.1 厘米（见图 262）。

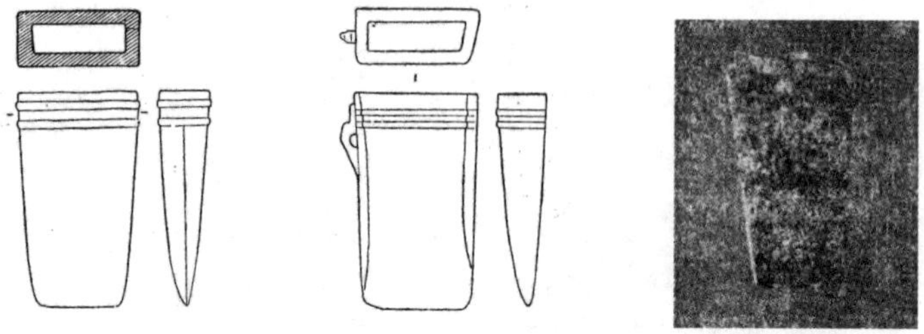

图 261　铜斧

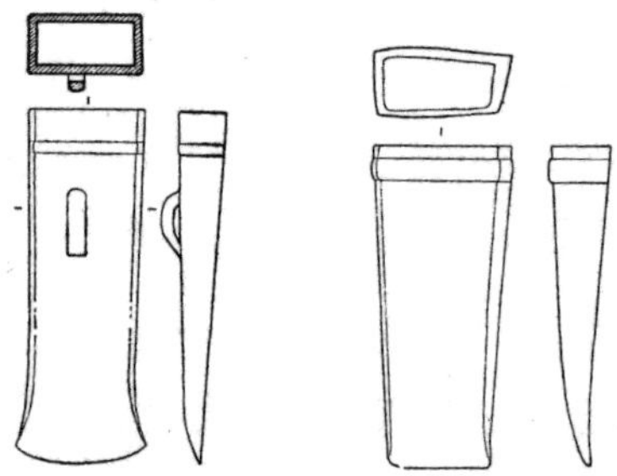

图 262　铜锛

凿：分三式。

Ⅰ式：3：28，窄刃上卷如弧状，梯形銎，残存木柄痕迹，长 10 厘米（见图 263）。

Ⅱ式：3：29，扁条形，椭圆形銎，刃为尖锥状。长 6 厘米，銎径 1.2～1.6 厘米（见图 264）。

Ⅲ式：3：52，较长，中空，呈圆锥形，一端尖锐，长 1.5 厘米（见图 265）。

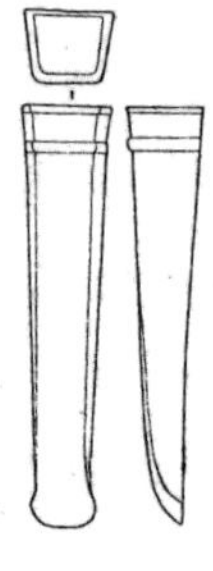

图 263　Ⅰ式铜凿

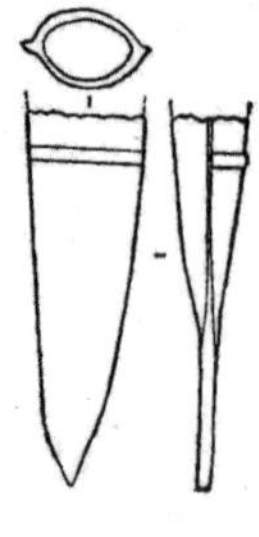

图 264　Ⅱ式铜凿

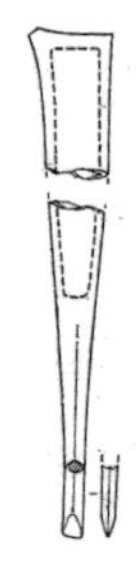

图 265　Ⅲ式铜凿

礼器：有壶、簋、鼎等。

穿带壶2：1，子母口盖倒置可作杯，盖有二穿与贯耳相对，用以系绳。素面，通高47厘米（见图266）。

铜簋：分三式。

Ⅰ式：2：2，侈口有盖，圈足，两耳有小珥，素面。通高17.5厘米、口径16.9厘米（见图267）。

图266　穿带铜壶

图267　Ⅰ式铜簋

Ⅱ式：3：9，较小，无耳，无盖，素面。口径11厘米、通高9.4厘米（见图268）。

Ⅲ式：3：44，周身满布花纹，口沿上有兽面纹，器底部有蝉纹，体两侧有对称的兽耳（见图269）。

图268　Ⅱ式铜簋

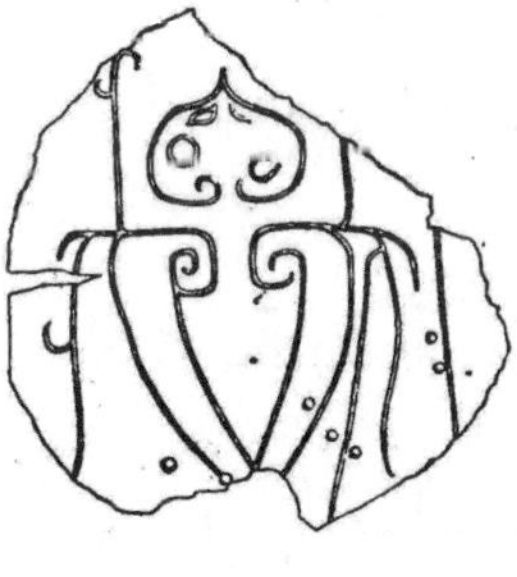

图269　Ⅲ式铜簋

铜鼎：形制相同。3：8，为素面小鼎，口微敛，立耳，柱足，下腹微大。口径13厘米、通高14.3厘米。（见图270）。

车马器：M2、M3出土大量车马饰件，除角镳外，均为铜质。有軎、辖、镳、衔、銮、当卢、节约、角形饰、马冠、兽面饰、马蹄形饰、轴头、泡饰等（见图 271）。

图 270　铜鼎

图 271　铜车马器

軎：3：20，状如圆管，内粗外微细，有对称之长方辖孔。长 12.3 厘米、辖孔长 3 厘米（见图 272）。

辖：2：49，分头椎二部分，头为兽头形，下为长椎，扁平形，有孔。全长 11.5 厘米、椎长 7.5 厘米（见图 273）。

图 272　铜軎

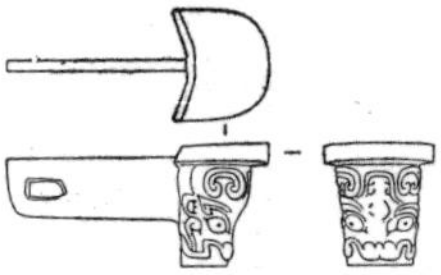

图 273　铜辖

镳：3：14，半月形，中一圆孔，长 8.3 厘米（见图 274）。

衔：为扁平椭圆形的环互套在一起。2：52，长 14 厘米（见图 275）。M3 出镳 8 件，而衔只一对，可能沿殷代以皮条为马衔，故铜镳多而铜衔少。

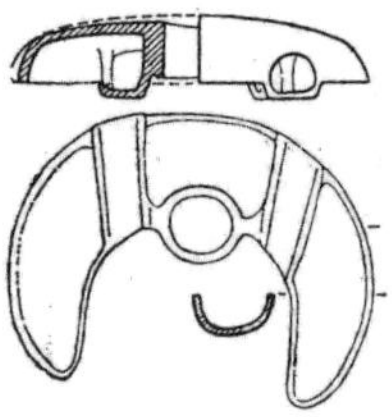

图 274　铜镳

图 275　铜衔

銮：2：8，长方形座，四面有圆孔，各有四个菱形凸饰，高 17.1 厘米（见图 276）。2：9，座的四面各有两个蜗牛纹饰，高 16.2 厘米

（见图 276）。3：8，座的四隅有稜，高 12.3 厘米（见图 276）。

图 276　铜銮

当卢：分三式。

Ⅰ式：通高 18 厘米（见图 277）。

Ⅱ式：通高 24.8 厘米（见图 278）。

Ⅲ式：上部兽头形，下为长条形。2：53，体小，残长 17 厘米（见图 279）。3：32，体大，残长 27 厘米（见图 279）。

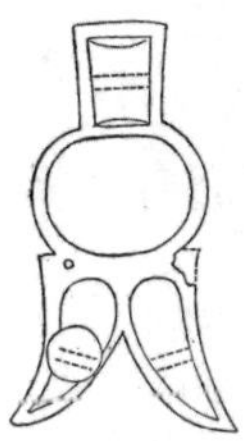

图 277　Ⅰ式铜当卢

图 278　Ⅱ式铜当卢

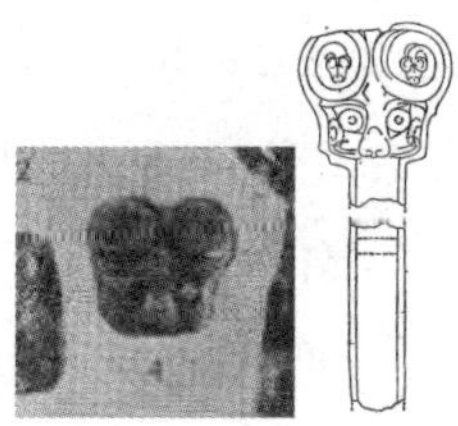

图 279　Ⅲ式铜当卢

节约：分两式。

Ⅰ式：3：37，十字形，四通。中央有球面状凸起，正中有一小圆孔。长 5.5 厘米、宽 5.3 厘米（见图 280）。

Ⅱ式：3：37，平面呈 H 字形（见图 281）。

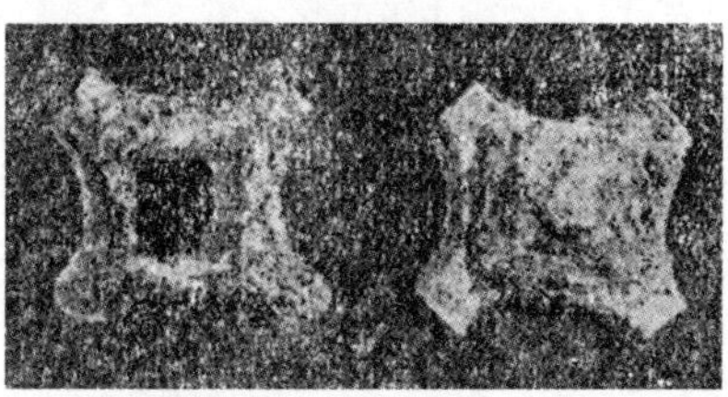

图 280　Ⅰ式铜节约

图 281　Ⅱ式铜节约

长方形铜饰：分两式。

Ⅰ式：2：13，正面有二条平行带状凸脊，周边有宽沿，背面有两个平行横鼻。长 4.9 ~5 厘米、宽 4 厘米（见图 282）。

Ⅱ式：2：16，正面为三条平行带状凸脊，背面有平行二条横鼻。长 5.2 厘米、宽 3.2 ~3.3 厘米（见图 283）。

长方形扁平带孔铜饰：2：47，长 2.2 ~4 厘米（见图 284）。

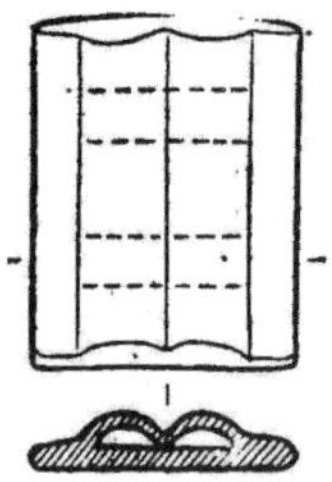

图 282　Ⅰ式长方形铜饰

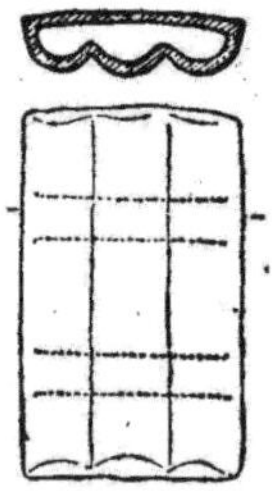

图 283　Ⅱ式长方形铜饰

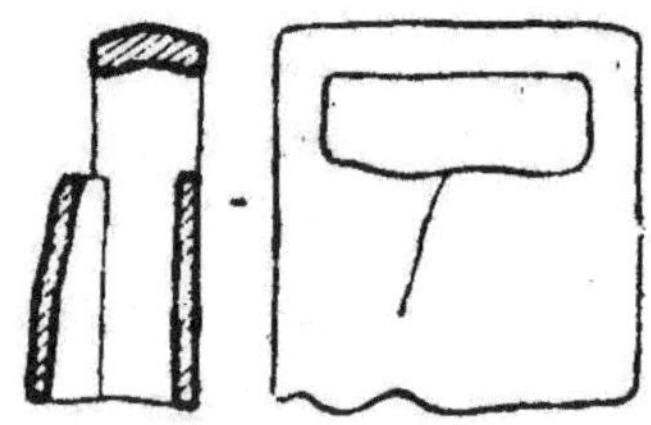

图 284　铜长方形扁平带孔铜饰

角形饰：2：46，分两式。

Ⅰ式：正面有间距相处的六条线纹，体如蚕形，背面有一横鼻（见图 285）。

Ⅱ式：面饰涡纹。周边有宽沿，背面凹面，长 16 厘米（见图 286）。

图 285　Ⅰ式铜角形饰

图 286　Ⅱ式铜角形饰

马冠：2：54、63、3：54，正面作兽面形，巨鼻圆目，两侧最宽为 17 厘米（见图 287）。

兽面饰：2：55，正面有兽面形。周边有宽沿，沿上有对称之长方形小孔可系绳，长 9.8 厘米（见图 288）。

马蹄形饰：2：56，3：13，疑为车辕上之饰物（见图 289）。

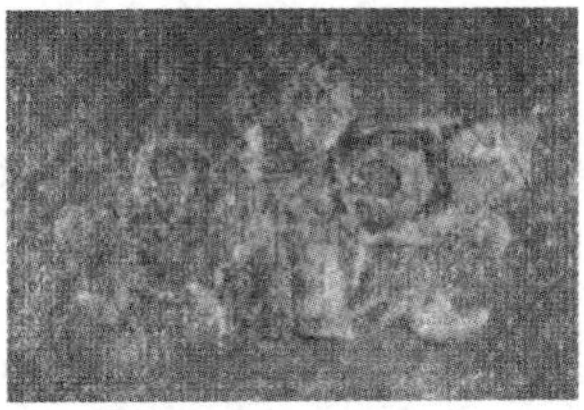

图 287　铜马冠

图 288　铜兽面饰

竹节形饰：3：51，似竹节，长 3.8 厘米。

轴头：2：4，一端凸面，一端开口，束腰，中部有两条凸带纹。长 8、口径 3.5 厘米（见图 290）。

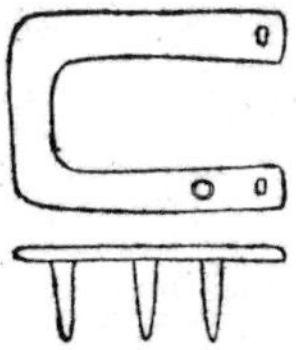

图 289　铜马蹄形饰

图 290　铜轴头

泡饰：分两式。

Ⅰ式：2：17，球面，背面有十字形鼻梁，直径 7.2 厘米（见图 291）。

Ⅱ式：2：18，5 件弧面，背面有一横鼻，直径 5 厘米（见图 292）。一件有一圆孔，直径 4.5 厘米（见图 292）。

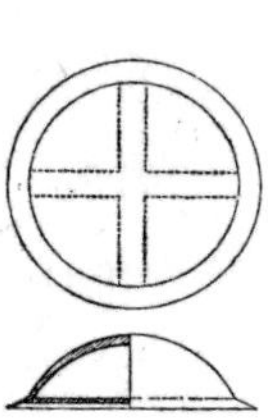

图291　Ⅰ式铜泡饰

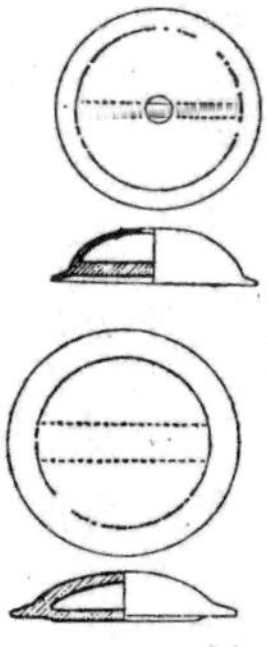

图292　Ⅱ式铜泡饰

圆镜形饰：3：30，为一圆形铜片，质厚重，正面微凸，上有一半环形钮。直径 9.9 厘米。无纹饰，疑为铜镜或器盖（见图 293）。

喇叭形饰：3：58，形如一喇叭，正面中央有一圆孔，径 7.4 厘米（见图 294）。

图 293　铜圆镜形饰

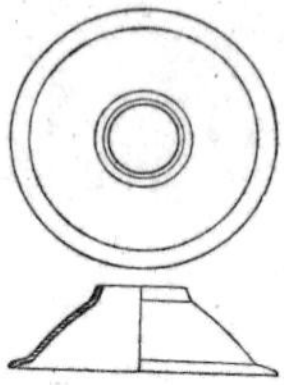

图 294　铜喇叭形饰

陶器有鬲、鼎。

鬲：皆绳纹灰陶。2：26，宽平口沿，浅腹，档较平。高 11.2 厘米、口径 14.2 厘米（见图 295）。3：10，宽沿，矮裆。高 11.2 厘米、径 13.8 厘米（见图 295）。

鼎：3：41，红衣黑陶，器饰乳钉纹及附加堆纹（见图 296）。

图 295　陶鬲

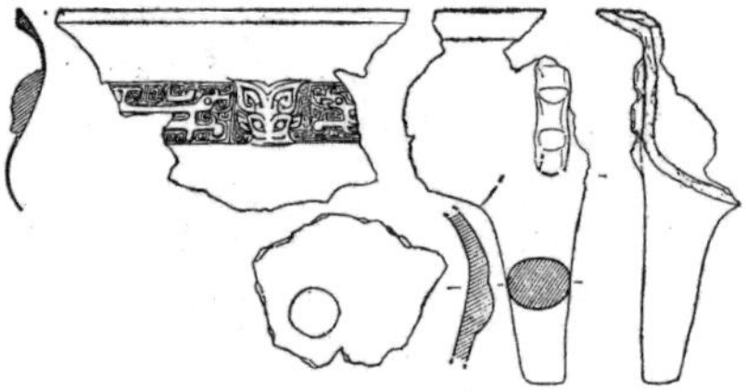

图 296　陶鼎

石器有砺石、锤。

砺石：3：34，梯形，截面长方形，一端钻一圆孔，长 12.6 厘米、宽 2.4 ~3.1 厘米、厚 0.7 厘米（见图 297）。2：21，长条形，磨损严重，是长期使用的痕迹。长 15.8 厘米（见图 297）。

石锤：2：28，大理石加工磨制而成。两端细中间粗，中间从两面对钻一圆孔，上有敲砸痕迹。长 11.6 厘米（见图 298）。

玉器有戈、鱼等。

戈：2：19，褐色，援作三角长条形起脊，直内，上有一孔。长 11 厘米（见图 299）。

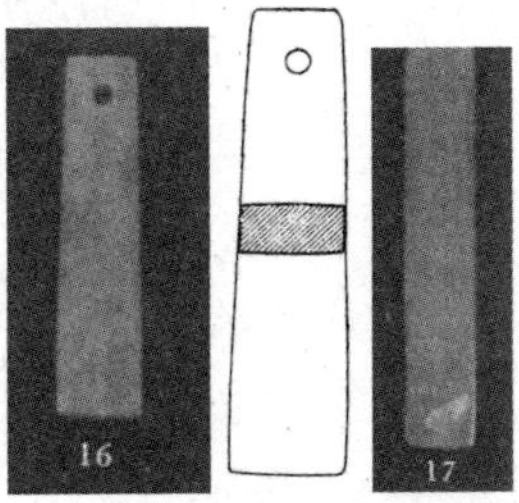

图 297　砺石

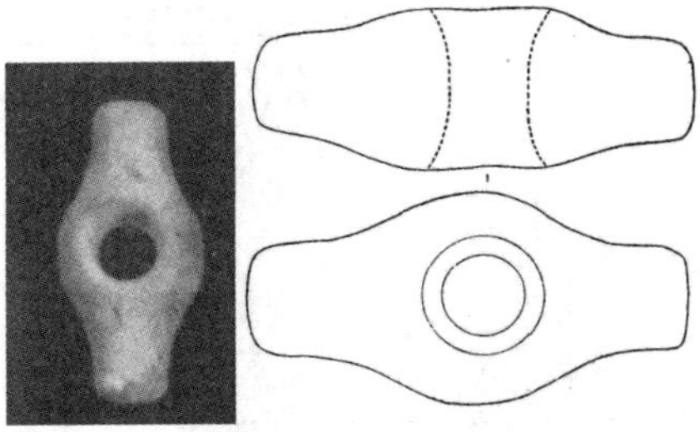

图 298　石锤

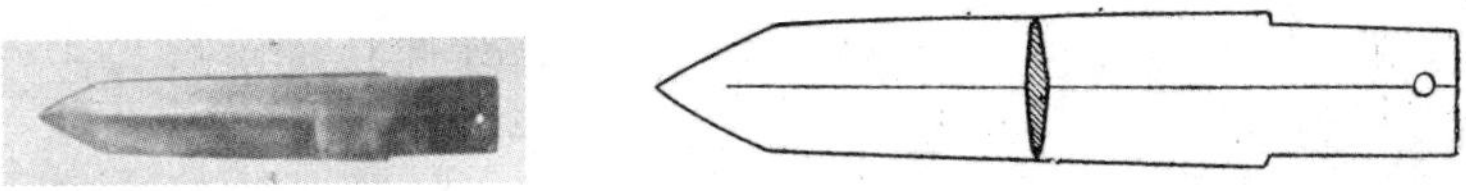

图 299　玉戈

鱼：分两式。

Ⅰ式：3：35，黑色，头部钻一孔，背、腹有鳍，尾部有缺口，象征尾鳍。长 10.8 厘米（见图 300）。

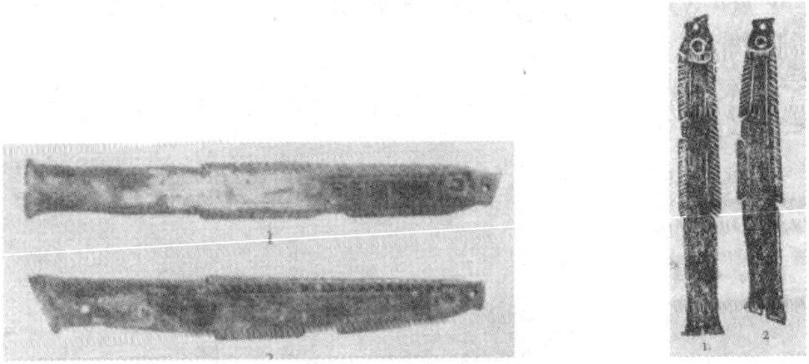

图 300　Ⅰ式玉鱼

Ⅱ式：3：48，灰绿色，腹部两面花纹，有一穿孔。长 3.3 厘米、宽 2.4 厘米（见图 301）。

鳙：2：27，头如蚱蜢，背平直，腹下鼓，尾部尖锐。头部有一圆孔。长 7.7 厘米（见图 302）。

蝉：3：47，墨绿色，扁平略呈方形，似蝉，头顶穿一孔，长 2.3 厘米、宽 2.4 厘米（见图 303）。

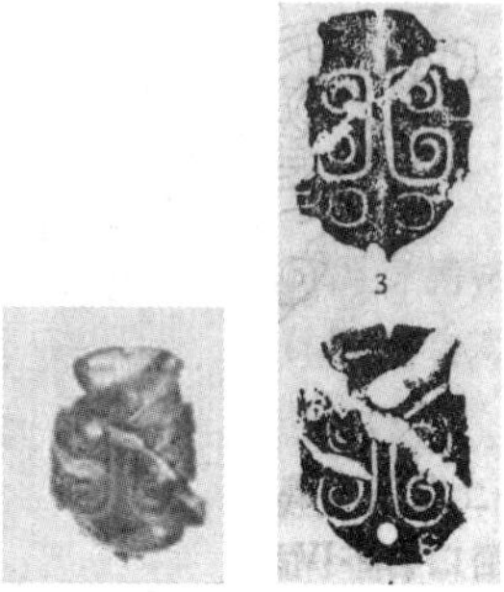

图 301　Ⅱ式玉鱼

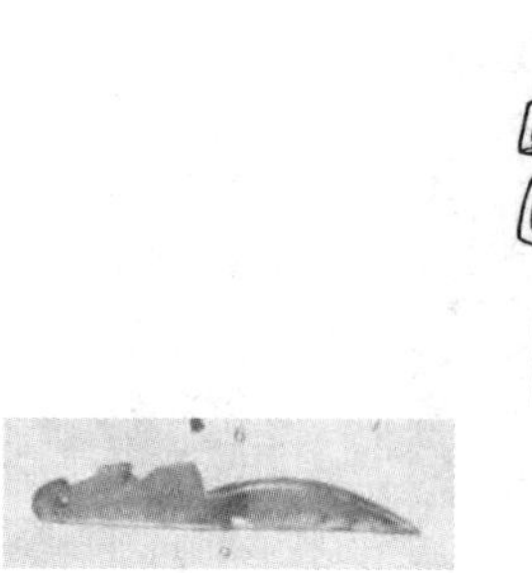

图 302　玉觿

柄形饰：3：49，碧玉，绿色，在墓主人嘴部与腰部各发现一小碎片（见图 304）。

图 303　玉蝉

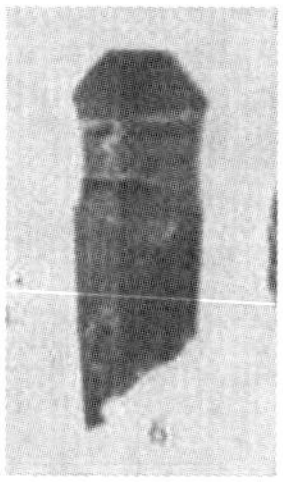

图 304　玉柄形饰

器把：2：57，近长方形，束腰，一端有长方形銎。长 3.3 厘米（见图 305）。

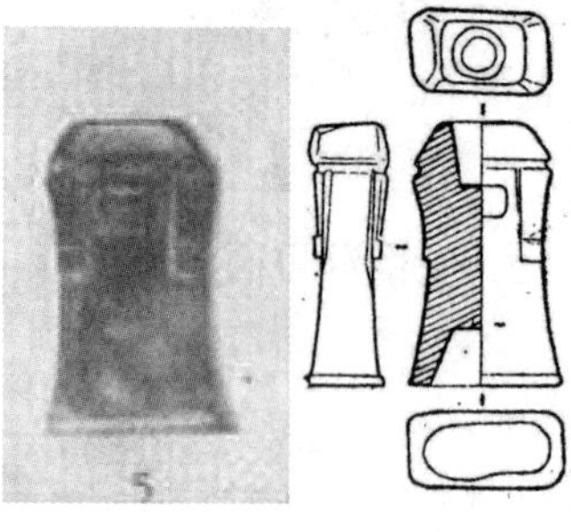

图 305　玉器把

小系璧：M1 出土，外径 2.6 厘米（见图 306）。

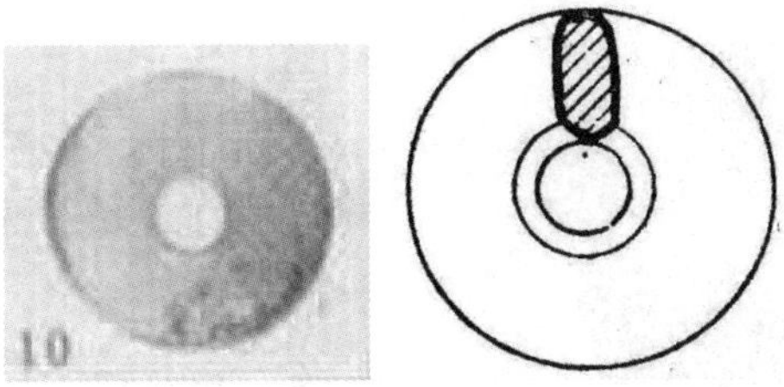

图 306　玉璧

象牙器：梳子 2：58，梳把阴刻饕餮纹，并有极细的梳齿残痕（见图 307）。

觿：2：59，象头作把，下尖锐，残长 0.7 厘米（见图 308）。

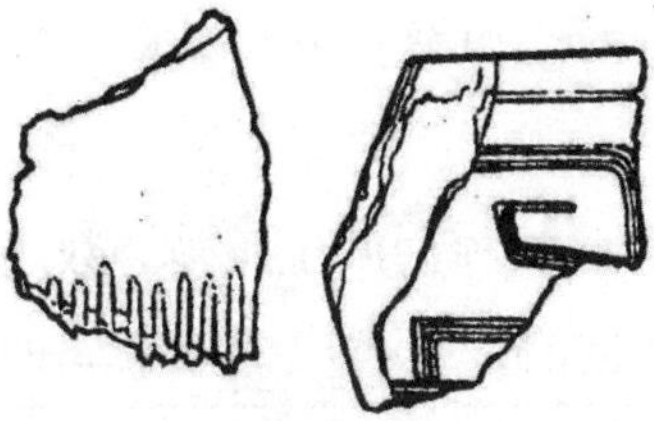

图 307　象牙梳

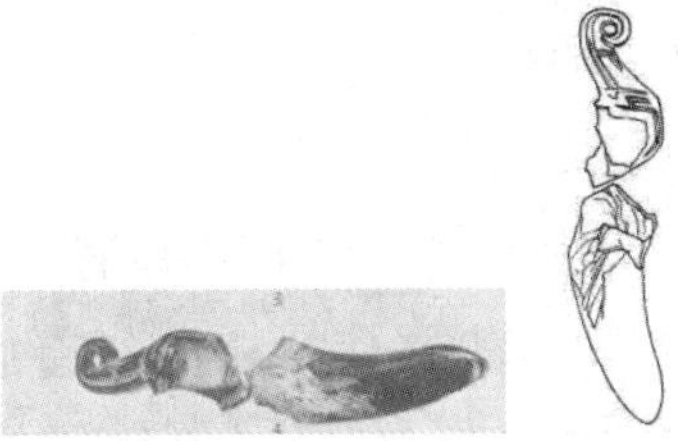

图 308　象牙觿

角器：角镳 3：15，依鹿角原形制作，上有三方孔。长 9～11 厘米（见图 309）。

贝饰：背部均磨透一孔（见图 310）。

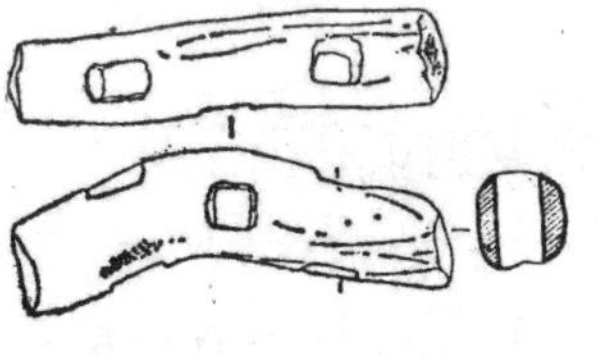

图 309　角镳

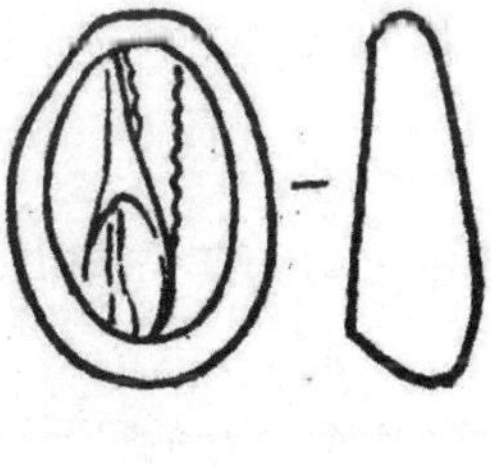

图 310　贝饰

还发现了数量不少的卜甲、卜骨（见图 311）。

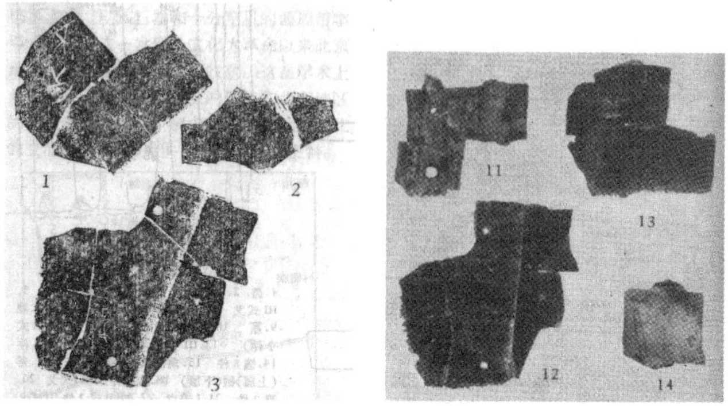

图 311　刻辞卜甲拓片和甲骨片

M2 在人骨的左上方发现数十片残碎卜甲，既有腹甲，也有指甲。契刻文字两小片，有“贞”“不止”刻辞。甲片均经过修磨，为方凿，不同于殷代圆凿。

M3 在椁室右侧中部出龟背、腹甲，已被椁内淤土压碎。数量比 M2 多，约在百片以上。卜甲的背面都经过整治，即凿成方形平底的浅槽。凿孔排列十分整齐，并有灼痕。契刻文字字型较小，颇具商代晚期甲骨文的风格。例如，一片刻“其祀”二字，一片刻“其尚上下韦驭”。

在椁室左侧中部出大量卜骨，经鉴定有牛、羊等肩胛骨，皆已腐朽残碎，背面有钻痕及灼痕。卜骨上尚未发现刻字。卜骨中也夹杂着卜甲残片。

甲骨从钻凿的式样、文字的风格以及共存遗物的特点来看，应为西周早期的占卜工具。

三、对出土器物的研究

三座保存基本完好的西周木椁墓结构类同，均为长方形土坑竖穴木椁墓，出土了数百件青铜器、陶器、玉器、石器和十分罕见的西周带字残片，并据此判断该墓年代为西周早期①。齐心先生对龙山墓群出土的

① 北京文物管理处：《北京地区的又一重要考古收获——昌平白浮西周木椁墓的新启示》，《考古》1976 年第 4 期。

一批卜骨、甲骨做了研究，指出其中在M2的人骨左上方发现数十片残碎卜甲，但刻字的仅两片：一片刻“贞”，即占卜，另一片刻“不止”。卜甲均经修磨，为方凿。M3在椁室右侧出土龟背、腹甲，残片数量在百片以上，其中两片有字，一片刻“其祀”，一片刻“其尚上下韦驭”。内容与占卜祭祀和赏赐有关。在椁室左侧发现有牛、羊等肩胛骨，皆已腐朽残碎，文字难以辨认，但可以明显看出是烧炙过的卜骨①。连劭名对龙山墓群M3出土的西周甲骨刻辞“其尚上下，韦驭”进行了考释，指出刻辞中“尚”读为“当”，有“中”“正”“主”之意，“上”即“帝”，如天地，是万物之宗。“驭”同“御”，“韦”是卜人之名。他还指出此刻辞虽仅一条，但保存完整，是研究古代占卜及思想意识的重要资料②。李维明对龙山墓群葬俗、采集标本的C^{14}测定数据及出土器物进行了分析，指出其M2、M3的年代最晚可定为西周中期，M1的时代可能稍早。并根据葬俗分析了墓葬的文化性质，指出该墓地兼有中原地区的腰坑、殉狗、随葬青铜兵器等商文化因素，及陶鬲、铜礼器、卜甲等西周文化因素，也有三銎刀等晋陕文化及短剑等周邻地区文化因素的北方地区青铜文化因素，还有白膏泥封墓等南方地区文化因素，其中西周文化因素为主导，商文化因素从属，北方地区青铜文化因素突出，但居陪衬地位，南方地区青铜文化因素更少。还进一步对墓葬的族属进行了讨论，指出其为姬周族遗存的可能性远大于其他族属，是统兵镇守周司部分边疆的一处贵族家族墓地③。齐心先生研究了龙山墓群出土的6件玉器，认为其中玉鱼3件、玉蝉1件、玉璧1件、玉觿1件，都是商周时期常见器形④。苏天钧介绍了松园墓葬，指出墓葬出土的陶器与唐山贾各庄出土的战国铜器有很多类似的地方，据此判断，墓葬年代

---

① 齐心：《北京古代非纸质带字文物发现与研究》，《北京历史文化论丛》（第一辑），北京燕山出版社，2008年。

② 连劭名：《昌平白浮所出西周甲骨刻辞考释》，《北京文博》2005年第2期。

③ 李维明：《北京昌平白浮墓地分析》，《北京文博》2000年第3期。

④ 齐心：《北京先秦玉器文化初探》，《北京历史文化论丛》（第三辑），北京燕山出版社，2009年。

应属战国初期[①]。北京市文物工作队对半截塔村的2座东周墓出过报告[②]。苏天钧先生研究十三陵水库战国墓，指出该处墓葬皆为土坑墓。出土器物较简单，数量较少，器形粗糙。推测为劳动者的墓葬区[③]。

1. 西周早期说

发掘者从墓中所出铜鼎、簋等与琉璃河54号墓、沣西张家坡178号墓所出同类器相似，绳纹陶鬲与琉璃河54号墓陶鬲形制相同，结合其他随葬器物，认为该墓年代应属西周早期。同时认为戈、戟铭文“丌”是否为周初燕侯在昌平一带活动的氏族族徽尚待研究。

北京大学历史系碳14实验室对木椁进行液体闪烁法碳14测定，年代为公元BCA3070±90年[④]。

2. 西周中期说

张长寿先生指出，白浮M2、M3出土的仿铜陶鬲，形制与陕西长安普渡村西周中期长由墓一致，故其年代应改定为西周中期[⑤]。

林沄[⑥]、杨建华[⑦]先生亦认为该墓年代应断在西周中期或更晚为宜。

朱凤瀚先生认为M3年代为成康之时，M2年代为中期偏早的穆王之时[⑧]。

柴晓明先生认为该墓出土的青铜礼器如垂腹圆鼎、带盖簋、瘦高形体贯耳壶以及器形扁矮、分裆不显、裆底近平的陶鬲，具有西周中期的特点，年代相当于西周穆王时期[⑨]。

---

① 苏天钧：《北京昌平区松园村战国墓葬发掘记略》，《文物》1959年第9期。

② 北京市文物工作队：《北京昌平半截塔村东周和两汉墓》，《考古》1963年第3期。

③ 苏天钧：《十年来北京市所发现的重要古代墓葬和遗址》，《考古》1959年第3期。

④ 北京大学历史系考古专业碳14实验室：《液体闪烁法碳14年代测定工作初步报告》，《文物》1976年12期。

⑤ 张长寿：《西周墓葬的分区研究》，《新中国的考古发现和研究》，文物出版社，1984年5月，第261页。

⑥ 林沄：《早期北方系青铜器的几个年代问题》，《内蒙古文物考古文集》第一辑，中国大百科全书出版社，1994年8月。

⑦ 杨建华：《燕山南北商周之际青铜器遗存的分群研究》，《考古学报》2002年2期。

⑧ 朱凤瀚：《古代中国青铜器》，南开大学出版社，1995年6月。

⑨ 柴晓明：《论西周时期的燕国文化遗存》，《北京建城3040年暨燕文明国际学术研讨会会议专辑》，北京燕山出版社，1997年3月。

李维明先生通过对白浮墓地葬俗、碳 14 测定数据及出土器物进行分析，指出 M2、M3 的年代最晚可定西周中期，M1 的年代可能稍早[①]。

韩建业先生将白浮墓葬归属于北京先秦文化遗存总分期中的第七阶段第十期；文化性质归属于西周早中期的燕文化[②]。

不同的文化因素

所出青铜器主要包含两种不同的文化因素。

铜礼器中的鼎、簋、壶以及车马器中的当卢、铜泡等，形制与中原西周文化以及琉璃河西周墓中的同类器物基本相同，体现的是中原西周文化因素的特点。

兵器中鹰首剑、马首剑、鹰首刀、羚首匕、蘑菇首双齿格等直刃匕首式青铜短剑，管銎戈，以及青铜工具的銎斧、三銎刀等，具有强烈的北方草原青铜文化的特征。

这体现出中原青铜文化与北方青铜文化在北京地区相互影响的痕迹。

对墓主人及所属国的推测

发掘者认为白浮所在地区和琉璃河均属周初燕国封地，随葬器物的特征基本一致，故与琉璃河西周墓地一样，同属于燕国墓葬。从它的木椁结构和随葬器物来看，墓主人可能为有着较高社会地位的贵族。

邹衡先生以其出有带北方草原文化色彩的鹰首、马首、蘑菇首短剑、羚首刀等，将其归于北方草原文化[③]。

张长寿先生则认为其北方草原文化只限于某些青铜兵器，其他方面与中原地区的西周墓葬完全没有区别[④]。

陈平先生认为白浮墓“极有可能是周初被迫自蓟丘北徙的曩侯或曩

---

① 李维明：《北京昌平白浮墓地分析》，《北京文博》2000 年 3 期。

② 韩建业：《北京先秦考古》，文物出版社，2011 年 1 月，第 43、44、116 页。

③ 邹衡：《商周考古》，文物出版社，1979 年 1 月，第 155 ~ 158 页。

④ 张长寿：《西周墓葬的分区研究》，《新中国的考古发现和研究》，文物出版社，1984 年 5 月。

国公族成员之墓”①。

徐自强先生指出，白浮墓主人这样的国朝武将坐镇昌平一带，显示出北京地区等地已被燕国所有，曾被分封于此的蓟国可能已灭亡。从而燕都之中心，可能已逐渐开始北移。认为该墓主人族（国）属召公之燕国。同时指出，用甲骨占卜吉凶是当时人们意识形态的表现，占卜的掌握者和甲骨的刻写者都只有较高的统治者才有可能。白浮墓甲骨的发现，证明墓主人地位不一般②。

韩嘉谷先生根据白浮墓的“丌”字铭文铜戈和“其祀”“其上下韦驭”等卜辞，以及具有北方青铜文化特征的兵器，认为此处极可能是其族首领的墓地③。

陈光先生从墓葬出土器物及埋葬习俗的分析入手，认为墓主的着装和佩带的兵器遵循着本民族的习惯，而使用的青铜礼器和埋葬习俗已纳入西周燕国的轨道，推测墓主人为臣属于西周燕国的异族首领之一④。

李维明先生指出墓葬的文化性质属于姬族遗存的可能性远大于其他族属，是统兵镇守周燕北部分边疆的一处贵族家族墓地⑤。

董新林先生将其归入张家园上层文化范围⑥。

杨建华先生通过比较白浮墓与琉璃河Ⅱ区墓的相似性，认为墓葬主人应是燕国的贵族，指出“两者更大的区别是白浮墓还葬有成批的具有北方风格的工具和兵器。从地理位置看，其比较靠北，接受了较多的北方文化”。并指出白浮墓所出管銎戈、管銎钺等是中原式戈、钺和北方因素的融合体⑦。

---

① 陈平：《“先燕文化”与“周初燕文化”雏议》，《北京文博》1995 年 1 期。

② 徐自强：《关于北京先秦史的几个问题》，《燕文化研究论文集》，中国社会科学出版社，1995 年 7 月。

③ 韩嘉谷：《燕国境内诸考古文化的族属探索》，《北京建城 3040 年暨燕文明国际学术研讨会会议专辑》，北京燕山出版社，1997 年 3 月。

④ 陈光：《西周燕国文化初论》，《中国考古学的跨世纪反思》，商务印书馆（香港）有限公司，1999 年。

⑤ 李维明：《北京昌平白浮墓地分析》，《北京文博》2000 年 3 期。

⑥ 董新林：《魏营子文化初步研究》，《考古学报》2000 年 1 期。

⑦ 杨建华：《燕山南北商周之际青铜器遗存的分群研究》，《考古学报》2002 年 2 期。

靳枫毅、郁金城先生根据3座墓葬的形制、墓向、棺椁结构、死者头向和葬式的特点，以及所随葬青铜礼器的组合——一鼎一簋或三鼎二簋的礼制特点，所出卜甲的刻辞特点，特别是随葬日常生活用器陶鬲的形制特点，皆属正宗的西周文化传统，认为“虽然这里面包含有一部分北方草原青铜文化的因素，或还有个别的殷遗文化因素，但这些次要因素都不能掩盖或冲淡、更不能改变对该墓地主导文化因素——姬匽文化性质的认定。因此，白浮村墓葬应是西周早中期阶段姬匽贵胄的宗族墓葬。这其中的部分北方青铜文化因素和个别殷遗文化因素，当是姬匽文化在同北方青铜文化和殷遗文化接触过程中，发生文化交流，并有所兼容和吸纳的结果。其方式，或为战利品，或为馈赠品，或为交换物等。这在北京地区是自古常见的文化现象”①。

乌恩岳斯图先生指出，白浮墓葬的各式短剑、管銎斧、管銎戈、盔、乳钉纹条形刀、鸟首刀、镜形饰等，都是北方草原地带流行的北方系青铜器。特别是短剑、刀柄端装饰的鸟首及铃形装饰，具有浓厚的北方草原气息。这种情况与琉璃河燕国贵族墓葬的区别是显而易见的。同时白浮墓地位于北京市西北部的龙山脚下，已属山区，距琉璃河这一燕国的统治中心有一段距离。燕国尚未完全控制这一地区，应该这一带仍属于张家园上层文化的分布区。墓内出土的中原系统的随葬品，说明张家园上层文化的居民，尤其是上层贵族阶层与燕国的关系已十分密切，或许已经接受了燕国的政治统治。认为白浮墓地划归张家园上层文化是可行的②。

韩金秋先生从微观和宏观两个角度对白浮墓葬进行了分析与比较，指出“白浮墓作为北方文化的墓葬，礼制方面完全是中原的，而在服饰和兵器方面还保留着本民族传统，体现出文化面貌的两面性，说明中原

① 靳枫毅、郁金城：《北京地区出土青铜器概论》，《北京文博》2002年2期。

② 乌恩岳斯图：《北方草原考古学文化研究——青铜时代至早期铁器时代》，科学出版社，2007年1月，第254、269页。

文化对北方文化高级贵族的影响以礼制的输出为主”[①]。

蒋刚先生认为白浮墓随葬数量较多的兵器，表明墓主人很可能是对外进行武力扩张的燕国贵族。同时指出，墓葬中管銎斧、兽首剑、菌首剑、啄戈、铃首匕等北方系青铜兵器的随葬，表明燕国在向北进行文化扩张时曾与诸北方青铜文化发生过激烈的争夺，燕国贵族还吸收了杀伤力较强的北方系青铜兵器[②]。

韩建业先生指出，白浮墓“除多见北方系青铜武器外，其他方面从南北向的长方形竖穴土坑，木椁形态，椁室和墓坑间填以白膏泥现象，墓底腰坑及殉狗习俗，到随葬的陶联裆鬲、玉器、有字甲骨以及鼎、簋、壶、戈、戟、锛、凿等青铜礼器、兵器和工具都和琉璃河西周燕文化墓葬基本相同，尤其与Ⅰ区墓葬更为近似，应当是商遗民性质的燕国贵族墓葬，属燕文化范畴。蘑菇首剑、鹰首剑、马首剑、羚首削刀、鹰首削刀、三銎条形刀、管銎戈、管銎斧、盔等北方系的青铜武器和工具，却基本不见于琉璃河，这大概是由于其临近北京山区，易与北方民族发生碰撞，有较多北方文化因素进入的缘故”。并指出，“作为女性墓葬的M2竟然随葬较多青铜武器值得注意，这和一般女性墓葬不随葬武器的情况有所不同，或为殷商贵族的传统习俗，很可能与其生前带兵有关”。同时，白浮墓葬有较多北方系的青铜刀、剑等，尤其刀主要为肢解切割牲肉之用，暗示北京北部山区可能属于畜牧经济[③]。

夏连保先生经大量考研后提出了更加鲜明的观点，他认为该三座墓葬的时代应当为晚商时期的“其国”墓葬，因为在该墓葬中，出土有两批甲骨，其中M3墓葬的椁室右侧中部，出土刻有文字的甲骨3片，分别刻有“其祀”“其尚上下韦驭”和“史告”等字。在这三片刻有文

---

① 韩金秋：《白浮墓葬的微观分析与宏观比较》，《边疆考古研究》第7辑，科学出版社，2008年12月。

② 蒋刚：《冀西北、京津唐地区夏商西周北方青铜文化的演进》，《考古学报》2010年4期。

③ 韩建业：《北京先秦考古》，文物出版社，2011年1月，第127、210、250页。

字的卜辞中，“其尚”可释为“其享”，与“其祀”的意义相近，准确无误地表明该墓墓主为其国贵族的身份。

他指出：在昌平白浮墓地中出土的兵器中，有两件分别铸有“丌”和“亓”族徽的戟。根据我国著名的汉语学家王力先生的研究，“丌”字的读音与“其”相同，都属于见母之部字①。而“丌”就是“其”字的下半部分，可以理解为“其”字的简写。依此推知，另一个戟上的“亓”字，读音也当与“丌”相同。这两件带有族徽的兵器，与带有“其”字的卜甲在同一个墓中出现，可知其国国名与族徽的读音也完全相同，更加证明了白浮墓的墓主，就是“其”国的君主或贵族。尤其是昌平白浮墓葬中，“其卜辞”与带有“丌”“亓”铭文的兵器同出于一墓，可见这几个方国名称虽然写法不同，但其实就是同一个方国。“𠀠”（亓）、“㠱”“其”“丌”，只不过是这个方国在不同时期的几种不同写法而已。白浮墓地，正是其国墓地。

他还推论说：如果这一结论没有错误，就可以大致勾勒出这个其国在商代的大致情形：在武丁时期，这个方国写作“𠀠”，当时这个𠀠国并没有完全臣服于商，所以被商人称为“𠀠方”，被视为敌对之国。而到晚商的帝乙、帝辛时期，这个方国已经完全臣服于商王的统治，变成了商的属国，因而在名称上也被改成了㠱，后来又有“其”或“丌”“亓”等不同写法。虽然在书写上不同，但其读音始终都没有改变。由此也可以推定，上述所列举的“基亚”，“㠱亚矢”“其亚矢”“其𠀠”四个金文族徽，也都是其国部族的族徽。

他还论证道：武王伐纣后，推翻了商王朝的统治，建立了西周王朝。而其国恰恰由于种种原因大约在武丁之后，逐渐不再与商王朝为敌，变成了商王朝的附属国。那时在今天的燕山一带到北京腹地，活动着几个不同的族群或方国，如肃慎、燕亳、㠱、孤竹、山戎、令支、东胡等，而只有郾燕与㠱（或𠀠、其、丌、亓）在这些部族或方国中实

① 郭锡良：《汉字古音手册》，北京大学出版社，1986年，第67页。

力最为雄厚，而且立国于北京腹地之内。所以，武王在克殷之后，不能不考虑其国的政治势力与影响，首先对其进行褒封。从这一点来看，后人在地理分野时把箕宿与古曩国的地理位置相对应，也应当不是偶然的现象①。当时在北京以东的孤竹国，也是殷商的附属国。据文献记载，当周武王伐纣之时，伯夷、叔齐这二位逃到周国的孤竹国君的两个儿子，就曾叩马谏阻。武王灭商后，他们耻食周粟，采薇而食，饿死于首阳山②。可见当时的方国，对周武王伐纣的态度，并不都是完全支持的。周人由一个西方小国入主中原，立国未稳，周武王出于政治目的，需要“内弭父兄，外抚诸侯”，不得不对远方的方国进行安抚，而褒封无疑在政治上是一种最有效的安抚手段。其（曩）国既已立国于北京腹地，周武王要承认这个方国的存在，又不愿意接受它原来作为商王朝附属国的名称，所以也就只能利用过去的成法——同声假借的方法为它重新起一个名字，于是其国便又被写成了蓟国。是则蓟之得名，本源于早在商代就一直存在于北京腹地的古其国之名也。③

四、相关结论和意义

昌平龙山墓葬出土器物代表着昌平区域西周早中期的遗存，绝对年代为公元前1050年至前850年。这三座墓出土的600余件青铜、陶器、玉器、石器、甲骨等有些属于随葬器物，有些属于礼器、兵器和工具，特别是出土了有字甲骨，这是北京地区首次在墓葬中发现的有字甲骨，填补了北京地区出土器物无甲骨的空白；另外出土的青铜礼器及带有文字的青铜兵器，在北京地区也是一项非常有意义的发现，从铜戈上的铭

---

① 《史记·天官书》：“尾、箕，幽州。”《汉书·地理志》：“燕地，尾箕之分野。”而在殷商卜辞中，已有“于新其北，□南弗悔”（《怀特氏等收藏甲骨文集》1460）的记载。据学者研究，该卜辞中的“其”，指的就是“箕宿”，箕宿是二十八星宿东官苍龙之第七宿，由四星组成，状如簸箕，故名箕宿。

② 见《吕氏春秋·诚廉》《史记·伯夷列传》及《论语·公冶长》等记载。

③ 《北京文博》2014第四辑，《蓟国源流考——从蓟丘得名说起》，北京燕山出版社，第10页。

文以及甲骨上的“其示”“其上下韦陀”等文字来看，墓主人一定和“古其国”或“蓟国”有必然的联系；再者，墓葬中出土的蘑菇首剑、鹰首剑、羚首削刀、鹰首削刀等也为研究北方军事、文化因素进入中原一带提供了大量的实物证明。

总之，龙山墓群的发现、发掘和研究，充分说明了这一区域远在商周时期就已经是古代北京圈里一处重要的人类活动地区，我们有理由相信，随着考古工作的进一步发展，或许由此可以打开一扇破解北京古代燕蓟关系之谜的大门。

第四章　昌平故城——北京汉代聚落和城市的典范

东汉学者班固在其《汉书·地理志》中写到：汉武帝时期幽州内有上谷郡和渔阳郡（其他郡略），均为秦置，上谷郡辖境内有居庸、军都、昌平县（其他县略），渔阳郡辖境内有平谷县（其他县略）。

在今天北京市的版图上，昌平和平谷这两个县的名字仍然照旧沿用，使其成为今日北京仅存的汉代聚落和城市。但是与汉代平谷县可以确证在今天平谷城区附近的情况不同，有学者对汉代昌平县的确切位置仍然存在较大的争议：一部分认为是在今昌平区沙河镇辛力屯村附近；另一部分认为在今河北省阳原县境内。两种不同的观点均源于对历代“古籍”记述的不同解读。因此，今天对昌平地区的汉代考古和对古籍的追根溯源就显得尤为重要了。

一、对汉代墓葬的发掘和分析

20 世纪 50 年代至今，考古工作者在昌平地区的文物调查以及配合基本建设开展的考古工作中，陆续发现了大量的汉代墓葬，其中 120 余座墓葬得到科学的考古发掘，另有多处汉代墓葬群曾陆续零散出土过若干汉代文物。

1. 白浮汉墓

白浮村位于昌平城区的南部，村东北约两公里为“白浮泉公园”，有着北京“母亲泉”之称的白浮泉即在此处。1959 年至 1960 年期间，为配合京密引水渠修建工程，当时的北京文物工作队在白浮村北部进行了考古勘探，探明古代墓葬73座，其中的51座为汉代墓葬（发掘简报公布为46座，未将5座瓮棺葬墓计入内）。

白浮村北发现的汉代墓葬规模都不大，为中小型汉墓，以墓葬的平面形状和构造材质为标准，白浮汉墓可以分为土坑竖穴墓、砖室墓和瓮棺葬墓三个类别，其中土坑竖穴墓数量最多，有36座，其次为砖室墓，10座，瓮棺葬墓仅有5座。所有的墓葬大致均为南北方向，人骨架的头向向北，由于地下水位较浅，多数墓葬里埋葬的棺椁葬具和人骨架都已腐朽。

苏天钧在《北京昌平白浮村汉、唐、元墓葬发掘》[①] 介绍了白浮汉墓的发掘情况，共清理发掘汉墓46座，多为中小型墓，分为土坑竖穴墓、砖室墓、瓮棺墓三种，随葬品以陶器为主，有少量铜器、钱币及带钩、封泥等，对随葬陶器壶、鼎、盒、罐、瓮等进了分型分式，从墓葬形制、出土器物和与北京地区其他汉墓的比较，对这批汉墓进行了分期，分为西汉初期、西汉中期和新莽前后三个时期。

2. 半截塔汉墓

半截塔村位于昌平城区东南约18公里处，地属东小口镇。村子的南部有一处高台地，台地南端现存有金代建造的一座砖塔，塔身上半已倒塌，仅存半身，半截塔村即因此景得名。1960年，北京市文物工作队在该村进行文物调查时，在村子南部勘探出24座古代墓葬。

昌平半截塔两汉墓葬共发掘墓葬20余座，其中16座西汉墓，皆为长方形土坑竖穴墓，东汉墓6座，皆为长方形砖室墓。苏天钧先生《北京昌平半截塔村东周和两汉墓》[②] 根据出土器物对墓葬进行断代，认为发掘的西汉墓葬可分为两种，出高领灰陶罐的与北京白浮、史家桥、怀柔等地西汉早期的土坑竖穴墓相似，年代应是西汉早期；出土鼎、罐、壶和鼎、盆、壶的墓葬与怀柔、白浮的西汉中期的土坑竖穴墓和并葬墓

---

① 《考古》1963年第3期。

② 《考古》1963年第3期。

相同，年代当是西汉中期。6 座砖室墓，由出土的陶器看，应该是东汉较晚的墓葬。

3．史家桥汉墓

1960 年，北京市文物工作队在昌平区阳坊镇东二里许，北沙河（旧作双塔河）的西岸史家桥村，勘探出 52 座墓葬，发掘了其中的 48 座，多为汉代的小型土坑墓，仅 1 座砖室墓，2 座瓮棺葬墓。据调查，史家桥汉代墓葬区总体埋藏面积约 15 万平方米。

1960 年发掘的汉代墓地，总体分布于南北长约 100 米、东西宽约 65 米的范围内，墓葬多数集中于北部和东部，西南角是一个空白区。多数墓葬的方向近似正南北方向，只有 11 座墓葬为东西向，东西向的墓葬错落于南北向的墓葬之间，看不出特别的分布规律。这批汉墓中包含 45 座土坑竖穴墓、2 座瓮棺葬和 1 座砖室墓，除了砖室墓的年代为东汉之外，其余 47 座墓葬都是西汉时代的。

昌平史家桥汉墓共发掘墓葬 48 座，多系汉代的小型土坑墓，仅一座砖室墓，两座瓮棺葬。按墓葬形制分土坑竖穴墓、刀形墓和同坟异穴墓三种。喻震先生《北京昌平史家桥汉墓发掘》[①] 根据墓葬形制、随葬陶器和陶器的组合关系与怀柔城北、昌平白浮等处发掘的汉代墓葬比较，将这批墓的年代定为西汉初期至东汉早期，具体可分三期：第一期为西汉初期，第二期为西汉中期，第三期属新莽时代。

4．沙河汉墓

2010 年春季，为配合昌平区沙河镇规划北区基本建设工程，北京市文物研究所与昌平区文化委员会联合在工程占地地块范围内开展了考古勘探和发掘工作，清理各个时期的墓葬 128 座。北京市文物研究所发掘了沙河镇汉墓，发现 3 座汉墓均为甲字形砖室墓，出土有陶狗、陶灶、陶鸡，铜勺、铜镜、铜簪，红陶罐等[②]。《北京文物地图集》中对

① 《考古》1963 年第 3 期。

② 北京市文物研究所：《北京市昌平区沙河镇规划北区 6—2#地块考古发掘完工报告》，宋大川主编《北京考古工作报告（2000—2009）》（密云卷、怀柔卷、昌平卷），上海古籍出版社，2011 年。

昌平区文物普查中发现的汉墓群有专门的介绍[①]。

5. 张营汉墓

张营汉墓分布在昌平区南邵镇张营村东的张营遗址上，作为燕山南麓地区早期青铜文化的著名遗址，在这里发掘东汉墓葬一座，为绳纹砖砌成的长方形刀形单室墓，出土陶器分为实用器和模型类冥器两大类，出土的1枚货泉属王莽时期。出土的五铢钱中，部分属于西汉五铢，大多数属于东汉早期五铢。郭京宁先生认为从随葬器物组合考虑，该墓年代不会早于东汉初期，应在东汉初年到东汉中期[②]。

文物工作者还在昌平区境内的多个区域发现过汉代文物和墓葬群，包括南邵镇埋藏面积约7平方公里的墓群，曾经出土过战国铜兵器、汉代彩绘陶鼎、陶壶等文物，崔村镇九里山西麓的九兰猪场，也曾出土汉代陶鼎、陶豆，沙河镇的于辛庄村曾发现过多座汉代土坑竖穴墓和砖室墓的残迹，其他还有兴寿镇的半壁店村、沙河镇的小沙河村、百善镇的半壁街村、城南街道的邓庄村等地，都存在埋藏面积21万平方米至100万平方米不等的汉代文物埋藏区，先后出土过大量的汉代文物。还发掘了北郝庄古代墓葬，其中汉墓2座，一为刀把形砖室墓，一为甲字形汉墓，破坏严重，基本无随葬品[③]。昌平地区大量的汉墓出现，引起了北京考古界的重视。

昌平区发现的汉墓，大致可分为三类：瓮棺墓、土坑墓和砖室墓。其中土坑墓和砖室墓比例最大。瓮棺墓是在墓坑内置瓮棺葬具和人骨，北京地区的瓮棺葬多属战国时期燕文化，两汉时期瓮棺葬与战国时期相比并不多。瓮棺墓葬结构较简单，葬具一般为日常生活用器如陶釜、盆、罐等，其中陶釜最为常见。墓葬多葬儿童和幼儿，很少有随葬品。土坑竖穴墓可分为长方形竖穴土坑墓、刀形竖穴土坑墓。长方形竖穴土坑墓一般平面呈长方形，按埋葬形式可分为单人葬、合葬墓和并葬墓三

---

① 北京市文物局编：《北京文物地图集》，科学出版社，2009年。

② 北京市文物研究所：《昌平张营》，文物出版社，2007年。

③ 北京市文物研究所：《昌平京包高速北京段（4标）考古发掘报告》，宋大川主编《北京考古工作报告（2000—2009）》（密云卷、怀柔卷、昌平卷），上海古籍出版社，2011年。

类。刀形竖穴土坑墓是指墓道偏向或紧贴墓室的一侧，这类墓葬数量相对较少。砖石墓多刀形单室墓和甲字形砖室墓，未见多室墓的发表。

墓葬形制上，西汉时期及东汉初期，长方形竖穴土坑墓一直是最为普遍的形式，为平民墓多用。西汉早期，刀形竖穴土坑开始出现，西汉中、晚期数量较多，直到王莽时期和东汉初期还有少量发现。王莽时期至东汉初期，刀形单室砖室墓最为流行。东汉中、晚期，砖室墓的形制、规模得到较大发展。随葬器物上，西汉早期为壶、盒组合，另外这一类墓葬仅出高领罐，这是西汉早期特有的现象。西汉中期、新莽时期以及东汉初期，流行鼎、壶、盒的组合，至于耳杯、盘、魁等食用器，在中小型墓葬中直到新莽时期及东汉初期才开始出现，并盛行于东汉中、晚期。西汉晚期，陶灶、井等建筑类明器开始出现，但数量较少，造型简单，随葬组合多伴有较大的陶罐，并且数量较多，一般为5个左右，东汉早、中期，这类陶罐被陶仓取代。东汉早期的随葬品以仓、灶、井等建筑明器为主，器类组合简单。东汉中期出现饮食器、生活用器以及生产工具等随葬器类，到东汉晚期这四大类冥器即建筑、饮食、生活用器、生产用器等在组合和造型上都表现出纷繁多样的形式。埋葬形式上，西汉时期，各类墓里人骨架一般头向北，葬具多为单棺，单人葬、二人合葬较为流行。东汉时期，由于砖石墓的盛行，合葬墓成为主要形式。西汉中期开始，同坟异穴并葬墓开始出现，直到东汉晚期仍然盛行。

二、对汉代遗址的考证

1. 军都城遗址

军都城址位于昌平城区西南马池口镇土城村，昌平区政府已经把它纳入区级文物保护单位进行保护。2002年至2005年，昌平区文物管理所组织人员多次到该地勘察、测量，在城址和周边的田野发现大量战汉时期的陶片和砖瓦碎块。2007年4月，北京大葆台西汉墓博物馆汉代城址调查课题组也到该处遗址进行了调查，这是最近一次带有学术目的

主动性考察 。古城整座城址范围比较大，几乎将现在的土城村包含于城中，尚有城墙屹立在现地表之上，从断续的残垣分布可以大致了解城墙的规模和布局：城址平面呈长方形，东西长 500 米，南北约 700 米。东城墙保留最为完整，城墙方向为南偏东 40°，地表残存墙体长约 142 米，残高约 2 ~ 7 米，墙体最宽处约 7 米，东城墙中间略偏北现有一处豁口，可以看到城墙夯土断面，夯层厚度 10 ~ 25 厘米不等，该处豁口与村中道路相对，课题组推测它可能是东城墙上城门的位置。

南城墙位于土城村的最南端，地表保存墙体长度约 175 米，最高处高出城内地表约 1. 5 米。西城墙地表保存部分长约 49 米，这段城墙高约 7. 1 米，基部最宽处约 8. 4 米，夯土层不明显，夯土中夹杂有大量的绳纹砖、布纹瓦及绳纹灰陶片，墙体附近地面上也有类似文化遗存。北城墙仅保存长约 3 米的一段城墙，残高 3 米，城墙基部宽约 4 米。

公元前 202 年，刘邦即位汉帝的时候，今天北京地区的实际控制权在燕王手里。这个燕王由于谋反，给了刘邦一个机会，在平定了燕地的叛乱之后，他把燕王这个位子封给了卢绾。然而，七年之后，卢绾也反叛了刘邦。随即引得刘邦派兵讨伐燕地，《史记》记下了这场战争的大致经过：

“燕王卢绾反，（周）勃以相国代樊哙将，击下蓟，得绾大将抵、丞相偃、守径、太尉弱、御史大夫施，屠浑都。”

这段话中的最后一句，“屠浑都”，曾被唐代学者张守节引用了唐朝魏王李泰编著的《括地志》一书中“浑都”这个名词做了解释：“幽州昌平县，本汉浑都县。”也就是说，《史记》里记载被周勃等人屠城的那个“浑都”，就在今天的昌平之地，它也称为“军都”，是西汉上谷郡下辖的一个县级行政单位。

2. 汉代昌平县故城址

其一即是辛力屯村遗址，位于昌平城区东南沙河镇辛力屯村。调查数据表明，此处遗址埋藏面积约 2 平方公里，《光绪昌平州志》记载，“昌平故城在沙河店以东，上下东郭二村之西”，1985 年文物工作者曾经在遗址的北部发掘了 9 座汉代墓葬，清理一条古河道，发现了汉代陶片，至今遗址地表仍可见大量汉代陶片，印证了《光绪昌平州志》的相关记载。可惜的是由于地表农田多年耕翻，未能发现城墙遗迹。目前这处遗址已列为昌平区的文物保护单位。

其二是东燕州故城遗址，位于昌平正东兴寿镇西新城村，亦已列为昌平区的文物保护单位。东燕州为东魏时期建置，唐朝末年废弃。有学者认为这座古城是在更加古老的汉代昌平县城基础上建立起来的。20世纪50年代，东燕州城遗址尚保留有约1.5米高的城墙，墙体均为夯土筑成，废城整体平面呈长方形，东西长350米，南北宽250米。1958年修京密引水渠时，毁掉了城址的北墙。2002年昌平文物管理所曾在此处调查留下了相关资料；2007年北京大葆台博物馆的学者前往调查时，只能看到残存百余米的南墙了。

3. 其他聚落遗址

1958年文物普查的时候，在长陵镇上口村西沟，发现一处汉代遗址，总面积约有1平方公里，遗址内的人类活动遗留下来的文化层堆积厚约0.2米。在这个遗址范围内，曾经陆续出土过汉代的钱币、兵器等文物。据《北京文物地图集》记载，传说上口遗址一带是东汉名将马武屯兵的地方。马武，东汉南阳人，生年不详，为著名的东汉云台二十八将之一。

三、对古籍中昌平建置沿革起点的溯源

有关西汉时期的昌平县究竟在何地，争论由来已久。主要有两种观点，一种观点认为汉昌平县在今昌平境内，另一种观点则认为汉昌平县在今河北省阳原县地。

汉昌平县在今昌平县内之说，源于《汉书·地理志》载：上谷郡，秦置。莽曰朔调。属幽州……县十五。沮阳，莽曰沮阴。泉上，莽曰塞泉。潘，莽曰树武。军都，湿余水东至潞，南入沽。居庸，有关……昌平，莽曰长昌。另杜佑《通典》云：“昌平，汉旧县，故城在今县东南。”（《通典·州郡八》）李泰《括地志》云：“昌平故城在幽州昌平

县东南六十里。”李贤《后汉书·卢芳传》注曰：“昌平，县名，故城在今幽州昌平县东南。”又《后汉书·耿弇传》注云：“昌平，县名，属上谷郡，今幽州县，故城在县东也。”古籍中这最后一条明确说明昌平县属上谷郡，则已明确告知：唐代的学者认为西汉昌平县在今昌平东南。因为只有西汉时昌平县仍属上谷郡，东汉昌平县已改属广阳郡了。

此后论及昌平县沿革，多崇班固、杜佑、李贤之说。如元朝人胡三省注《资治通鉴》云：“贤曰：昌平县，属上谷郡，今天幽州县，故城在县东南。”（《资治通鉴·汉纪三十一》）又云：“昌平县属上谷郡。贤曰：故城在今幽州昌平县东南。”（《资治通鉴·汉纪三十五》）明代学者顾炎武撰《昌平山水记》时亦引章怀太子李贤注，谓：“汉（昌平）故城在今幽州昌平东南，其曰今者，唐县，今所谓旧县也。”（该书半卷上）清朝人李兆洛云：“昌平，西汉县，上谷郡；东汉县，幽州广阳郡；晋县，幽州燕国。今直隶顺天府昌平州东南。”（《历代地理志韵编今释》）。有些官修志书袭其说，如《嘉庆重修一统志》谓：“昌平故城在今州东南，汉置。三国魏文帝拜牵招使持节护鲜卑校尉屯昌平。即此，后魏初省。”（《嘉庆重修一统志·顺天府三·古迹》）《（光绪）昌平州志·土地记篇三上》更将此具体化为“汉、晋至魏初，昌平当在今沙河店以东上、下东郭二村之西，村名东郭，盖因城而得名”。（注：上、下东廓与辛力屯紧邻）。

而今，谭其骧的《中国历史地图集》（第二册）和侯仁之的《北京历史地图集》均将汉昌平标定在昌平县地。北京大学历史系编写的《北京史》和北京市社会科学院曹子西主编的《北京通史·远古至魏晋北朝半卷》亦认为汉昌平县在今昌平县。

由此看来，力主汉昌平在今昌平县者由来已久，并且占主流地位。

持汉昌平在今阳原地之说，多是根据郦道元《水经注·湿余水》中的一段记载。代表人物及其论点如下：

《（乾隆）宣化府志》以“《水经注》去汉不远，其注北条水也，皆据其身所亲历者言之。其昌平也，又以魏人记魏地，故其说最确”。

麻兆庆《昌平外志·地理纰缪考》认为：“惟《水经注》谓：（西汉昌平）在湿水（桑干河）南，谷水北，东安阳县东，桑干县西，今宣化府，西宁县东南，蔚州北之地也。”

近代学者杨守敬认为：“湿水（又作漯水）又东迳昌平县故城北，……此则汉之昌平，至魏当存，故田豫，牵招皆屯此。”（《水经注疏·湿余水》）而对于湿余水畔之昌平县故城，杨氏认为“即晋志昌平所移徙也”“非汉志之故城，汉志之故城在居庸关外”。

另外，当代学者常征、尹钧科等也根据《水经注·湿余水》，认为汉昌平在今河北省阳原县地。这主要见于常征《北京最早的昌平县》和尹钧科《北京历代建置沿革》《两汉昌平新解》《昌平县沿革地理几个问题新见》。

纵观古籍和近现代诸论，“西汉阳原说”的论点起源于《水经注》郦道元：“……五原有本安阳，故此加东也（东安阳）。漯水又东经昌平县，温水注之，水出南坟下，三源俱导，全而南流，东北注漯水。漯水又东经昌平故城北，王莽之长昌也”。这些前辈认为因东安阳属今河北阳原之地，这个昌平县一定是阳原的昌平，而郦道元在此昌平之后加注“王莽之长昌也”，所以一定是特指西汉的昌平。

仅从《水经注》这段字面上分析，“西汉阳原说”应该是能够成立的，但这必须建立在一个重要的前提之下：郦道元在写《水经注》时要确保他“王莽之长昌”引注前的那个昌平确实指的是西汉的那个昌平，而不是北魏后期的那个昌平。为什么这么说呢？

郦道元在《水经注》中，有两段话提到过昌平，其一就是上面提到的这一段，是《水经注》卷十三中的一段，这里的一段话显然是指阳原的昌平。在其后卷十四中，郦氏又提到了昌平：“……湿水出上谷居庸东……又东经蓟城，又东经昌平县故城南……”而这里提到的昌平，一定是指本县昌平。

这表明，郦氏在写《水经注》时，的的确确在历史上同时存在着两个昌平，一个是卷十三中提到的阳原昌平即北魏后期曾更名为昌平的阳原；一个是卷十四中提到的上谷昌平，也就是本县昌平。

据此，我们得出一个大胆的推论：郦道元在写《水经注》时，在卷十三的阳原昌平之后，误引了《汉书》中的“莽曰长昌”，才导致后人对此产生了一系列的误解。

《汉书》是东汉著名学者班固所写，此书早于《水经注》，所言均为东汉之前的事，是历代学者在地理学方面的重要参考书。我们研究《汉书》的重要目的是想在这本书中找到西汉的昌平所在地，且不管这个昌平县是在本县还是在阳原。

在《汉书·地理志》中有这样两段话：

“代郡，秦置。莽曰厌狄……阳原，东安阳，莽曰竟安……”

“上谷郡，秦置。莽曰朔调……军都，温馀水东至路，南入沽。居庸，有关……昌平，莽曰长昌……”

这两段话透露了两个重要信息：其一，西汉时阳原所属代郡，而昌平所属上谷郡，两地所属根本就不是一个郡；其二，西汉时阳原就叫阳原、东安阳，而且莽曰竟安，而上谷郡的昌平就是今天的本县昌平，班固还特意写明是“莽曰长昌”，而在《水经注》中，这个“莽曰长昌”竟然会跑到卷十三昌平（北魏后期的昌平）的后面而成为“工莽之长昌”，如果不是郦道元引注出错，还能是谁的失误呢？

实际上，早有前人对《水经注·湿余水》中有关西汉昌平记述的错误提出过批评。如清人杨笃的《西宁新志》中说：“魏时有故城，郦注证为汉昌平故城，以上谷之旧县入代郡之城中，因之魏郡县之名而误也。故《日下旧闻考》《昌平山水记》皆言汉故县今昌平州，证以《后汉书》寇恂、耿弇传及魏征北将军刘靖碑，其非西宁无疑……府志复坚执郦注，以魏郡为汉县，而后汉昌平已属广阳郡，其说必不可通。遂谓今之西宁能越蔚州诸地，而属京师，缩地录合，愈失愈远矣。”

四、在上谷郡、宣化城和阳原县考察的情况

为考证昌平汉县故城所在地，2015 年 4 月 13 日至 4 月 16 日期间，杨广文、朱华海带领区文脉编辑部和党史办一行到宣化的上谷郡郡址、

宣化城城址和阳原县三地进行考察与当地史志文物部门的专家和学者进行了比较深入的探讨。

在怀来县的上谷郡遗址（也称沮阳故城）旁，当地学者介绍说：怀来县大古城村旧址即是上谷郡遗址，这是在编修《北京历史地图集》时几位老专家（以侯仁之老先生为代表）在现场考察时得出的结论。昌平考察人员关切地问，有没有什么考古发掘得以佐证？得到的回答是到目前还没有勘考的证明。也就是说所谓的“上谷郡遗址”还只是专家勘察现场的一个推断，并没有得到考古发掘的最终验证。

在宣化城内的考察，关注的焦点问题始终围绕着宣府与昌平的关系而展开，当地的学者介绍说：明代宣府作为保卫京师的北部要城与昌平居庸关一带的军事防御有着唇齿相依的关系；关于清乾隆《宣化府志》中昌平源自阳原的记叙多为引自古籍，并无根据为实考的结论；关于“昌平门”与昌平县的关系更是无从可考，也许是取昌盛平安之字义，建“昌平门”时就将这种有吉释之意的名字镶于门头罢了（见图312）。

图312

在阳原县，昌平考察组一行受到了更为热情的接待，泥河湾展览馆特意为此行人员专门开放（参观时间不是开放时间）。在这里考察人员切身感受了阳原远古的历史文化底蕴，由于两地都曾在不同时期用昌平作为县名，所以交流过程格外热烈畅快（见图313）。

据当地史志专家介绍说，他们也曾就阳原是否迁徙昌平进行过深入

图 313

的研讨，但除了一些古籍有过只言片语的引述，并没有发现阳原之昌平与今北京之昌平有任何意义上的关联："两汉时期，阳原县境内无'昌平县'建置，今县地分属桑干县、东安阳县、阳原县三县，南北朝、北魏时期，阳原县境确有昌平郡，下辖昌平县、万年（言）县。《水经注》所记'昌平故城'是北魏时期昌平郡治，位于今阳原县境内，还有遗迹，有可能是昌平这个名字太好了，大家都在用，但此昌平非彼昌平也。"讨论在诙谐、热烈的气氛中久久延伸，两地学者达成共识：要用历史的、发展的眼光对待古籍的记载，在日后的交往中共同探讨、交流历史上两个名为"昌平县"的发掘和发现（见表 6）。

表 6　阳原县历史沿革一览表①

朝代	始置时间	建置名称	治所	上属	下辖
战国至秦	赵惠文王四年（公元前 295 年）	安阳邑	安阳（今开阳）	代郡	
西汉	汉景帝前元年间（公元前 156—前 150 年）	桑干县	桑干域（今龙凤坡村东北）	代郡	
		东安阳县	东安阳（今开阳）		
		阳原县	阳原（今嘴儿图一带）		

① 摘自《阳原县志》河北人民出版社，2011 年 12 月，第 27 ~ 28 页。

续表

朝代	始置时间	建置名称	治所	上属	下辖
东汉	建武二十七年（51年）	桑干县	桑干城（今龙凤坡村东北）	幽州代郡	
		东安阳县	东安阳（今开阳）		
晋		安阳县	安阳（今开阳）	代郡	
三国魏		安阳县	安阳（今开阳）	代郡	
北魏	初	安阳县	同上	代郡	
	后	安阳县	同上	高柳郡	
		昌平县		昌平郡	
隋				东、西分属涿郡怀戎县、雁门郡灵丘县	
唐	初			东、西分属涿郡、雁门郡	
	武德六年后			蔚州灵丘县	
	开元十二年到至德二年（724—757年）	安边县	安边城（今东坊城堡）	蔚州	
	乾元元年至唐末			河东道兴唐府兴唐县	
五代十国				初属晋国蔚州，后属后唐、后晋	
宋				云中府路蔚州	
辽	统和年间	弘州	弘州（今西城）	西京道大同府	永宁县、顺圣县
金		弘州	同上	西京路大同府	襄阴县、顺圣县
元		弘州	同上	中节省大同路	襄阴县、顺圣县

续表

朝代	始置时间	建置名称	治所	上属	下辖
明	洪武年间	顺圣川西城		京师宣府万全都司	
	天顺四年（1460年）	顺圣川西城			
清	康熙三十二年（1693年）	西宁县	西宁（今西城）	直隶省宣化府	
民国	元年	西宁县	西宁（今西城）	直隶省口北道	
	2年	阳原县	西城	直隶省口北道	
	17年	阳原县	西城	察哈尔省	
中华人民共和国	1949—1952年	阳原县	同上	察哈尔省察南专区	
	1952年11月15日	阳原县	同上	河北省张家口专区	
中华人民共和国	1959年9月19日	阳原、蔚县合县	蔚县城	同上	
	1961年5月27日	阳原县	西城	同上	
	1993年6月30日	阳原县	西城	河北省张家口市	

五、相关结论和意义

有汉一代，今昌平属上谷郡地，是古代“中国”的北部。它南承华夏，北接夷狄，是古代中国政治军事格局的关键节点和南北文化交流的重要通道。汉代昌平区域社会的发展，与广阔的中原腹心区域保持着基本一致的步骤。汉代，时跨公元前后四百余年，在今天的昌平境内留下了数量众多、类型丰富的物质文化遗存。考证这一时期的遗址、墓葬，对于解读古籍中疑存的一些问题，诸如汉代昌平县确切位置的严肃问题，有着极为重要的意义。

历年来的文物调查和配合基本建设的考古工作中，文物工作者在昌平境内的城南街道邓庄村、旧县村、百善镇半壁街村、沙河地区辛力屯村、小沙河村、于辛庄村、崔村镇九兰猪场、南邵镇等地区发现大量汉代居住遗址、墓葬埋藏区以及一定数量的汉代文物，这其中就包括汉代城市遗址和一般的小型聚落遗址，数量最多的一类遗存是墓葬，结合已经发表的资料和昌平博物馆库房保存的资料来看，昌平境内发现的汉代墓葬数量接近两百座，是今天北京地区发现的汉代墓葬总数的十分之一。经过科学的考古发掘和对众多出土文物的研究表明，两汉时期的昌平县不光是古代北京汉代聚落和城市的典范，而且的的确确在这一地区发挥过重要的作用。

第五章　陈庄、邓庄辽墓——北京中原文化与草原文化碰撞交融的产物

辽朝是以契丹贵族为主体，联合汉人等建立的封建政权。从辽太祖耶律阿保机称帝时（916年）算起，至天祚帝保大五年（1125年）灭亡，统治时间长达200余年。在此期间，契丹族以强大的武力为后盾，在征服了草原诸部族之后，继续向外扩张，长城以南的汉人农业区成为其主要目标。辽太宗耶律德光于会同元年（938年）取得了幽云十六州之后，“晋复遣赵莹奉表来贺，以幽、蓟、瀛、莫、涿、檀、顺、妫、儒、新、武、应、朔、寰、蔚十六州并图籍来献”①，其版图扩充至“东至于海，西至金山，暨于流沙，北至胪朐河，南至白沟，幅员万里”②。若以《辽史·地理志》的记载为依据，统计出其州县的总户数约为百万，总人口数近五百万。③ 其人口的民族构成，以从事农耕及手工业生产的汉族和渤海族人口最多，契丹、奚族等其他游牧民族的人口比例较小。在这个多民族共同生产、生活，相互交流、日益融合的广大区域内，一同创造了瑰丽多彩、极富特色的社会文化。

一、昌平这一时期的考古发现

辽金元时期昌平的考古遗迹主要有包括城址、墓葬、窖藏等。

---

① ［元］脱脱等撰：《辽史·太宗本纪下》卷4，中华书局，2003年。

② ［元］脱脱等撰：《辽史·地理志一》卷37，中华书局，2003年。

③ 张国庆著：《辽代社会史研究》，中国社会科学出版社，2006年。

城址有昌平县旧县遗址。旧县位置在北京市昌平区西侧的城南街道办事处旧县村，旧县县城为唐代至明代初期的昌平县治所在，城址平面呈长方形，南北400米，东西300米，设4门。遗址处地面上堆积有很厚的唐以后及辽金时期断砖残瓦。

昌平区发现并发掘的辽金元时期墓葬主要有旧县附近的陈庄辽墓、邓庄辽墓、旧县元墓、张营遗址辽金墓葬、白浮村元墓以及民福置业集团旅游度假休闲居住工程辽金墓、小汤山常兴庄B地块辽金墓、南七家墓群、沙河镇兀墓等。

2005年在民福置业集团旅游度假休闲居住工程中发掘的3座辽金墓，均为圆形砖室墓，平面呈甲字形，随葬品简单，有白瓷碗3件、白瓷盘3件和陶罐1件，为认识和研究辽白瓷提供了新的资料；2006年在张营遗址清理3座辽金墓葬，其中2座甲字形砖室墓为辽代墓葬，1座多边形墓，其形制、结构与河南新乡发掘的一座金墓基本相同，应为金代火葬墓。三座墓葬形制简单，规模小，随葬品简单，当属于平民墓葬。墓葬形制有椭圆形、近似方形和多边形，形制多样，反映了辽代葬制的多样化；2009年在小汤山常兴庄B地块发掘辽金墓3座，均为砖室墓，随葬品较少，有陶瓷罐、陶碗和铜钱。

元代墓葬主要有：1960年在白浮村发掘4座元墓，均为竖穴土坑墓，其中墓室呈长方形的为南北向，呈正方形的为东西向，出土的随葬品较多；1974年在旧县清理一座元墓，为砖砌双室墓，出土随葬品均为瓷器，数量虽少，但非常精致，有助于我们对元代制瓷工艺的认识。针对旧县元墓的断代，马希贵作了具体的比较与分析，指出墓中出土的影青瓷匜与1962年北京崇文区龙潭湖元皇庆二年（1313年）墓里出土的影青匜形制相似，黑釉双系罐也与1965年唐山陡河水库元墓出土的双耳黑釉罐形制完全相同，龙泉窑青釉碗则为元大都遗址中常见的生活器皿。由以上几点推断，该墓为元墓并进一步指出旧县元墓的砖砌墓壁上面盖以青石板的墓葬形制，是北京地区元墓中常见的一种形式，该墓墓室中间有一条南北向的砖砌隔梁将墓分成东、西两室，这是一种同坟异穴现象；2010年在沙河镇发掘元墓4座，其中两座是甲字形单室砖墓，另外两座是拱券式砖室墓，出土的随葬品不多。发掘者认为其中一座墓葬（M36）出土的青白釉高足碗与昌平白浮村元代墓葬出土的同类器物形制相似，故其当为元代墓葬。

在昌平兴寿遗址中发掘了辽金时期窑址18座，数量大，分布密集，几个窑址以一片较大空地为中心，呈花瓣形窑床向外放射分布。发掘者据此推测，此处原为一较大型窑场，3~5个窑址为一组共用一处较大的中心工作面。这些窑址的发掘，为我们研究辽金时期的烧窑提供了珍贵的实物材料。

此外，在昌平区还发现有几处摩崖石刻，其中，金代吕贞幹摩崖题记的发现尤为引人关注。这条摩崖石刻题记为我们了解金中都豪门大族之一的吕氏家族提供了宝贵资料。

在上述发现和发掘过程中，陈庄辽墓和邓庄辽墓的出土器物有着更加明显的代表性和特殊的意义。

二、两座辽墓的发现与发掘

陈庄辽墓　1986年8月，位于昌平城区西侧的南口镇陈庄村村民在取土时发现了两座古代墓葬，后经昌平县文物部门抢救发掘确认一座古墓已失去研究价值，另一座古墓保存较好，被称为陈庄1号辽墓。陈庄1号辽墓由青砖和石块构建而成，方向200°（墓葬的方向通常是以墓道的方向来确定的）。陈庄1号辽墓为单室墓，墓室的平面形状为圆形，直径为2.2米。该墓的顶部由于埋藏年久，已经坍塌，推测其应为穹隆状墓顶。该墓的墓壁依旧存留，最高处为1.2米。墓壁的中、下部用花岗石垒砌而成，高0.92米，花岗石的大小不等，直径0.2~0.35米；墓壁的上部用青砖垒砌而成，残存5层，青砖均为单面带沟纹，每块青砖所饰的沟纹数量为5道或者6道，青砖的大小基本相同，长33.2厘米、宽16.5厘米、厚5.5厘米。墓室内壁有四个青砖铺砌的立柱，是为简易的仿木结构；立柱的底部平铺三层青砖，起到柱础的作用；柱体用立砖砌制，也分三层；立柱的顶部用青砖砌成斗拱的形状。紧靠墓室的北壁有一个青砖铺砌的方形龛，立面为须弥座式；龛内盛放火烧过的骨殖，因此这个方形龛起到了葬具的作用。墓室内壁上残存大面积的白灰痕迹，推断原本有壁画。墓室内的地面没有铺砖。与方形龛相对的是墓门，墓门为长方形，用花岗石石块封堵。墓门的外侧位墓道，由于条件限制，墓道没有全面发掘，实际长度和具体形制不详。

陈庄 1 号辽墓中出土了大量的随葬器物，陶器、瓷器和铜钱，共计 56 件，其中陶器 43 件，瓷器 6 件，铜钱 7 枚。在出土的随葬器物中，陶器数量最多，种类包括罐、盏托、簸箕、注壶（或称执壶）、瓶、水斗、盆、盘、熨斗、碗、唾盂、鏊子、钵、釜、勺、人物俑等，陶质以灰、青灰、灰黑为主；这些陶器有相当一部分是其他地区辽代墓葬中不见或者少见的，而另一部分则是辽代墓葬中的常见器类和器形，细致区分如下：

筒形罐 6 件，可以分为两型：

Ⅰ型：敞口，圆唇，深腹，腹壁斜直，平底。素面，无纹饰，器身可见清晰的轮制痕迹。

Ⅱ型：敞口，短折沿，沿面有一道凸弦纹。深腹，腹壁微弧。平底。腹部有三道凹弦纹。底部被有意识打破。

鼓腹罐 3 件，大小和形制基本相同。侈口，圆唇，短束颈，圆肩，鼓腹，小平底。肩部有两道凹弦纹。

盏托 3 件，大小和形制基本相同。直口，盏、盘相连，平底。素面，无纹饰。

注壶（或称执壶）2 件，可以分为两型。

Ⅰ型：侈口，平沿，短束颈，圆肩，鼓腹，平底。口沿至肩部有把手，与把手相对的一侧的肩部有一短小的假流。

Ⅱ型：比Ⅰ型矮，但是腹部比Ⅰ型窄、瘦。

盆 3 件，形制和大小基本相同。敞开，宽折沿，腹壁斜直，平底。素面，无纹饰。

宽沿盘 5 件，形制基本相同。敞口，宽折沿，沿面有一道压印的弦纹。腹壁略外弧。平底。素面，无纹饰。

卷草纹圆盘1件，大敞口，平沿，斜腹，大平底。器表挂黑衣，内壁的纹饰压印而成，施蚌粉。内部的纹饰可以分为三层，沿面上为点梅纹，腹壁上饰一周缠枝纹，底部饰卷草纹。

莲花纹八角盘1件，大敞口，平折沿，平面为弧边八角形。浅腹，腹壁斜直，大平底。器表挂黑衣，内壁的纹饰压印而成，施蚌粉。内部的纹饰可以分为三层，沿面上各角饰两朵点梅纹，中间以直线分隔；腹壁上饰一周水波纹；底部饰莲花纹。

波浪花卉纹方盘1件，大敞口，平折沿，平面呈正方形。浅腹，腹壁斜直，大平底。器表挂黑衣，内壁的纹饰压印而成，施蚌粉。内部的纹饰可以分为三层，沿面上四角各有一道弦纹，每边上饰四朵点梅纹；腹壁紧接口沿处每边饰四个弧线纹，弧线纹的内、外饰三点纹；底部饰波浪花卉纹。

波浪卷草纹长方盘1件，大敞口，平折沿，平面呈长方形。浅腹，腹壁斜直，大平底。器表挂黑衣，内壁的纹饰压印而成，施蚌粉。内部的纹饰可以分为两层，沿面上四角各有一道弦纹，另有一周弦纹与口沿平行，每边上饰点梅纹；底部正中为一菱形纹饰，菱形外侧四周饰波浪纹，菱形内部为卷草纹。

三足盘1件，大敞口，宽折沿，腹壁外弧，平底，底部附三个矮足。素面，无纹饰。

壶1件，侈口，斜方唇，短束颈，斜肩，鼓腹，平底。素面，无纹饰。

小杯3件，可以分为两型。

Ⅰ型：敞口，弧腹。小平底。素面，无纹饰。

Ⅱ型：口微敛，鼓腹，假圈足，平底。素面，无纹饰。

碗1件，敛口，弧腹，平底。内壁口沿以下至底划出螺旋纹。

花口钵2件，形制和大小基本相同。口沿为八瓣花状，内敛；圆唇，鼓腹，平底。素面，无纹饰。

鏊子1件，敛口，弧腹，平底。底部附三个扁平足。素面，无纹饰。

釜1件，敞口，圆唇，弧腹，平底。底部附三个锥状足。素面，无纹饰。

花口勺1件，口沿为四瓣花状，微敛，鼓腹，假圈足，平底。口沿一侧附一曲柄。素面，无纹饰。

簸箕1件，内壁布满乳钉状凸起。

水斗2件，形制和大小基本相同。口微敛，弧腹，平底。口沿上附一道泥条提梁。素面，无纹饰。

熨斗1件，敞口，方唇，腹壁内弧，大平底。长柄上翘。素面，无纹饰。

唾盂1件，敞口，卷沿，折腰，弧腹，平底。

男性人物俑1件，模制而成。呈站立状，昂首，髡发，面目丰满，阔鼻，身穿“左衽”圆领长袍，左肩上有一个花头纽扣，腰间系带，双手揣于袖中，放置在腹前。脚穿尖头靴。形象写实逼真，栩栩如生。其髡发的样式，剃去颅顶和颅后的头发，额上蓄发，保留颅侧的头发并分成两绺，垂于耳后，是为典型的契丹族男性发式。（见图314）

女性人物俑1件，出土时与男性人物俑相对而立。模制而成。呈站立状，髡发，面目丰满，阔鼻。上身内穿圆领衫，外套对襟短袄；腰间系带，下身穿长裙；脚穿圆头鞋。其髡发的样式，保留了额发、鬓发、颅侧发和顶发，剃去颅顶的四周及颅后发，保留的颅顶发扭成灵蛇髻，髻头垂于颅前顶。整个髻形正看似汉族妇女的高髻，侧看成“几”字形。在“几”顶处用发带结扎，额发中分，汇合鬓发、颅侧发成两绺，垂于两耳前后。所留的顶发，在挽髻之前先要编成辫子，而且这条发辫在发根处用发带束紧。（见图314）

铜钱共有7枚，除了3枚因锈蚀严重而无法辨认外，其余4枚均为北宋的铸钱，其中年代最晚的是“宣和通宝”。“宣和”是北宋徽宗在位时的第六个年号，也是最后一个年号。宣和元年为1119年，“宣和通宝”最早铸造的时间也在这一年，相当于辽天祚帝天庆九年。辽朝政权灭亡、契丹贵族统治势力退出燕京地区的时间是1125年，二者相距不长，在没有其他确切的文字资料出土的情况下，可以推断该墓的修建时间应在辽末金初。

图 314　男性人物俑和女性人物俑（长期陈列于首都博物馆）

陈庄 1 号辽墓中出土瓷器的数量较少，种类较为单一，制作工艺也较为简单。

白釉瓷盘 2 件，形制和大小基本相同。敞口，弧腹，小圈足。内壁满釉，底部有 6 个支烧痕迹；外壁施半釉，圈足上有 6 个支烧痕迹。釉色白中泛清。

白釉碗 2 件，形制和大小基本相同。敞口，弧腹，矮圈足。内壁满釉，底部有 4 个支烧痕迹；外壁施半釉，圈足上有 4 个支烧痕迹。釉色白中泛青。

青釉小碗 2 件，形制和大小基本相同。敞口，腹壁外弧，假圈足，平底。内壁满釉，外壁和底部无釉。缸胎，釉为青绿色。

邓庄辽墓　2009 年 3 月 21 日是个周六。下午一时许，郎文清正组织人员用挖沟机在昌平城区西侧的邓庄村西的承包地里挖树坑，突然挖掘机的挠钩碰到了像“石板”一样的硬物，往深一挖便露出一尺见方的大洞，他怀疑是碰到了古墓，立即叫停并随即给昌平区文化委打了电话。办公室值班人员不敢延误立即给主管文物工作的副主任杨广文拨通了电话通报消息。十五分钟后，杨广文驱车来到了现场，趴在洞前一看，发现内侧有壁画便立即组织人员一面进行抢救发掘，一面向北京市文物研究所通报情况。北京市文物研究所工作人员闻讯后立即赶往现场，同先前赶到的昌平区文物工作者一起对周围地区进行考古勘探工作，在该墓西侧20米处又探明一座古墓。随后，对这两座墓葬进行了抢救性发掘。墓葬编号分别为M1和M2。(见图315)

M1为砖、石混筑的圆形穹隆顶砖室墓，由墓道、墓门、墓室组成，方向为200°。

墓道位于墓室南部，平面呈长方形，为南高北低的斜坡状。长3米、宽0.78米，墓道上端深0.95米，下端深2米，内填灰褐色花土及沙石土，土质较硬。

墓门位于门墙的中部，整体为仿木结构。其正面做出拱券，从墓底到门脊高1.12米、宽0.62米，墓门高2.22米、宽2.92米。门洞外砌筑方形门框，上顶部绘有祥云、花鸟图案，门框外左右两侧绘有缠枝花草纹饰。砖门上部两端有砖砌仿木构结构斗拱，斗拱东西宽0.52米、高0.24米。再上是由仰瓦和覆瓦做出六道瓦垄，略残。墓门以砖和石块封堵。(见图316)

墓室位于墓门以北，外廓呈圆形，直径2.5米，墓底距墓顶高2.24米。墓室地面直径1.80米，室壁基础部分以0.15~0.25米椭圆形鹅卵石，间垫以黄泥垒砌而成，至1.2米处用长方形沟纹砖逐层收券而成穹隆顶，用砖规格为0.375米×18米×0.06米。墓室内壁抹有一层厚0.05米的白灰墙皮，室壁基础部分的白灰墙皮已全部脱落，仅保存于墓室顶部。顶部于白灰墙皮上绘制祥云纹图案，其上为五组莲花、祥云图案，其间以方格为界。(见图317) 室壁基础部分因白灰墙皮脱落，具体壁画纹饰不祥。馆床位于墓室北部，平面呈长方形，东西长1.12米、南北宽0.7米、高0.58米，馆床南壁正面每层内收0.02米，呈阶梯状，中间立砌高0.22米、宽0.26米的方框，框内绘制三组相同莲花纹图案。正南面中部倾斜放置方砖一块，规格为0.33米×0.29米×0.06米，方砖背面刻有沟槽。(见图318)

M1出土的随葬器物共计24件，放置于墓室内两侧。

陶罐8件，可分为三型。

图 315　邓庄辽墓 M1 的全景

图 316　邓庄辽墓 M1 的墓门

图 317　邓庄辽墓 M1 的墓顶壁画

图 318　邓庄辽墓 M1 内的棺床

Ⅰ型：5 件，泥质灰陶，有明显的轮制痕迹。敞口、方圆唇、深腹直壁，部分器物颈部略回收。M1：23，口径 15.6 厘米、底径 10.4 厘米、通高 15.6 厘米；M1：2，口径 17 厘米、底径 8 厘米、通高 7.2 厘米。

Ⅱ型：2 件，泥质灰陶，轮制。侈口、平沿、尖唇、束颈、溜肩、鼓腹斜收、小平底。M1：3，口径 7.2 厘米、腹径 9 厘米、底径 5.8 厘米、通高7.4厘米；M1：21，口径13.6厘米、腹径18厘米、底径8.2厘米、通高17.4厘米。

Ⅲ型：1件，泥质灰陶，敞口内敛、鼓腹曲收、小平底，捏塑一耳黏附于口腹处，另一侧有流，口径15.6厘米、腹径16.4厘米、底径7厘米、通高14.4厘米。

提梁罐2件，泥质灰陶，制法较为粗糙，敞口、鼓腹斜收、小平底，捏塑一梁黏附于口沿对策两侧。M1：13，口径7.2厘米、腹径9.8厘米、底径4.8厘米、通高8.4厘米；M1：5，口径7.2厘米、腹径9厘米、底径5.8厘米、通高7.4厘米。

陶盆6件，可分为三型。

Ⅰ型：3件，平口、卷沿、斜腹壁、小平底内凹。M1：7，口径22厘米、底径10.2厘米、通高7.2厘米；M1：18，口径21.7厘米、底径10厘米、通高6.8厘米；M1：19，口径22.2厘米、底径9厘米、通高5.8厘米。

Ⅱ型：2件，泥质灰陶，敞口、卷沿、弧腹壁。M1：12，口径18、底径9.2厘米、通高7.6厘米；M1：14，口径19.6厘米、底径11厘米、通高9.4厘米。

Ⅲ型：1件，泥质灰陶，敞口、浅腹直壁、底部泥塑粘贴有三锥形足，口径17.4厘米、底径14厘米、通高15.4厘米。

陶甑2件，M1：14，泥质灰陶，敛口，口部上部有四錾耳，斜直腹，平底穿孔，口径19.6厘米、底径11厘米、通高9.4厘米；M1：17，釜甑相连，上部为甑、敞口，浅腹、斜壁、平底穿孔，下部为釜，敞口、弧腹、肩部有7个錾耳，口径18.4厘米、底径7.2厘米、通高10厘米。

陶碗1件，M1：1，泥质灰陶，侈口、斜直腹、小平底向内凹，内壁饰蓖点纹，口径20厘米、底径8厘米、通高7.2厘米。

陶六錾锅1件，M1：6，泥质灰陶，敞口、圆唇、溜肩、鼓腹，在上腹部粘附有六个錾耳，口径9.6厘米、腹径15.6厘米、底径8.4厘米、通高12厘米。

M2为砖、石混合搭建而成的土坑竖穴墓，平面为近似长方形，南北长1.68米、东西宽1.36米，上顶部已被破坏。墓室内部南北长1米、东西宽0.62米，墓口距地表深0.6米，墓底距地表深1.4米。墓坑内填黄褐土，土质较松。室壁为砖、石混筑，砖有素面、沟纹两种，规格为0.38米×0.14米×0.06米。墓室中央放置一陶盆，内放置一陶瓮，其中有少量骨殖遗存。(见图319)

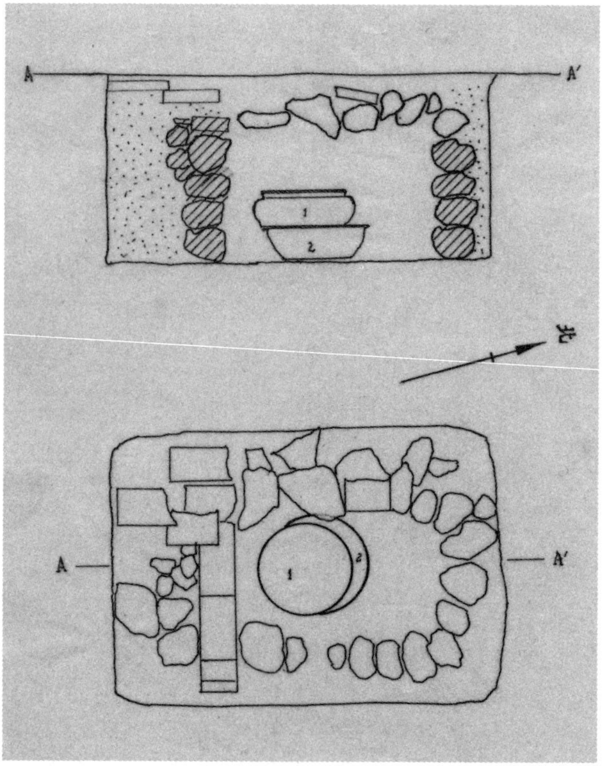

图319　邓庄辽墓M2的平、剖面图

M2出土的器物共计2件，均为陶器，放置于墓室中央，盛放有骨殖，是为葬具。

陶瓮1件，泥质灰陶，敞口、尖圆唇、溜肩、鼓腹，平底略向内凹，口径5.6厘米、腹径50.8厘米、底径37厘米。

陶盆1件，泥质灰陶，侈口、卷沿、圆唇、底略向内凹，口径51.2

厘米、底径 35.6 厘米、通高 11.6 厘米。

三、对发现器物的研究

（一）墓葬形制的特点

从墓葬本身的形制、结构来看，昌平地区的辽代墓葬主要可以分为两种类型，一种类型是墓室平面为圆形的单室墓；另一种则为砖、石混构的土坑竖穴墓。从北京地区发现的辽墓来看，基本上是由墓道、墓门和墓室三部分组成，没有耳室或侧室，墓道基本位于墓室的中轴线上，墓道为斜坡式。这种形制的墓葬承袭唐代的墓葬而来，并发展成为了辽代墓葬的主流样式。陈庄 1 号辽墓和邓庄 M1 都符合了这种流行趋势，同北京地区发现的其他辽墓的情况非常吻合。墓室的面积大小和墓室的数量多少都能够反映出墓主人或者墓主人所属家庭的社会地位、等级的高低和经济、财富的多寡。这一点应该很好理解，就如同我们当前的生活一样，拥有房屋数量的多少以及居住面积的大小与一个人的社会身份的高低和财产的多少有着直接而密切的关系。目前，昌平地区的辽墓尚未发现多室墓，说明还没有较高等级或者级别的墓葬。陈庄 1 号辽墓的墓室直径为 2.2 米，邓庄 M1 的墓室内直径为 1.8 米；对比于同样为单室墓的马直温夫妻合葬墓的墓室直径 4.1 米[①]，这两座墓的面积都比较小。辽代晚期，辽墓的形制开始出现六角形和八角形的砖室墓，是辽墓发展中出现的新样式，但是这在昌平地区尚未发现。另外，陈庄辽墓和邓庄辽墓都为砖、石混构墓，即在修建墓室时用到了石块，这一现象在北京地区的辽墓之中并不多见，当是受到契丹族墓葬影响的结果。

（二）随葬陶器的特点

随葬器物是墓葬的重要组成部分之一，是判定墓葬年代，考察葬

① 北京市文物工作队张先得：《北京市大兴县辽代马直温夫妻合葬墓》，《文物》1980 年第 12 期。

俗、葬制的重要依据。在北京地区发现的辽代墓葬中，出土陶器的墓葬占绝大多数，可见随葬陶器是本地区普遍流行的丧葬习俗，因此考察随葬陶器的种类、组合及形制演变等情况有助于深入、细致地了解墓葬的内涵。陈庄、邓庄辽墓随葬陶器的种类比较丰富，包括罐、执壶、碗、盆、三足盆、鏊子、甑、灶、鏊锅、釜、三足釜、碟、钵、盘、三足盘、瓶、小杯、盏托、火圈、水斗、箕、灯、灯碗、俑、剪、铛、勺、砚等。器物多为成组的陶冥器，以模拟日常生活用具为主，其中炊器、饮食器居多。比如，盏托等应为茶具，执壶等应为酒具，甑、鏊锅、釜等应为蒸煮炊具，盘、碗、杯等可与饮茶、饮酒、饮食等相配合。如此种种，这些陶质冥器虽非实用器皿，却能够真实地再现墓主人生前丰富多彩的生产、生活活动。陈庄1号辽墓中随葬的4件压印纹饰陶盘，分别为卷草纹圆盘1件、莲花纹八角盘1件、缠枝花卉纹方盘1件和波浪卷草纹长方盘1件，形制规整，制作精美，在辽墓之中是非常少见的。其形制和纹饰均有可能仿三彩盘或定窑的刻花盘而来，是辽代晚期新出现的器类。这些陶器的体量一般较小；陶质多是泥质陶，少数为夹砂陶；陶色以灰色为主，红陶、黑陶数量极少；制法多采用轮制，兼有模制或手制。部分陶器表面涂红彩或白彩，这表明其专为丧葬而做，并非实用器。

陈庄1号辽墓中出土的两件人物陶俑，形象生动，不仅是北京地区出土的辽代陶俑中的精品，在整个辽朝疆域内也是不多见的。稍微向前追溯一下，唐代墓葬中随葬人物俑、动物俑等的现象非常普遍，然而到了辽代，虽然在文化制度、习俗上，辽境内的汉人聚居区中很大程度上承袭唐代而来，但是辽墓之中随葬陶俑的现象却并不多见，这应是唐、辽丧葬习俗上的一个重要差别。北京地区辽墓中出土的人物陶俑是极为罕见的，多为木质，象马直温夫妇合葬墓中出土的木俑①，其中11件为生肖俑，另外两件为盛放墓主人骨殖的真容偶像；大兴区康庄辽墓中也

① 北京市文物工作队张先得：《北京市大兴县辽代马直温夫妻合葬墓》，《文物》1980年第12期。

出土了一件盛放墓主人骨殖的真容偶像[①]。这些木俑虽然也为写实的人物形象，但是其具有葬具的性质并富有鲜明的宗教意识。对于陈庄1号辽墓中两件人物陶俑的认识，参与发掘的主要人员在发表的简报之中认为“不像是侍奉主人的仆从，有可能是墓主人生前的形象”，那么这一男一女的形象就是一对夫妻的关系了，并且在此基础上判定墓主人为契丹人，墓葬的文化属性也就为契丹墓。后来，林沄先生根据文献史料的记载和考古发现的情况，对此提出了异议[②]，明确阐述了髡发女俑是典型的未许嫁的契丹女子，“当然不可能和那个男俑是夫妻。这一对俑既不可能是夫妻，说他们是墓主人也就难以成立了。实际上，该墓除了这两个俑之外，从墓葬形制、葬式、随葬品来看，都无疑应归为汉式墓。而不具备契丹式墓的特征”。这样一来，这一对契丹男女陶俑所具备的身份就应该是墓主人的奴婢。林沄先生的论证翔实，已得到学界的普遍认同。陈庄1号辽墓中出土的两件人物陶俑真实而生动地表现了当时社会和风俗的面貌，是很有意思的两件器物。男俑的服饰为左衽圆领长袍，是骑马民族的传统装束；而女俑的服饰上身穿对襟小袄，下系百褶裙，是为汉式的女装。契丹女子的民族传统服装本来是和男的一样也为左衽圆领长袍，而陈庄1号辽墓的女俑身着汉人服装，应是本地区汉族和契丹族文化、习俗交流、融合的见证和产物。从目前辽代考古的发现情况来看，包括壁画、尸骨、人物俑等方面的材料，髡发在辽朝契丹族人中是非常普遍的，不分男女老幼；其类型也是多样的，据不完全统计，多达二三十种，可以将其分为两大类12种样式或者六大类型[③]。陈庄1号辽墓中男、女陶俑的髡发，均为常见样式。根据我国史书中的相关记载，契丹属于东胡后裔柔然部，契丹女子蓄发而嫁的风俗是有着古老传统的。因此该女俑仍为髡发，则表明其为未婚的契丹女子。这两件人物俑均为髡发，清楚地表明其族属为契丹族。我们知道辽朝是以契丹

---

① 北京市文物研究所：《北京大兴康庄辽墓》，《文物春秋》2012年第5期。

② 林沄：《陈庄一号墓女俑身份商榷》，《北方文物》1996年第4期。

③ 田广林：《契丹髡发礼俗述略》，《北方文物》1998年第4期；李甍：《略论辽代契丹髡发的样式》，《考古与文物》2011年第1期。

贵族为主体建立的政权，大体上采取“因俗而治”“蕃汉分治”的统治政策，其法律不可避免的兼具汉法和草原传统习惯法、汉人与契丹族人法律地位不平等的特点。比如起初辽朝统治者禁止各民族的平民相互通婚，即所谓的四姓（指契丹、奚、汉和渤海）杂居，旧不通婚；契丹人杀汉人皆不加刑。在辽代社会，官奴隶和私人奴婢大量存在，并受到官方政府的保护和支持。最初，契丹族掳掠的大量汉人沦为奴隶；后来随着社会的发展、等级的分化以及汉人地主阶层势力的上升，汉族官宦、富户的蓄奴现象也逐渐增多，契丹贫户沦为汉人奴隶的情况也逐渐普遍，陈庄1号辽墓出土的两件髡发人物陶俑正是这一现象的明证。另外，还有一点，这两件髡发人物俑对于北京地区的辽代考古及相关研究具有重要意义。在北京地区辽代考古发现的人物形象之中，除了这两件人物陶俑之外，没有契丹族风格的发式，即没有髡发人物的形象。然而留有髡发的成年契丹人形象[①]在大同、宣化地区的辽墓壁画中出现的数量则要多一些[②]，并且时间上从辽朝初期就已存在，要早于陈庄1号辽墓。这一点说明了契丹文化在北京地区的影响和被接受是有一定限度的，而不像大同、宣化地区那样广泛和普遍，也就是说北京地区接受契丹族文化影响的程度要低于西北周边地区。

（三）随葬瓷器的特点

瓷器，在北京地区的辽墓中出土的数量较多。从瓷器的产地来划分，主要有两大类，一是辽境内的本土烧造的产品，即“辽产瓷器”；另一是辽境外烧造，通过不同途径流入并留存在辽境之中的“输入瓷器”[③]。对此，已有学者做过较为全面、系统的研究[④]，还有从不同窑场

---

① 李逸友：《契丹的髡发习俗——从豪欠营辽墓契丹女尸的发式谈起》，《文物》1983年9期；田广林：《契丹髡发礼俗述略》，《北方文物》1998年4期。

② 张家口市宣化区文物保管所：《河北宣化下八里辽韩师训墓》，《文物》1992年6期。

③ 彭善国：《辽代陶瓷的考古学研究·绪言》，吉林大学出版社，2003年，第1页。

④ 彭善国：《辽代陶瓷的考古学研究》，吉林大学出版社，2003年；俞永炳：《宋辽金纪年墓葬和塔基出土的瓷器》，《考古》1994年第1期；路菁：《辽代陶瓷》，辽宁画报出版社，2003年；刘涛：《宋辽金纪年瓷器》，文物出版社，2004年。

的视角进行了细致分析①。北京辽墓中发现的瓷器，在“辽产瓷器”中，以北京区域内辽金时期窑场门头沟龙泉务窑的瓷器为大宗，也有辽境内其他窑场的产品，如：密云小水峪窑、房山磁家务窑。在“输入瓷器”之中，有定窑、越窑、耀州窑及景德镇诸窑的产品，其中以定窑延续的时间最长，器物的数量最多。在出土的瓷器中，已见越窑、定窑生产的瓷器，是北京地区辽墓的一种时尚、财富、等级和身份的象征。昌平陈庄1号辽墓和邓庄M1、M2中随葬瓷器的数量很少，还有的没有，这反映出墓葬的等级不高，从而可以认定墓主人生前的社会地位、等级也不是很高。辽代陶瓷器之中（本文指辽朝疆域范围内的窑场生产的陶瓷器），青釉瓷器并不常见，北京地区的密云小水峪窑址和房山磁家务窑址中可以见到这类瓷器。陈庄1号辽墓中出土的青釉小碗很可能就是其中一个窑场烧造的产品。②

（四）墓室壁画的特点

壁画是墓室装饰的重要组成部分，其内容与死者生前的生活状况、社会地位、思想观念等有着密切的联系，并遵从当时的礼制和风俗，对于了解古人的思想与信仰，考察社会风俗，有着超越文献记载的作用，因此墓室壁画不仅具有相当的艺术价值，并且具有重要的历史价值。辽墓壁画以其绚丽多彩的画面和丰富多样的题材，生动、真实地展现出当时社会的多方面的文化景观，成为如今了解、认识辽代文化的重要的实物资料。辽代壁画墓的发现，大多集中在内蒙古、辽宁、山西大同、河北宣化、北京等地区，学界据此展开的研究和探讨日渐深入、广泛并已

---

① 李文信：《辽瓷简述》，《文物参考资料》1958年第2期；彭善国：《略论五代宋金耀瓷的流布》，《中原文物》2000年第1期；彭善国：《定窑瓷器分期新探——以辽墓、辽塔出土资料为中心》，《内蒙古文物考古》2008年第2期；彭善国：《辽陶瓷形制因素论稿》，《内蒙古文物考古》2004年第1期；彭善国：《辽代青白瓷初探》，《考古》2002年第12期；于文荣：《关于辽瓷的初步探讨》，《中国历史博物馆馆刊》1998年第2期；梁淑琴：《辽瓷的类型与分期》，《北方文物》1994年第3期。

② 彭善国：《辽代陶瓷的考古学研究》，吉林大学出版社，2003年，第64页。

取得了相当丰硕的成果①。北京作为辽代壁画墓发现的主要区域之一，在数量上已有了相当的积累，据不完全统计，壁画内容大体可知约有近20座。昌平陈庄1号辽墓和邓庄M1均有壁画，其中前者的具体内容已不可知，后者仅保留了墓室顶部四周的壁画。这两座墓葬的墓室壁画的整体保存状况都不是很好，这与其墓室四壁采用石块修砌、壁画的地帐没有足够厚度以及埋藏后的地下环境等因素密切相关。邓庄M1的顶部于白灰墙皮上绘制五组莲花、祥云图案，并可以分为上下两层，其间以红色宽带状方格为界。其绘画的内容、布局及风格，与石景山区发现的韩佚墓②有很多相似之处。陈庄1号辽墓的墓顶为穹隆状，根据学者们的研究，认为穹隆形的墓顶是对天穹的模拟，是古人意识中宇宙模式的一种表现和在地下建筑中的缩影，同时也是精神信仰中天境的象征，即死者向往的灵魂归宿③。墓顶周壁绘制莲花、祥云，是对意念中天境的描绘，烘托出自在祥和的气氛。墓顶的绘画就是古人宗教意识中天境的一种再现。北京辽墓的墓室绘画在很大程度上承袭了唐和五代以来的内容和风格，而将莲花和祥云设为墓顶壁画的主体图案，象征着墓主人生活在美好的仙境之中。这是以一种简洁的方式表现出缥缈深远的意境，具有神秘性、宗教性和人文气息。

---

① 项春松：《辽代壁画选》，上海人民美术出版社，1984年；王健群、陈相伟：《库伦辽代壁画墓》，文物出版社，1989年；郑绍宗：《宣化辽墓壁画研究》，《辽金史论集》（第四辑），书目文献出版社，1989年，第155～166页；王银田：《大同辽代壁画墓刍议》，《北方文物》1994年第2期；王银田、宁立新：《大同辽代壁画墓刍议》，《辽金史论集》（第六辑），社会科学文献出版社，2001年；李清泉：《宣化辽墓：墓葬艺术与辽代社会》，文物出版社，2008年；张鹏：《辽墓壁画研究》，天津人民美术出版社，2008年；孙建华：《内蒙古辽代壁画》，文物出版社，2009年。

② 北京市文物工作队：《北京西郊辽壁画墓发掘》，《北京文物与考古》第一辑，1983年，第28～47页；北京市文物工作队：《辽韩佚墓发掘报告》，《考古学报》1984年第3期。

③ 赵超：《式、穹隆顶墓室与覆斗形墓志——兼谈古代墓葬中“象天地”的思想》，《文物》1999年第5期。

四、相关结论和意义

北京的行政区划自古以来就归属于幽州，由于其特殊的地理位置，长期以来一直是北方重要的经济中心和军事重镇，也是中原地区防御北方游牧民族南下的主要军事屏障。这一地区在契丹建国之初即被纳入其疆域之中，并“升幽州为南京”。在辽朝统治期间，这些属于契丹民族的文化与当地的汉族文化相互渗透、碰撞和影响，势必会使北京地区承袭自汉唐以来的社会文化发生一定程度的变化。

辽代时昌平称为县，县治在今昌平区旧县村，为辽南京析津府所管辖。从昌平所在的地理位置来看，正好处于农耕与游牧的过渡地带，是通向北部地区的重要通道，在当时的文化、军事、生产等方面具有相当重要的地位。从近年来辽代考古发现和考古研究的总体情况来看，昌平区是辽代墓葬的重要区域之一，并且表现出很强的地域特色，充分印证了昌平地区是北京中原文化与草原文化的碰撞、交融之地。总之，从昌平区陈庄、邓庄发现的这两座辽代墓葬的形制、结构、葬具葬仪和出土器物特点来看，应属辽代中晚期墓葬，此类墓葬具有一些共有特征，如起券部位以下均用自然石块垒砌，起券部分用残砖砌制，以简单的仿木榫卯结构门楼为装饰等。对这两座辽墓和出土器物的研究，为北京辽代墓葬的考古发现，补充了新的重要的实物资料。

第六章　居庸关、十三陵——北京明代京师之枕、股肱重地的关键所在

昌平作为明代考古学的重镇，众多的考古发现在全国明代考古学领域有着举足轻重的地位，明长城、十三陵等构筑出半部明代考古史，为其奠定北京明代“京师之枕、股肱重地”写下了不朽的历史。明长城在古长城的基础上愈发地起到了固防北京的作用，特别是以居庸关为中心的多层防御体系的建立使昌平“京师之枕”的地位日益提升；1956年开始的定陵考古发掘，规模之大，学术水准之高，学术意义之大，在明代考古中更是无与伦比。居庸关的战略地位研究和定陵考古的相关成果，已成为明代考古学中最重要的内容。

一、昌平的明代长城、关城遗迹

（一）居庸关

居庸关位于昌平城西北南口镇居庸关村，是古代万里长城重要关口。早在春秋战国时代，燕国就要扼控此口，时称“居庸塞”。春秋战国及秦汉时期，居庸关城已颇具规模。南北朝时，关城建筑又与长城连在一起。此后历唐、辽、金、元数朝，居庸峡谷都有关城之设。

居庸关长城距北京市50余公里，是京北长城沿线上的著名古关城，是长城重要的关隘，国家级文物保护单位，位于昌平城区西北约20公里处。居庸关长城建筑在一条近20公里的山谷中间，两旁山峦重叠，

树木葱郁，山花烂漫，景色瑰丽，远在800年前的金代，就被列为燕京八景之一，称为“居庸叠翠”。

居庸关形势险要，是从北面进入北京的门户，有“一夫当关，万夫莫开”的美名，自古为兵家必争之地，它有南北两个关口，南端“南口”，北端“八达岭”。居庸关两旁山势雄奇，中间有长达近20公里的山峡溪谷，俗称“关沟”。而关沟之中，还有“七十二景”之说，著名的景点如五桂头、弹琴峡、白凤塚、仙人桥、点将台、拴马桩等。居庸关长城所在的峡谷，属太行余脉军都山地，地形极为险要。

元朝灭亡后时刻伺机南侵，企图复辟。因此，朱元璋在建国之初便派大将徐达修筑居庸关等处的关隘。《延庆卫志略·关隘》上说：“明太祖既定中原，副大将徐达以修隘之任，即古居庸关旧址，垒石为城”，在居庸关北，八达岭之间，尚有上关遗址一处，当即是明初徐达所始修的居庸关旧址。景泰初（1450年）王师败于土木，兵部尚书于谦言：宣府京师之藩贸，居庸京师之门户，宜亟守备。

明朝的居庸关有水、陆两道关门，现仅存陆门关，跨谷涧的水门关已毁，仅存遗址。

明朝时居庸关关城建制达到了最为完备的程度。其关城防御体系自北而南由岔道城、居庸外镇（八达岭）、上关城、中关城（居庸关）、南口城五道防线组成，而居庸关则是指挥中心，负责关城守御的是隆庆卫，配有盔、甲、长枪、弓、箭等军械和火器。居庸关关城建筑完备，设有衙署、仓储、书馆、神机库、庙宇、儒学等各种相关设施，有寺庙、亭榭、仓储、神机库、户部常设居庸关的衙署及书馆建筑。历史证明，居庸关无疑具备“一夫当关，万夫莫开”的雄关之势，更兼具防御性关隘“进可攻，退可守”的机动性。其军事防御体系按其防御重要程度和戍守的边界，可分为三个层次：居庸关城——居庸关沟——居庸关防区。三个层级形成了良好的梯次防御部署，可有效御敌进攻。外则居庸关防区内各关隘联防，内则居庸关沟内的纵深防御，最内则居庸关城的重点严防，形成有层次、有纵深的防御部署。

第一层次为“居庸关城”

“洪武元年，既定燕京，遂城居庸关”，为大将军徐达、常遇春建，“关城跨水筑之，有南北二门，前明以参将一人，通判一人，掌印指挥一人守之①”。据《四镇三关志》记载的昌镇武阶职官，居庸一路设参将，“洪武三十二年设，初为镇守，弘治元年（1488 年）改分守，正德四年（1509 年）改镇守，越一载仍为分守，嘉靖四十四年（1565 年）改参将一员，辖八达、石岭、灰岭三守备地方②”。居庸关城，明初设居庸关守御千户所，后升为隆庆卫，仍驻居庸关，宣德时属蓟镇总兵管辖，嘉靖年昌镇从蓟镇析出之前，镇守总兵曾驻居庸关，建昌镇后归其管辖。

第二层次为“居庸关沟”

居庸关城位于西山与军都山分界的峡谷地段，即太行八陉之一的军都陉。这条狭长的峡谷，因居庸关而名之为“关沟”。《读史方舆纪要》中载，“关门南北相距四十里，两山夹峙，下有巨涧，悬崖峭壁，称为绝险③”，即《吕氏春秋》《淮南子》中所谓的九塞其一也。居庸关沟乃自南口越居庸关、八达岭通往晋陕北部以及内蒙古高原的天然孔道，想到京师腹地，这里是距离最短、最便捷的通路。从抵御北方入侵之敌、防卫京师的角度看，敌人若要从正面攻击京师，关沟乃是必由之路。因此这里自古便是京西北咽喉要道，而居庸关控关沟之中枢。除居庸关城之外，沿关沟一线还布置南口城、上关城、八达岭城以及岔道城四座防御城池，纵深布局，层层严防，可谓关外有关，城外有城，城防固若金汤，以御来犯之敌。

第三层次为“居庸关防区”

由居庸关沟往外围延伸扩展，范围涵盖整个居庸关的戍守边界，即“东至西水峪口黄花镇界 90 里，西至坚子峪口紫荆关界 120 里，南至榆

---

① ［清］周硕勋纂修，《察哈尔省延庆卫志略》，据清乾隆十年抄本，收录于《中国方志丛书·塞北地方·第三二号》，台北：成文出版社，1970：24。

② ［明］刘效祖：《四镇三关志·卷八·职官》。

③ ［清］顾祖禹：《读史方舆纪要·卷十》。

河驿宛平县界60里，北至土木驿新保安界120里①”，横跨昌平、隆庆、保安三州，方圆数百里的区域。居庸关防区以关城为中心，分北路、中路、南路、东路、西路又含白羊口、长峪城、横岭口、镇边城多条防线，联合布防，构成网状防御体系。各路所辖隘口多达107处，每路隘口都自成体系，单独设防。

“居庸关城——居庸关沟——居庸关防区”三个层次军事布防体系构筑了居庸关关隘“点—线—面”的军事防御性空间（见图320），以点控线，以线制面，以达到组织上层层节制，互相照应，彼此配合。“关城”地处关沟中心并屯以重兵，便于调兵遣将；“关沟”狭长的防守地形，配以纵深五道防线，愈发凸显攻城的难度；“居庸关防区”作为外围防守，配置在关沟周围，构成关沟的辅助防御。

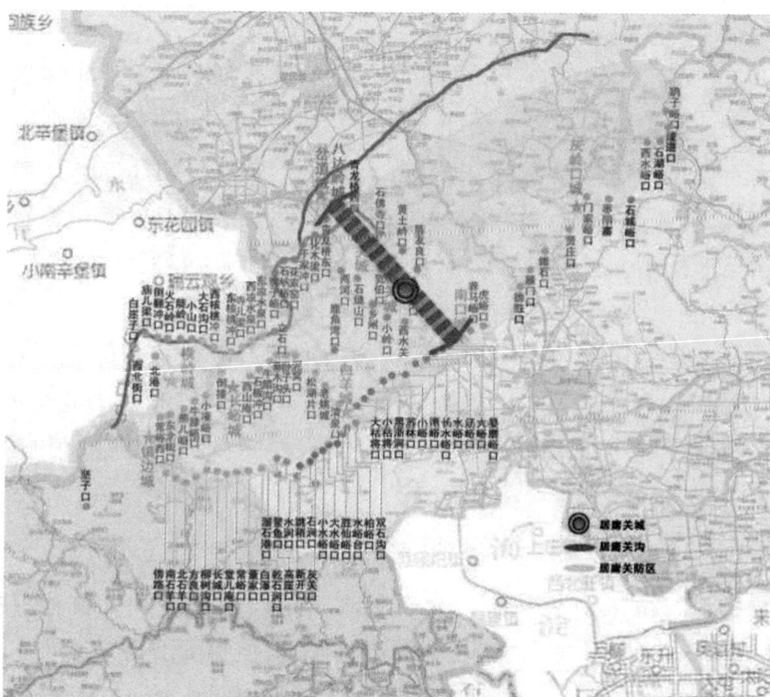

图320　明长城居庸关防区防御体系层次

① ［明］王士翘：《西关志·居庸卷之一·疆域》。

总而言之，居庸关防御体系的构建层次从重镇联防到各级关口再到京师，形成多层次、大纵深、彼此策应、实力充裕的京师防御体系。敌寇入犯，边镇首先抵御，根据敌情出击或固守，居庸关及附近各重镇、关隘内的防守要点进行策应；敌若深入，各关隘也可进行堵截，重镇及关隘内各要点或邀截或袭取，形成夹攻之势，防守要点策应关隘，使敌难于越过关隘，进犯京师；一旦敌人越过关隘而入，京师精兵出九门之外御敌，各重镇、关隘、要点应援京师，重兵会集，歼敌于京师周围。

（二）上关城遗址

上关城位于居庸关城西北 4 公里，属昌平区文物保护单位。城始建于明洪武朝，属居庸关防卫系统，跨两山。砖石结构，城门已无，南侧残存一段城墙，总长 280 米。

上关城在南口镇四桥子村，位于八达岭高速公路西侧，北至水关长城 3 公里。上关城的前身为居庸关旧址，地势险陡却没有发展余地。而以东南 4 公里处地势险要，中间地带开阔利于驻军。朝廷遂择异地重建居庸关。《昌平县志》上记载：“该城于永乐二年（1404 年）重修。关城横跨东西两山，设南北二门及城楼。上关城周长 185 丈，敌楼 1 座，护城墩 2 座，烽堠 12，易守难攻。”修京张铁路和公路时，该城二门及东城墙被拆掉。现在西山坡上两段残城墙半隐半现于灌木丛中，当地人称其为“断城”。断城斜卧在约 45°的山脊上，残墙垛口、射孔仍清晰可见。

（三）南口城遗址

南口城址位于南口镇南口村，关沟出山口，为昌平区文物保护单位。城始建于元代，明时重修。跨东西两山，扼关沟南口。城为不规则长方形，南、北各开一门。除南北城门和楼台以砖砌筑外，其他墙体均为虎皮石墙。高 5 米、下宽 5 米、上宽 3.5 米，现存残长 300 米，两山之巅各有一座敌楼。现南门及南墙一段保存尚好，门为券式单孔，宽 4.7 米、高 4 米，南边墙现存 250 米。

南口城是居庸关防御体系的重要组成部分，与北口相对，起到巩固居庸关的作用。其位置选择在关沟两侧山脊逐渐消失的地段设城，盘查过往行人，阻止冲关之势。南口城自古为兵家必争之地，前人有“北方有事，南口必先受兵”的精辟论断。

（四）长峪城遗址

长峪城位于流村镇长峪城村，为昌平区文物保护单位。城始建于明中期，是当时保卫北京的重要关隘。

该城北依长城，南与镇边城相望，东与白羊城比邻，三城互为犄角，建于明代中期。为防守而驻重兵，历史上对保护北京起着相当重要的作用，也为历代兵家必争之地。由于当时的统治者看到西北少数民族多次南侵，进犯中原，都从长峪城、白羊城等地进出，几次都严重地威胁京师，更引起了对几处隘口的重视，多次地加固修缮，使居庸、白羊、长峪、镇边各城连为一个整体防线，巩固京北的防御体系。

长峪城分旧城、新城两个城。旧城建于明正德十五年（1520 年），城跨东西两山设南北城门两座，东山下设水门两道，墙体砖石结构，非常坚固，旧城修建后的 50 余年里，没有对旧城重新修缮，于万历元年（1573 年）在旧城南侧另建了新城，使新旧二城相连，实际形成了南北两道防线。新城南门辟有瓮城，并在城东山头上（龟山）筑瞭望台一座与烽火台隔山相望，遇有情况马上增兵支援。万历年间对京北沿线长城重修后，以后历代皆因其交通不便，供给不便未再修缮。由于年久失修，多数城墙坍塌严重，现存新城南城门保存较完整，各部分城墙高者丈余，低处也有几尺，布局较为完整。位于新、旧城之间的西台上有一座建于明代的永兴寺，占地面积约 2 万平方米，坐西北朝东南，四合院布局，有山门、过堂殿、正殿及左右配殿，正殿三间，垂带台阶五步，檐枋彩画，六抹菱花隔扇门窗。东有鼓楼，西有钟楼，钟楼内置崇祯年铸造铁钟一口，高 1.6 米，保存较好。西侧有戏楼一座，是昌平区两座庙带戏楼之一。另一为“海子九圣庙戏楼”。

（五）白羊城遗址

白羊城位于流村镇白羊城村，为昌平区文物保护单位。白羊沟是与居庸关所在的关沟相平行的一条西北、东南走向的自然山沟，为西北进京的又一条通道。明正统元年（1436年），蒙古族额森部落越过长城，由白羊口攻入昌平城。直至景泰年间，此口仍没有建城，只有官军据险把守。正德九年（1514年），蒙古族瓦剌部落从白羊口侵入昌平州，兵临北京城。朝廷吸取前两次教训，于正德十五年（1520年），在白羊沟口随山就势建城，名白羊口城，简称白羊城。从隆庆三年（1569年）至万历元年（1573年），白羊城又得到扩建并加固。自朝廷派兵防守白羊城之后，蒙古族人再未从此处侵入昌平州。白羊城是防御关隘之一，与长峪城、镇边城、居庸关等构成京师北部长城以内的整体防线。城跨南北两山，有东西城门楼两座。现城门及瓮城无存，仅存城墙630米。

二、明十三陵

坐落于北京市昌平区天寿山麓的明十三陵始建于1409年，是世界文化遗产，全国重点文物保护单位。陵区占地面积达40平方公里，是中国乃至世界上现存规模最大、帝后陵寝最多的一处皇陵建筑群。太行山起泽州，蜿蜒绵亘北走千百里山脉不断，至居庸关，万峰矗立回翔盘曲而东，拔地而起为天寿山（原名黄土山）。明代术士认为，这里是“风水”胜境，绝佳“吉壤”。因此被明朝选为营建皇陵的“万年寿域”。十三座皇陵均依山而筑，分别建在东、西、北三面的山麓上，形成了体系完整、规模宏大、气势磅礴的陵寝建筑群。（见图321）

（一）十三陵的勘察

十三陵陵寝环列在天寿山南麓，组成以长陵为中心的宏伟庞大的陵墓群。天寿山原名黄土山，是燕山余脉，它像一道屏风环绕在陵区西、北、东三面，其南是一片广袤的盆地，龙山、虎山对峙于陵区入口，形

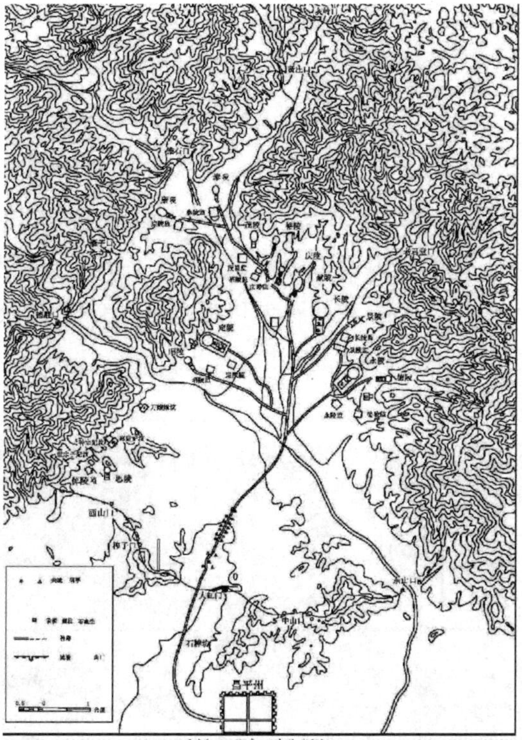

图 321　明十三陵分布图

成天然门阙。

陵区周围 20 公里，因山建有陵边墙，以廓出陵区范围。边墙共设十口、四水门。据顾炎武《昌平山水记》记载，这丨口为中山口、东山口、老君堂口、贤庄口、灰岭口、锥石口、雁子口、德胜口、西山口、榨子口。除东山口外，都有垣有门。经实地调查，现存边墙总长约 12 公里，十口相连环山约 34 公里。中山口、东山口、榨子口、西山口在陵区正南大红门的东西两侧。此四口均在陵区南面一线，地势平缓，从西山口西面山脚至东山口以东蟒山脚下，修筑一道边墙将四口连接起来，形成陵区南部屏障。边墙近口处较宽，山脊部分一般较窄。墙体大多以山石、河卵石垒砌，用生石灰灌缝。有的地段建筑结构坚固，用山石平铺，中间用生石灰灌缝，墙体内外两侧还用青条石包砌。有的地段仅以山石和灰泥筑成。关口处都有建筑[1]。

正南的大红门，是陵园的总门户，门前有五间六柱十一楼石牌坊1座。（见图322）进大红门沿神道往北，建有“大明长陵神功圣德碑”之碑亭，四隅有华表各一，碑亭北竖石望柱一对，标志着十三陵总神道的起点。（见图323）神道两侧置石象生一组，计有石兽二十四件、石人十二件，从前往后依次为狮子（见图324）、獬豸、骆驼、象、麒麟、马各四件，兽皆做二立二蹲状；石人包括武臣四件、文臣四件、勋臣四件。再往北为棂星门（一称龙凤门）。出龙凤门沿神道往北有七孔桥，诸陵神道由此分支，通向各陵。

图322　陵园石牌坊

图323　石望柱

① 王岩：《明十三陵边墙山口查勘记》，《考古》1983年第9期。

图 324 石狮子

十三陵诸陵的规模并不相同。凡皇帝生前营建的，如永陵、定陵等规模较大；皇帝死后营建的，如献陵、景陵、康陵等规模就小。思陵仅用贵妃田氏墓穴草草埋葬，规模最小。长陵初建于永乐七年（1409年），先葬徐皇后，下距永乐二十二年（1424 年）朱棣之葬，长达十五年，其间不断营建，规模最大。据《昌平山水记》载，各陵还都有管陵机构“神宫监”、护陵的“卫”，以及拂尘殿、行宫、神马房、祠祭署、朝房等建筑，现均已损毁。

（二）定陵发掘

定陵是明代第十三位皇帝神宗显皇帝朱翊钧（年号万历）的陵墓，这里还葬有他的两个皇后。该陵坐落在大峪山下，位于长陵西南方，地面建筑的总布局呈前方后圆形，含有中国古代哲学观念“天圆地方”的象征意义。定陵早在万历帝生前就开始营建，万历十二年（1584 年）开工，历时 6 年方完成，耗银八百万两。陵墓建成时皇帝只有 28 岁，直到 1620 年才正式启用，该陵墓整整闲置达 30 年之久。定陵成为十三陵中最大的三座陵园之一。（见图 325）

定陵是十三陵中第一座也是唯一一座被打开地宫的陵墓。因考古学与历史学研究的需要，1956 年，由北京市文物调查研究组（北京市文

图 325　定陵鸟瞰

物研究所前身）和中国科学院考古研究所组成了考古队对其进行了考古发掘。

定陵地下宫殿共有五殿，中轴线上为前、中、后三殿，中室横轴线上有左、右配殿（见图 326）。玄宫连同甬道前后总长 87.34 米，左右横跨 47.28 米，总面积 1195 平方米。前殿外的券洞上有门楼，门楼出檐，檐、枋、脊、吻兽用汉白玉雕成，十分精美，使整座玄宫宛如一座真正的地下宫殿；券洞内设两扇汉白玉石门，每扇门面上有纵横各九排共 81 枚乳状门钉；玄宫前殿为一长方形起券石室，东西长 20 米、宽 6 米、高 7.2 米。中殿也有一洞券门，外部雕作门楼状，中装两扇石门，起券结构同于前殿，长 32 米、宽 6 米、高 7.2 米，南北两墙中部有券顶甬道通向左、右配殿；中殿西端设石神座三座，中为万历皇帝神座，左、右神座分属孝端皇后和孝靖皇后，各神座前均有黄琉璃五供，五供前置长明灯（一称万年灯）。中殿通向左、右配殿处皆有券门，并设双扇石门，两配殿为长方形起券石室，皆东、西长 26 米、宽 7.1 米、高 7.4 米，殿中靠北侧皆有宝床；两殿内无任何随葬品。入后殿之石门亦作门楼状，有双扇石门；后殿是玄宫中的主殿，为放置帝、后棺椁之处。平面作东西向长方形起券石室，长 30.1 米、宽 9.1 米、高 9.5 米，中部偏西处设宝床，床做束腰须弥座式，周饰覆仰莲，床长 17.5 米、宽 3.7 米、高 0.4 米；床上放棺椁三具，中为万历帝，左、右分为孝端皇后王氏和孝靖皇后王氏。（见图 327）

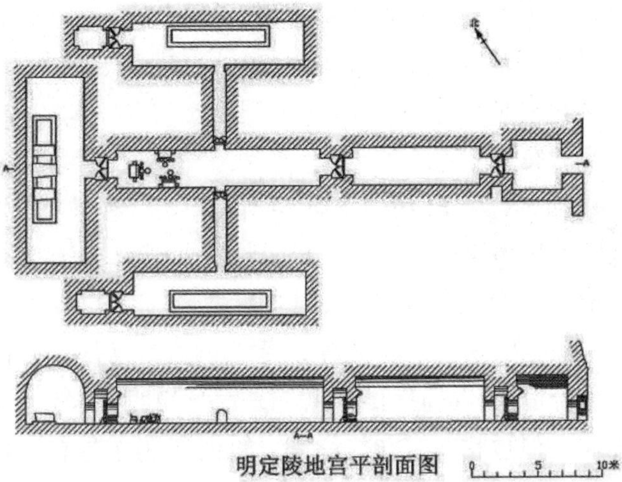

图 326　明定陵地宫平剖面图

图 327　定陵地宫后殿现状

对定陵进行发掘，前后费时两年又两个月，出土各类文物2648件①，这些殉葬品件件都是十分珍贵的历史文物。从类别上看，它们有的属于皇宫内的实用物品，不仅具有历史研究意义，而且是价值连城的工艺制品；有的属于丧葬礼制用物，虽然不具有特殊的工艺价值，但却为人们研究明代的丧葬制度，特别是皇家的丧葬制度提供了绝好的实物资料。下面将其中部分精品做一简要介绍：

神宗皇帝的冕冠

冕冠，是古帝王及身份显贵的大臣所戴用的一种最高贵的礼冠。它与相关的衣物相配构成冕服。定陵出土的这二顶冕，每旒的丝绳五股均为红色。珠饰配备两顶各不相同，其中一顶，每串有白色玉珠三颗，红、蓝、绿玉珠各二颗，余为珍珠；另一顶珠串已散，见存者有红石珠、白玉珠、青玉珠、黄琥珀珠及黑石珠。这说明，这两顶冕冠虽基本沿用周礼古制，但也稍有变化。此外，冠的两侧还悬有红丝绳和玉瑱（又称“黈纩充耳”），戴上冠以后，两耳之侧各有由上下两个玉珠串连组合的玉瑱垂下，这也是采自周礼古制。《淮南子·主术训》谓此种装饰意在“掩聪”，而《汉书·东方朔传》则谓之“塞聪”，《大戴礼·子张问入官篇》又释之为“弇聪”，三者用词虽异，但均表示王者不听谗言，不听不急之言。冠卷的下部有冠圈，名为“冠武”，以金箔制成。其左右部位设钮孔，穿丝带，以备戴用时系于颌下。冕冠的总体形象呈前低后高之式，以表王者虽位号至高至大，但却应有弥下之气志，以防骄矜念头产生之意。

神宗皇帝的皮弁冠

皮弁冠，是古代弁服中的冠。弁服早在周朝以前就是上自天子，下至于士的一种服装。周朝时被定为次于冕服的一种礼服，当时弁服有爵弁、皮弁、韦弁、冠弁数种，明朝时，上述几种弁服除武弁服相当于周制的韦弁服外，只保留了皮弁服一种。其冠制，外敷乌纱，天子皮弁冠前后各有十二缝，每缝中缀五采玉十二颗为饰，与绛纱袍、蔽膝等组成

---

① 中国社会科学院考古研究所等：《定陵》，文物出版社1990年。

朔望视朝、降香、降诏、进表、四夷朝贡、朝觐时服用的礼服。（自嘉靖始，祭太岁、山川等神亦服此服）除皇帝外，明朝时皇太子、亲王亦有此服，但弁冠的缝数、玉珠数量均比皇帝少。

定陵出土的皮弁冠仅一顶，出自神宗棺内。出土时已残坏，但形制仍清晰可辨。此冠以细竹丝为胎，内衬红素绢，外敷黑纱，前后各有十二缝（前后缝连在一起），缝内各钉包金竹丝缕，并缀以玉珠九颗（红色三颗，白、绿、黑各二颗）、珍珠三颗。导以玉簪，系以红色绦带，与《大明会典》记载的皇帝皮弁冠基本相合。

神宗皇帝乌纱翼善冠

翼善冠，为唐太宗李世民创制并开始戴用。《大唐新语》记载："贞观八年，太宗初服翼善冠。"冠名因"转脚不交向前，其冠缨象'善'字"而得。明太祖朱元璋建立明朝后，于洪武三年（1370 年）规定，皇帝常朝理政时戴用此冠，与盘领窄袖袍，金、玉、琥珀、透犀束带相配，构成皇帝常服（见图 328）。

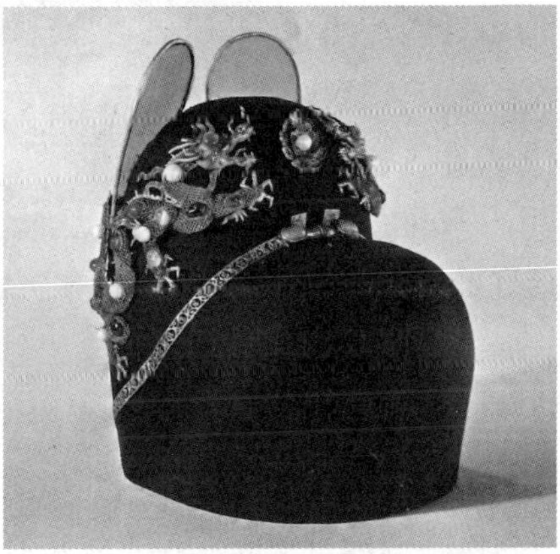

图328 定陵出土神宗皇帝的乌纱翼善冠

定陵出土的乌纱翼善冠计有 2 顶。一顶戴在神宗头上，另一顶出自神宗棺内的圆形冠盒内。其中，冠盒内的出土时已朽坏，仅有金饰件保存。神宗头戴的那顶，形制与《大明会典》记载相同。冠以细竹丝作胎，内衬红素绢，外敷黄素罗，再外以双层黑纱作面。冠形由"前屋"

和“后山”两部分组成。前屋较低、后山隆起。后山之前饰有花丝镶嵌工艺的二龙戏珠图案。

神宗皇帝的金丝翼善冠

估计是神宗皇帝夏天戴用的。出自神宗头侧的一个圆盒内。这顶金冠虽然也属于皇帝常服冠戴，但制作工艺技巧登峰造极，达到了炉火纯青的地步。冠重 826 克，高 24 厘米，直径 17.5 厘米。其样式与乌纱翼善冠一样，分“前屋”“后山”和“金折角”三部分，但全系金制，又与乌纱翼善冠不同。其前屋部分，以 518 根 0.2 毫米细的金丝编成“灯笼空儿”花纹。由于当时的工匠技艺纯熟，所编花纹，不仅空当均匀、疏密一致，而且无接头、无断丝，看不到来龙去脉，有如翼翼罗纱轻盈透明。后山与折角也全用金丝编成，编织形式同前屋。后山部分组装有二龙戏珠图案的金饰件，其中二龙的头、爪、背鳍和二龙之间的火珠，全部采用阳錾工艺进行雕刻，呈半浮雕效果；龙身、龙腿等部位则采用传统的掐丝、垒丝、码丝工艺进行制作，每个鳞片均以金丝搓拧成的花丝制成。然后码焊成形。由于工匠焊接时火候掌握得恰到好处，如此复杂的图案装饰，却不露丝毫焊口痕迹。这样绝妙的技艺的确不能不令人叹为观止（见图 329）。

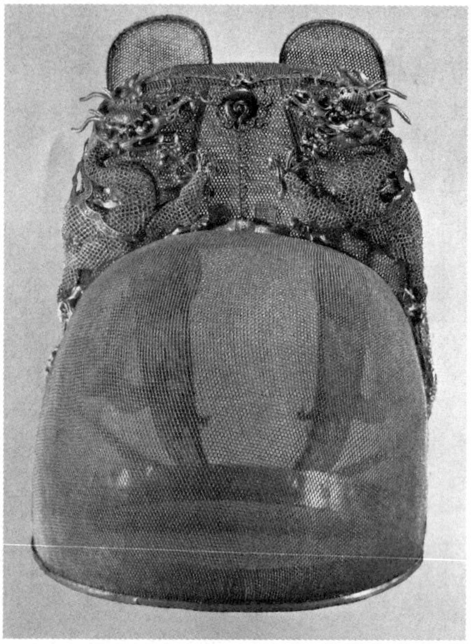

图 329　定陵出土神宗皇帝的金丝翼善冠

皇后的龙凤冠

龙凤冠是一种以龙凤为主要装饰的皇后礼冠。文献记载，妇女首饰有凤凰装饰始见于汉。当时，太皇太后、皇太后的簪上已有凤凰爵这种装饰。龙凤冠的出现，始于宋朝。《文献通考》载，宋徽宗政和三年

(1113 年) 议定，皇后首饰用大小花各十二枝。并有两博鬓，冠则饰以九龙四凤。然而，存世的宋神宗皇后画像却反映出龙凤冠的出现可能比宋徽宗时还要早。而且，画像中皇后所戴的龙凤冠还饰有大小花及博鬓，因此，宋朝时大小花和博鬓理应是龙凤冠上的装饰物。

明朝的龙凤冠为皇后受册、谒庙、朝会时戴用的礼冠，其形制承宋之制而又加以发展和完善，因之更显雍容华贵之美（图 330）。

图330　定陵出土神宗皇帝的六龙三凤冠

神宗皇帝的衮服

衮服，简称“衮”，与冕冠合称为“衮冕”，是古代最尊贵的礼服之一。定陵出土的神宗皇帝衮服共有 5 件。（见图 331）其中，刺绣 3 件（一件着神宗身上，余出自神宗棺内）、缂丝 2 件（出自神宗棺内）。（见图 332）

图 331　定陵出土神宗皇帝的袍式衮服

图 332　袍式衮服复制品

孝靖皇后的百子衣

孝靖皇后的“红素罗绣平金龙百子花卉方领女夹衣”和“红暗花罗绣‘万寿’字过肩龙百子花卉方领女夹衣”是两件难得的刺绣艺术精品。均出自孝靖皇后棺内中部。孝靖皇后的两件刺绣百子衣也是不可多得的艺术瑰宝。这两件百子衣，均方领，对开襟。从图案的设计看，所绣百子画面精彩生动。此外，两衣的前后襟及两袖还以金线绣有九龙，其姿态有升，有行，有坐，富于变化，体现出了明代宫廷艺术中龙的造型特点。整个图案变化多彩，寓意着皇家子孙万代、多福多寿（见图 333）。

图 333　定陵出土孝靖皇后的刺绣百子衣

神宗皇帝的玉革带

玉革带，简称“玉带”，是古代用来系束袍服的一种革带。明朝时除了皇室人员，只有功臣及一品官员可以系玉带，其他人非皇帝赏赐一概不得服用。定陵出土的玉带有 10 条。其中，一条系于神宗腰部，其余出自神宗棺内及随葬器物箱中。定陵出土的玉带，玉质纯正。白玉细腻滑润，碧玉光洁明亮，均为上等玉料。饰有 20 块玉銙的一条白玉玉带，在“三台”正中的玉版的侧面有描金刻字：“大明万历丙午年制”。据此知该玉带制于明万历三十四年，即 1606 年（见图 334）。

图 334　定陵出土玉革带

神宗皇帝的“大碌带”

出自神宗棺内，因带下有黄色绢条，上有墨书“宝藏库取来大碌带”数字而知其名。亦为革带的一种。大碌带的珍贵之处在于其每个金銙的中心部位都镶嵌着大块的“祖母绿”宝石，周围还嵌有石榴子红宝石及珍珠。定陵出土的这条革带，上面的祖母绿宝石不仅块大，而多达 20 块，仅这一点在明代至少也要价值上万两白银。

神宗皇帝的镶猫睛石金簪

定陵出土的神宗金簪多达 56 件，簪上多镶嵌宝石、珍珠是其特点。其中有 14 件簪嵌有“猫睛石”价值尤为珍贵。猫睛石，又称“猫眼石”或“猫儿眼”。属具幻光性的金绿宝石亚种。该种宝石，“一线中横，四面活光，轮转照人”，酷似猫的眼睛。其产地在国外，明朝时均来自细兰国（又作“锡兰国”，即今斯里兰卡）。当时，一块大如指面的猫睛石即价值千金。神宗皇帝有这么多镶嵌猫睛石的金替随葬，且宝石质量极高，恰好反映了皇帝至高无上的地位。

孝端皇后的镶珠宝玉龙戏珠金簪

定陵出土的孝端皇后金簪共有 38 件。这些金簪的簪顶装饰奇巧，别具一格。其表现的题材既有花、蝶、蝉等动植物类型，也有佛像、

“卐”字、“寿”字、“万寿”字、“佛”字等宗教或其他类型的吉祥图案。簪顶用料除金制花丝饰物以外，还有宝石、珍珠及玉制品。在这些金簪中，装饰最华丽造型最优美的要数镶珠宝玉龙戏珠金簪了。这些珍宝与金托、玉龙相配，粲然成章，堪称簪饰中的精品。

孝靖皇后的镶珠宝塔形金簪

定陵出土的孝靖皇后金簪计41件。簪顶装饰多取材于佛像、仙人、鸟兽、虫、蝶等物。其中这一取材佛塔的金簪别具特色。此簪通长8.6厘米，顶长5.7厘米、宽3厘米，重19.5克。簪身作扁锥形，簪顶饰物为一金制的花丝镶嵌工艺的喇嘛教式佛塔。此塔高仅5.8厘米、宽仅3厘米，但构思完整、做工精细，仅填丝所用花丝就达1500多个，而每个花丝竟都是用直径为0.18毫米的金丝掐制成的长为0.9毫米的小卷草纹！这真可谓是填丝工艺的绝品了。

金环镶宝玉兔耳坠

出自孝靖皇后棺内。系孝靖皇后的随葬耳饰。孝靖皇后的这件耳坠，通高5.8厘米，重5.5克。其用于贯穿耳部的金环为圆形。其下连缀有一个高仅2.4厘米的玉兔坠饰。玉兔的造型取材于古老的“玉兔捣药”神话传说。这件耳坠的设计十分巧妙：白玉雕成的兔子垂直站立。前面两肢合抱一玉杵，似在举杵用力捣药。杵下雕有玉臼。玉兔的头顶上镶有一颗红宝石，作为金环与玉兔之间的过渡性装饰。玉兔的下肢，双爪踏着一组镶宝金制“祥云”。这组云朵由三个云片组成。每个云片以金托双面镶嵌宝石。宝石的种类有红宝石，还有猫睛石。玉兔的双目则以小米粒大小的红宝石点缀，显得炯炯有神，其构思不同凡响，真可谓是生花之妙笔。这样的精品，在我国古代首饰设计史上也是不多见的。

神宗皇帝及两个皇后的玉佩

定陵出土神宗及两个皇后玉佩共有7副（每副2件）。2副出于神宗棺内，其余出自随葬器物箱。其中有一副出自神宗棺内，其不同之处仅为玉件的瑑饰纹饰为云凤及牡丹花，而非云龙。另外，该玉佩的冲牙形状与玉珩相似，也是一显著特点。玉佩通长为55厘米，除珩、璜、琚、瑀、玉花、冲牙、玉滴等玉件外，还串有玉珠291颗。玉珠、玉饰件均用白玉琢磨而成。出自神宗棺内的另一副玉佩，通长79.5厘米，所缀玉饰共19件，分为七排连缀，并串有玉珠373颗，是其中最复杂和最大型的一副玉佩。另一类玉佩，当系皇后日常所用玉佩，计有2副。玉件以花、鸟、虫、鱼之属的造型为主，形制较为特殊（见图335）。

图334　定陵出土玉佩

神宗皇帝的红四合如意云龙纹地织金妆花龙云肩通袖龙襕缎袍料

出自神宗皇帝棺内。系“织成”袍料。这是一种按照袍服各个不同部位的实际尺寸和设计纹样，分成若干片段，织造在同一疋料上的特殊丝织疋料。定陵出土的丝织疋料多达180余件，其中袍料为53件，全部采用的是“织成”做法。这件龙袍料，长达18.95米，幅宽0.695米，计有9个裁剪口。它以织有红色四合如意云纹和龙纹的缎织物为地，采用织金妆花工艺织出柿蒂形龙云肩和龙领，以及12道龙襕。柿蒂及龙襕内的图案以“子孙龙”（大龙、小龙组合在一起）为主题。大龙用金线织造，呈戏珠之状；小龙则分别以金、黄、红、蓝、绿五色饰之，布列在大龙周围。柿蒂周围及袖端还织有海水江牙图案，大龙、小龙在飘逸的如意云云海中飞腾升降，给人以生机盎然之感。

神宗皇帝的兵器

出自随葬器物箱内。其品种有盔、甲、刀、弓囊、箭囊、箭等。神宗皇帝一生沉湎酒色，并非尚武之人，亦未亲临征战，这表明在古代，兵器亦为帝王的必备之物。

金锭

俗称“金元宝”。多出自神宗皇帝及孝端皇后尸下，共103锭。各锭大小不一，大者重十两，小者二三两。形状均两头大，中间小，略似船形。大金锭大多在底面或正面刻有铭文，也有的贴有纸签。铭文内容一般为解送金锭的省份、年代，金的成色、重量，以及委官、金户和金匠的姓名。

银锭

俗称“银元宝”。分别出自帝后棺椁内，计65锭。重量不等，有五十、三十、二十和十两四种。其中以五十两一锭的最多。银锭的上面、侧面或底面大多錾刻铭文。铭文的内容有解送银两的府、州、县，年代及银锭重量，有的还刻有知州、知县和银匠的姓名。

大金盆

定陵出土的金盆共有9件。分别出自帝后棺内及器物箱之中。盆上一般刻有云纹及龙戏珠、龙赶珠图案。其中三件为素面，但卷沿内分别置有可以滚动的金属球，金盆摇动时，珠与盆沿相碰，可不时发出清脆响声，其设计制作可谓别有新意。三盆中有一盆刻有铭文：“大明万历庚申年银作局制金盆一个重八十两”。

金托玉爵

爵，是古代一种小型酒器。定陵出土的爵有金玉两种。这里介绍的是一件金托玉爵，出自神宗棺内。爵用白玉琢成，器身略呈元宝型。器腹呈椭圆形，内深，可容酒。其前部较长、尖头，称为“流”，是对口饮酒的部位。其后部呈圆头，稍短，称为“尾”。器腹的左右壁对称地琢有一对突起的圆头，名为“柱”。器腹右壁之外琢有把手，名称

“鋬”。器身下有三腿，名为“足”。此爵基本形制虽承古制，流、尾、柱、鋬、足兼具，但装饰图案却极为精妙。特别是爵鋬的设计制作，尤其匠心独运，构思不凡。爵鋬的造型是一条龙。龙的前爪在上，用手攀住爵沿，头部上伸，口贴爵柱根部，好像嗅到了香味，也想品尝一下爵中的玉液琼浆。龙的后爪在下，左右分开，紧抓爵壁，龙尾上卷，似乎在维系龙体的平衡。腹部则呈弓起之形，又呈蓄势跃起之态。这样的设计，不仅使玉龙活灵活现，极为生动，也使龙腹与爵壁之间有了一个可容一指插入的空隙。持爵人将食指插入其间，端爵而起，便可开怀畅饮了。爵的“流”“尾”外壁的雕饰也很别致。其图案各为一条正面龙。两龙的前爪上面分别琢有“万”字和“寿”字，周围还雕饰朵朵祥云，使这一高仅 11.5 厘米的小玉爵充满了宫廷的庄严祥瑞之气。玉爵之下是配套的圆形金托盘。其中部有一遍刻山纹的圆墩，上设三孔以安插爵的三足。周围则有浮雕效果的二龙戏珠图案，并且镶嵌有 26 块红蓝宝石，金宝生辉，愈显玉爵的素雅与华贵（见图 336）。

图 336　定陵出土金托玉爵

定陵的发掘，是有计划的发掘，为科研获取实物资料是其主要目的，因而它在中国考古学史上具有非常重要的意义；所揭示的地下宫殿及其出土的大批珍宝，为北京明代考古树立了一块丰碑。

三、相关结论和意义

昌平在明代对于北京城的意义远非其他朝代能够比拟。这主要归结为两个原因：军事上，昌平是拱卫京师的重要屏障；政治上，昌平天寿山是明朝帝陵所在地。所以说明代是昌平古代发展史上军事地位、政治地位最为辉煌的高峰时期。

有明一代，先是与北方草原的蒙古鞑靼、瓦剌诸部不断交战，后有东北的女真虎视眈眈给明王朝以巨大的军事威胁，而京师又首当其冲，发生在昌平境内的诸多战争当能充分说明这一点，明朝可资凭借的自然是修建在京北一带崇山峻岭间的重重关隘，尤其是居庸关长城。围绕着这条军事屏障，每一次战争、每一段长城的修建、每一次军事调动、每一次后勤供应，无不牵动着明帝国的神经，无不引起全国的聚焦；特别是自永乐帝下葬长陵后，又有 12 位皇帝先后葬入天寿山陵区，频繁的、高规格的祭陵、谒陵，使得昌平成为明代政治军事活动的一个重要舞台。十三陵的营建从明初一直到明亡，持续了 200 余年。这 200 多年间，无论是事关明朝兴亡的争战，还是事关明朝的政治经济文化发展的每一次重要事件大都与昌平有关，这也是明朝凸显昌平军事地位、政治地位大幅提升的重要依据。

明亡清兴，女真入主中原，昌平上述地位也发生了显著的变化。清朝历代统治者对蒙古各部落的分化、驾驭可谓成功，这有效解决了京城西北方向的军事压力，这样一来作为京师北方屏障的昌平，其军事意义大大弱化，随着清朝另选福地营建帝陵，昌平也失去了帝陵所在地的政治光环。

参考书目

1. 北京市文物研究所：《北京考古四十年》，北京燕山出版社，1990 年 1 月。

2. 北京市文物研究所等：《昌平张营——燕山南麓地区早期青铜文化遗址发掘报告》，文物出版社，2007 年 11 月。

3. 韩建业：《北京先秦考古》，文物出版社，2011 年 1 月。

4. 郭京宁：《温故思新——以北京为核心的考古学历史、实践与展望》，北京燕山出版社，2012 年 5 月。

5. 王燕玲：《北京考古志 · 昌平卷》，上海古籍出版社，2013 年 11 月。

6. 宋大川：《北京考古史 · 史前卷》，上海古籍出版社，2012 年 12 月。

7. 胡汉生：定陵发掘及出土文物整理相关资料，2013 年。

8. 刘珊珊：《居庸关》，北京出版社，2014 年 6 月。

后　记

《昌平考古发现》能够和广大读者见面，得益于齐心先生的指导。她早年在北京市文物研究所担任所长，对昌平历次的考古发掘工作非常了解。退休以后，她继续担任北京考古学会会长，在她的组织和指导下，一批在北京考古界有着一定学术研究成果的同人为本书提供了大量的一手资料。其中，郭京宁先生撰写了旧石器时代至西周时期部分；胡传耸先生撰写了汉唐部分；孙勐先生撰写了辽金元部分；李永强先生撰写了明清部分。这四位同人现都供职于北京市文物研究所，平日里各有一摊子工作压身，这次为了昌平文脉的梳理工作奉献了大量的个人休息时间，不辞辛苦地搜集资料撰写文稿，没有他们的支持和帮助，这本书是无论如何也无法和大家见面的。

因为工作关系，我对昌平的考古发掘和相关信息更为关注，了解和掌握的素材也相对比较丰富，实实在在地感觉到这些内容对于人们历史地、客观地、科学地认识昌平有着极为重要的意义，对远去的历史进行探索和梳理，于考古中找到答案无疑是一种最为客观、科学的途径。

怎样通过一本通俗读物把这些考古发现成果展示在读者的面前，使大家看到古代昌平与古代北京的关系？怎样把繁杂、生僻的考古专业术语转化为活泼生动的语言和引人入胜的情节，进而引领读者走进昌平的考古现场，分享这些“科研成果”的深厚内涵，从而全面地认识昌平在历史上的地位和作用？

在几次的对接研讨中，这些想法得到了几位先生的认可和补充，于是这本凝结着五位老师心血的书稿经我与文脉编辑部诸位同人多次的统筹修改后终成定稿。

在《昌平考古发现》付梓之际，特向北京考古学会、北京市文物研究所各位领导、同人的不懈支持表示感谢，向齐心、郭京宁、胡传耸、孙勐、李永强五位老师的辛勤劳作表示崇高的敬意。由于本人水平有限，在书稿统筹的过程中难免出现疏漏，还望各位专家、读者批评指正。

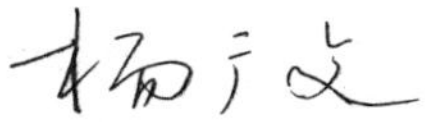

2015 年 8 月 25 日